suhrkamp taschenbuch 1607

»Diese Anthologie wendet sich an die Liebhaber deutscher Dichtung und sollte auch in Schule und Universität genutzt werden können«, schreibt Hanspeter Brode in seinem Vorwort zur vorliegenden Sammlung deutscher Lyrik vom Mittelalter bis in die siebziger Jahre unseres Jahrhunderts. Ausgewählt wurden ca. 300 Gedichte nach drei Gesichtspunkten: Zum einen geht es darum, das Schönste und Wichtigste aus Klassik, Romantik und Moderne zu versammeln. Literaturgeschichtliche Epochen und Einschnitte werden sichtbar. Zweitens möchte diese Sammlung verdeutlichen, daß Lyrik den historischen Prozeß begleitet. Deshalb gilt ein weiterer Aspekt Gedichten, die auf geschichtliche und soziale Umbrüche reagieren. Und schließlich darf, drittens, in einer solchen Sammlung das erzählende und unterhaltende Moment nicht fehlen. Daher zahlreiche Balladen, aber auch Autoren, die nach landläufiger Auffassung zum lyrischen Kanon nicht beigetragen haben.

Deutsche Lyrik
Eine Anthologie

Herausgegeben von
Hanspeter Brode

Suhrkamp

suhrkamp taschenbuch 1607
Erste Auflage 1990
© Suhrkamp Verlag Frankfurt am Main 1990
Quellennachweise am Schluß des Bandes
Suhrkamp Taschenbuch Verlag
Alle Rechte vorbehalten, insbesondere das
des öffentlichen Vortrags, der Übertragung
durch Rundfunk und Fernsehen
sowie der Übersetzung, auch einzelner Teile.
Satz: Fotosatz Otto Gutfreund, Darmstadt
Druck: Ebner Ulm
Printed in Germany
Umschlag nach Entwürfen von
Willy Fleckhaus und Rolf Staudt

5 6 7 8 9 – 01 00 99 98

Deutsche Lyrik
Eine Anthologie

INHALT

VORWORT

Diese Anthologie wendet sich an die Liebhaber deutscher Dichtung und sollte auch in Schule und Universität genutzt werden können. Die Sammlung enthält knapp 300 Gedichte vom frühen Mittelalter bis in die siebziger Jahre unseres Jahrhunderts. Die Anordnung geschieht nach Autoren und deren Geburtsjahr, für die einzelnen Dichter dann chronologisch.

Für die Auswahl waren drei Gesichtspunkte maßgeblich. Zum einen geht es darum, das Schönste und Wichtigste aus Klassik, Romantik und Moderne zu versammeln. Literaturgeschichtliche Epochen und Einschnitte werden sichtbar, Systematik ist allerdings nicht angestrebt und beim vorgegebenen Umfang auch unmöglich. Zweitens möchte diese Kollektion verdeutlichen, daß Lyrik den historischen Prozeß begleitet. Deshalb gilt ein weiterer Aspekt Gedichten, die auf geschichtliche und soziale Umbrüche reagieren. Und schließlich darf, drittens, in einer solchen Sammlung das erzählende und unterhaltende Element nicht fehlen. Daher zahlreiche Balladen, aber auch Autoren, die nach landläufiger Auffassung zum lyrischen Kanon nicht beigetragen haben.

Jedes Gedicht trägt das Datum seiner Entstehung, wobei in manchen Fällen Näherungslösungen in Kauf genommen werden müssen. Grundidee dieser Anthologie ist, Lyrik in ihrer Verklammerung mit dem historischen Umfeld und, wo es angeht, auch mit der individuellen Biographie der einzelnen Dichter faßlich zu machen.

Kurze Bemerkungen zu einigen Gedichten sollen unverzichtbare Informationen bequem bereitstellen, ohne den Leser zu bevormunden. Interpretation im herkömmlichen Sinne ist nicht beabsichtigt.

Für die mittelalterlichen und barocken Gedichte wurde die originale Schreibweise beibehalten. Sie verleiht den Versen eine historische Patina, die bei modernisierter Orthographie völlig verlorengeht. Bei den Autoren des 17. Jahrhunderts wurde lediglich die stark schwankende Großschreibung der Substantive einheitlich durchgeführt.

Das thematische Register zu den Gedichten im Anhang der Anthologie möchte zum Querlesen auffordern und gewohnte Epochengrenzen überspringen.   Hanspeter Brode

GEDICHTE

UNBEKANNTER VERFASSER

[WESSOBRUNNER GEBET]

De poeta

Dat gafregin ih mit firahim   firiuuizzo meista,
Dat ero ni uuas   noh ufhimil,
noh paum,   noh pereg ni uuas,
ni sterro nohheinig,   noh sunna ni scein,
noh mano ni liuhta,   noh der mareo seo.
Do dar niuuiht ni uuas   enteo ni uuenteo,
enti do uuas der eino   almahtico cot,
manno miltisto,   enti dar uuarun auh manake mit inan
cootlihhe geista,   enti cot heilac.

Cot almahtico, du himil enti erda gauuorahtos enti du mannun
so manac coot forgapi: forgip mir in dina ganada rehta galaupa
enti cotan uuilleon, uuistóm enti spahida enti craft, tiuflun za
uuidarstantanne enti arc za piuuisanne enti dinan uuilleon za
gauurchanne.

(vor 814)

Von einem Dichter

Das habe ich bei den Menschen als größtes Wunder erfahren,
daß es Erde nicht gab noch Himmel,
noch Baum noch Berg da war,
weder ein einziger Stern noch die Sonne schien,
noch leuchtete der Mond noch die glänzende See.
Als da nichts war, nicht Endliches, nicht Unendliches,
war da der eine, allmächtige Gott,
der gnadenreichste, und da waren auch mancherlei mit ihm
göttliche Geister, und der heilige Gott.

Allmächtiger Gott, du hast Himmel und Erde geschaffen, und du
hast den Menschen so manches Gut gegeben: gib mir in deiner
Gnade den rechten Glauben und guten Willen, Weisheit und
Klugheit und Kraft, den Teufeln zu widerstehen und das Arge zu
meiden und deinen Willen zu tun.

[PETRUSLIED]

Unsar trohtîn hât farsalt   sancte Petre giuualt,
daz er mac ginerian   ze imo dingenten man.
    Kyrie eleyson.   Christe eleyson.

Er hapêt ouh mit uuortun   himilrîches portûn,
dâr in mach er skerian,   den er uuili nerian.
    Kyrie eleyson.   Christe eleyson.

Pittemês den gotes trût   alla samant uparlût,
daz er uns firtânên   giuuerdo ginâdên!
    Kyrie eleyson.   Christe eleyson.

(Prozessionslied, 9. Jh.)

Unser Herr hat gegeben Sanct Petrus die Gewalt,
daß er erretten kann den ihm vertrauenden Menschen.
Herr erbarme dich. Christus erbarme dich.

Er bewahrt auch mit Worten des Himmelreiches Pforten,
da hinein kann er scharen, den er erretten will.

Bitten wir den Vertrauten Gottes alle zusammen mit über-
lauter Stimme,
daß er uns Verlorenen Gnade gewähre!

Dû bist mîn, ich bin dîn.
des solt dû gewis sîn.
dû bist beslozzen
in mînem herzen,
verlorn ist daz sluzzelîn: 5
dû muost ouch immêr darinne sîn.

(nach 1150)

DER VON KÜRENBERG
(um 1160/70)

[FALKENLIED]

Ich zôch mir einen valken   mêre danne ein jâr.
dô ich in gezamete,   als ich in wolte hân,
und ich im sîn gevidere   mit golde wol bewant,
er huop sich ûf vil hôhe   und floug in anderiu lant.

5   Sît sach ich den valken   schône fliegen:
er fuorte an sînem fuoze   sîdîne riemen,
und was im sîn gevidere   alrôt guldîn.
got sende sî zesamene,   die gerne geliep wellen sîn!

(Österreichischer Ritter, um 1160/70)

---

5 Sît: *seither.*   8 geliep: *in Liebe vereint.*

DIETMAR VON EIST
(gest. 1171)

[TAGELIED]

»Slâfest du, friedel ziere?
man wecket uns leider schiere:
ein vogellîn sô wol getân
daz ist der linden an daz zwî gegân.«

»Ich was vil sanfte entslâfen;   5
nû rüefestû, kint, wâfen.
liep âne leit mac niht gesîn.
swaz du gebiutest, daz leiste ich, friundin mîn.«

Diu frouwe begunde weinen.
»du rîtest und lâst mich eine.   10
wenne wîlt du wider her zuo mir?
owê du füerest mîn fröude sament dir!«

(Österreichisch, 2. Hälfte 12. Jh.)

---

1 friedel ziere: *hübscher Geliebter.*   6 wâfen:
Alarm.

HEINRICH VON MORUNGEN
(gest. 1222)

[TAGELIED]

Owê,　sol aber mir iemer mê
geliuhten dur die naht
Noch wîzer danne ein snê
ir lîp vil wol geslaht?
5　Der trouc diu ougen mîn:
ich wânde, ez solde sîn
des liehten mânen schîn.
　　dô taget ez.

»Owê,　sol aber er iemer mê
10　den morgen hie betagen?
Als uns diu naht engê,
daz wir niht durfen klagen:
›Owê, nû ist ez tac‹,
als er mit klage pflac,
15　do'r jungest bî mir lac.
　　dô taget ez.«

Owê,　si kuste âne zal
in deme slâfe mich.
Dô vielen hin ze tal
20　ir trêne nidersich.
Iedoch getrôste ich sî,
daz sî ir weinen lî
und mich al ummevî.
　　dô taget ez.

»Owê,　daz er sô dicke sich
25　bî mir ersêen hât!
Als er endahte mich,
sô wolte er sunder wât
Mich armen schouwen blôz.
30　ez was ein wunder grôz,

daz in des nie verdrôz.
dô taget ez.«

(Thüringischer Ritter, um 1200)

---

1 iemer mê: *nie mehr.* 4 wol geslaht:
schön geschaffen. 5 trouc: *trog.*
10 betagen: *erleben.* 11 engê: *zu
Ende gehe.* 20 nidersich: *von ihr her-
nieder.* 26 ersêen: *festgesehen.*
27 endahte: *aufdeckte.* 28 wât: *Kleidung.*

WALTHER VON DER VOGELWEIDE
(um 1170 - um 1230)

Ich saz ûf eime steine
und dahte bein mit beine.
dar ûf satzt ich den ellenbogen.
ich hete in mîne hant gesmogen
5   daz kinne und ein mîn wange.
dô dâhte ich mir vil ange,
wie man zer welte solte leben.
deheinen rât kond ich gegeben,
wie man driu dinc erwurbe,
10   der keinez niht verdurbe.
diu zwei sint êre und varnde guot,
daz dicke ein ander schaden tuot:
daz dritte ist gotes hulde,
der zweier übergulde.
15   diu wolte ich gerne in einen schrîn:
jâ leider desn mac niht gesîn,
daz guot und weltlich êre
und gotes hulde mêre
zesamene in ein herze komen.
20   stîg unde wege sint in benomen:
untriuwe ist in der sâze,
gewalt vert ûf der strâze,
fride unde reht sint sêre wunt.
diu driu enhabent geleites niht, diu
zwei enwerden ê gesunt.

(um 1200)

1-5: *Die Abbildung Walthers von der Vo-*
gelweide in der Heidelberger Liederhand-
schrift (Codex Manesse) zeigt den Dichter
in der hier beschriebenen sitzenden Körper-
haltung.
2 dahte: *bedeckte.*   6 ange: *eingehend.*
11 varnde guot: *materieller Besitz.*
14 übergulde: *was alles überstrahlt.*
21 sâze: *Hinterhalt.*   24 geleites: *Schutz.*

Ir sult sprechen willekomen:
der iu mære bringet, daz bin ich.
Allez daz ir habt vernomen,
daz ist gar ein wint: nû frâget mich.
Ich will aber miete: 5
wirt mîn lôn iht guot,
ich gesage iu lîhte daz iu sanfte tuot.
seht waz man mir êren biete.

Ich wil tiuschen frouwen sagen
solhiu mære daz si deste baz   10
Al der werlte suln behagen:
âne grôze miete tuon ich daz.
Waz wold ich ze lône?
si sint mir ze hêr.
sô bin ich gefüege und bite si nihtes mêr   15
wan daz si mich grüezen schône.

Ich hân lande vil gesehen
unde nam der besten gerne war:
Übel müeze mir geschehen,
kunde ich ie mîn herze bringen dar   20
Daz im wol gevallen
wolde fremeder site.
nû waz hulfe mich, ob ich unrehte strite?
tiuschiu zuht gât vor in allen.

Von der Elbe unz an den Rîn   25
und her wider unz an Ungerlant
Mugen wol die besten sîn,
die ich in der werlte hân erkant.
Kan ich rehte schouwen
guot gelâz unt lîp,   30
sem mir got, sô swüere ich wol daz hie diu wîp
bezzer sint danne ander frouwen.

Tiusche man sint wol gezogen,
rehte als engel sint diu wîp getân.
Swer si schildet, derst betrogen: 35

ich enkan sîn anders niht verstân.
Tugent und reine minne,
swer die suochen wil,
der sol komen in unser lant: da ist wünne vil!
40   lange müeze ich leben dar inne!

Der ich vil gedienet hân
und iemer mêre gerne dienen wil,
Diust von mir vil unerlân.
iedoch sô tuot si leides mir sô vil.
45   Si kan mir versêren
herze und den muot.
nû vergebez ir got dazs an mir missetuot.
her nâch mac si sichs bekêren.

(1203?)

---

1 f. *Nach einem Zerwürfnis möchte Walther wohl am
Wiener Hof wieder heimisch werden.* 3 f. *Walther be-
zieht sich wohl auf eine Kontroverse mit dem Dichter
Reinmar von Hagenau.* 17 ff. *Das Lob Deutschlands
ist wohl zu verstehen als Abwehr gegen Schmähungen
und Scheltstrophen provenzalischer Troubadours.*
41 ff. *Der Frauenpreis ist wichtigstes Thema des Min-
nesangs, selbst bei politischem Kontext.* 14 hêr: *hoch-
gestellt.* 30 gelâz: *Benehmen.* 31 *bei Gott!* wîp: *ein-
fache Frauen.* 32 frouwen: *vornehme Damen.*

[AUS DEN SOGENANNTEN LIEDERN
DER NIEDEREN MINNE]

Herzeliebez frouwelîn,
got gebe dir hiute und iemer guot!
Kund ich baz gedenken dîn,
des hete ich willeclîchen muot.
Waz mac ich dir sagen mê,   5
wan daz dir nieman holder ist? owê, dâ
             von ist mir vil wê.

Sie verwîzent mir daz ich
ze nidere wende mînen sanc.
Daz si niht versinnent sich
waz liebe sî, des haben undanc!   10
Sie getraf diu liebe nie,
die nâch dem guote und nâch der schœne
             minnent, wê wie minnent die?

Bî der schœne ist dicke haz;
zer schœne niemen sî ze gâch.
Liebe tuot dem herzen baz: 15
der liebe gêt diu schœne nâch.
Liebe machet schœne wîp:
des mac diu schœne niht getuon, si machet
             niemer lieben lîp.

Ich vertrage als ich vertruoc
und als ich iemer wil vertragen.   20
Dû bist schœne und hâst genuoc:
waz mugen si mir dâ von sagen?
Swaz si sagen, ich bin dir holt,
und nim dîn glesîn vingerlîn für einer
             küneginne golt.

Hâst dû triuwe und stætekeit,   25
sô bin ich des ân angest gar
Daz mir iemer herzeleit

mit dînem willen widervar.
Hâst aber dû der zweier niht,
so müezest dû mîn niemer werden. Owê danne,
            ob daz geschiht!

(um 1200)

―――――――

1 *Die Anrede richtet sich an ein unadeliges Mädchen.* 6 *verwîzent mir: tadeln mich.* 9 *versinnent sich: bedenken.* 14 *gâch: eilig.* 19 *vertragen: ertragen (nämlich den Tadel der höfisch Gesinnten).*

―――――――

›UNDER der linden
an der heide,
dâ unser zweier bette was,
Dâ mugt ir vinden
schône beide
gebrochen bluomen unde gras.
Vor dem walde in einem tal,
tandaradei,
schône sanc diu nahtegal.

Ich kam gegangen
zuo der ouwe:
dô was mîn friedel komen ê.
Dâ wart ich enpfangen,
hêre frouwe,
daz ich bin sælic iemer mê.
Kuste er mich? wol tûsentstunt:
tandaradei,
seht wie rôt mir ist der munt.

Dô het er gemachet
alsô rîche
von bluomen eine bettestat.
Des wirt noch gelachet
inneclîche,

kumt iemen an daz selbe pfat.
Bî den rôsen er wol mac,   25
tandaradei,
merken wâ mirz houbet lac.

Daz er bî mir læge,
wessez iemen
(nu enwelle got!), sô schamt ich mich.   30
Wes er mit mir pflæge,
niemer niemen
bevinde daz wan er und ich –
Und ein kleinez vogellîn,
tandaradei,   35
daz mac wol getriuwe sîn‹.

(um 1200)

14 hêre frouwe: *Anrede der Geliebten
oder Anrufung der heiligen Jungfrau.*

[SOGENANNTE ELEGIE]

Owê war sint verswunden   alliu mîniu jâr!?
ist mir mîn leben getroumet,   oder ist ez wâr?
daz ich ie wânde ez wære,   was daz allez iht?
dar nâch hân ich geslâfen   und enweiz es niht.
nû bin ich erwachet,   und ist mir unbekant   5
daz mir hie vor was kündic   als mîn ander hant.
liut unde lant, dar inn ich   von kinde bin erzogen,
die sint mir worden frömde   reht als ez sî gelogen.
die mîne gespilen wâren,   die sint træge unt alt.
bereitet ist daz velt,   verhouwen ist der walt: 10
wan daz daz wazzer fliuzet   als ez wîlent flôz,
für wâr mîn ungelücke   wânde ich wurde grôz.
mich grüezet maneger trâge,   der mich bekande ê wol.
diu welt ist allenthalben   ungenâden vol.
als ich gedenke an manegen   wünneclîchen tac,   15
die mir sint enpfallen   als in daz mer ein slac,
iemer mêre owê.

Owê wie jæmerlîche   junge liute tuont,
den ê vil hovelîchen   ir gemüete stuont!
20   die kunnen niuwan sorgen: owê wie tuont si sô?
swar ich zer werlte kêre,   dâ ist nieman frô:
tanzen, lachen, singen   zergât mit sorgen gar:
nie kristenman gesæhe   sô jæmerlîche schar.
nû merket wie den frouwen   ir gebende stât;
25   die stolzen ritter tragent   dörpellîche wât.
uns sint unsenfte brieve   her von Rôme komen,
uns ist erloubet trûren   und fröide gar benomen.
daz müet mich inneclîchen   (wir lebten ê vil wol),
daz ich nû für mîn lachen   weinen kiesen sol.
30   die vogel in der wilde   betrüebet unser klage:
waz wunders ist ob ich dâ von   an fröiden gar verzage?
wê waz spriche ich tumber   durch mînen bœsen zorn?
swer dirre wünne volget,   hât jene dort verlorn,
iemer mêr owê.

35   Owê wie uns mit süezen   dingen ist vergeben!
ich sihe die bittern gallen   in dem honege sweben.
diu Welt ist ûzen schœne,   wîz grüen unde rôt,
und innân swarzer varwe,   vinster sam der tôt.
swen si nû habe verleitet,   der schouwe sînen trôst:
40   er wirt mit swacher buoze   grôzer sünde erlôst.
dar an gedenket, ritter: ez ist iuwer dinc.
ir traget die liehten helme   und manegen herten rinc,
dar zuo die vesten schilte   und diu gewîhten swert.
wolte got, wan wære ich   der segenunge wert!
45   sô wolte ich nôtic armman   verdienen rîchen solt.
joch meine ich niht die huoben   noch der hêrren golt:
ich wolte sælden krône   êweclîchen tragen:
die mohte ein soldenære   mit sîme sper bejagen.
möht ich die lieben reise   gevaren über sê,
50   sô wolte ich denne singen wol,   und niemer mêr owê,
niemer mêr owê.

(1228)

Walther wirbt für die Teilnahme am Kreuzzug Friedrichs II.
(1228/29); deshalb wohl das Versmaß des heroischen »Nibe-
lungenliedes«.   10 *bebaut ist das Feld, gerodet der Wald.*
24 gebende: *Kopfputz.*   25 dörpellîche wât: *bäurische Klei-*
dung.   26 unsenfte brieve: *Bannung Friedrichs II. durch Gre-*
gor IX. (1227).   28 müet mich: *bedrückt mich.* 35 vergeben:
Gift eingeben.   45 nôtic armman: *in Not lebender Mann.*
48 soldenære: *Söldner.*   49 lieben reise: *Kreuzfahrt.*

REINMAR VON ZWETER

(um 1200 - um 1260)

Ein höuschricke wânde ein lewe sîn.
dô sprach ein heime: »mich dunket,   ich sî ein houwendez
                                            swîn«.
ein ohse wânde, daz er sunge baz dan ie kein nahtegal.
Dô sprach ein affe: »sô wæne, ich bin
5 daz schœnste tier«.   Ein tôre jach: »sô hân ich wîsen sin«.
ein snegge wolte springen   vür den lêbart beidiu berc unt tal.
Ein môr sprach: »mich mac nieman überwîzen«.
ein hase sprach: »ich tar wol wolve bîzen«.
ein igel sprach: »mîn hût ist linde:
10 solt ich ez bî dem eide sagen,
si möhte ein keiserinne tragen
ze næhst an ir«.   Die lüge sint alle swinde.

---

1 höuschricke: *Heuschrecke.*   2 heime: *Heimchen.*   6 vür den lêbart:
besser als der Leopard.   7 überwîzen: *an Weiße übertreffen.*   12 swinde:
tüchtig, sehr groß.

ALLE schuole sint gar ein wint
wan diu schuole al eine,   dâ der Minne junger sint:
diu ist sô künsterîche,   daz man ir muoz der meisterschefte
                                            jehen.
Ir besem zamt sô wilden man,
5 daz er nie gehôrte   noch gesach, daz er daz kan:
wâ hât ieman mêre   sô hôher schuole gehœret oder gesehen?
Diu Minne lêrt die vrouwen schône grüezen,
diu Minne lêret manegen spruch vil süezen,
diu Minne lêret grôze milte,
10 diu Minne lêret grôze tugent,
diu Minne lêret, daz diu jugent
kan ritterlîch   gebâren under schilte.

(Fränkischer Ritter, 1. Hälfte 13. Jh.)

---

1 ein wint: *ein Nichts.*   2 wan: *außer.*   5 *daß er das kann, was er
nie . . .*

PFEFFEL
(Mitte des 13. Jahrhunderts)

[IDEALBILD DES JUNGEN RITTERS]

Junc man, ich wil dich lêren,
swie tump ich selbe sî,
des dîn lîp wirde hât.
wilt du behalten daz,
sô solt du dienen got   5
Und alle frouwen êren.
lâ blîben swachen spot,
wis an zorne laz,
minne wîsen rât,
wis bœser worte vrî.   10
Swâ du sehest die besten,
dâ solt du wonen bî,
nein unde jâ behalten.
du solt in êren glesten,
vür schande haben huot: 15
sô maht mit vreuden alten
und wirt dîn ende guot.

(um 1250)

---

3 des: *wodurch.* 4 behalten:
einhalten. 8 laz: *träge, langsam.*

OSWALD VON WOLKENSTEIN
(1377?-1445)

Der mai mit lieber zal
die erd bedecket überal,
pühel, eben, berg und tal.
auss süssen voglin schal
5   erklingen, singen hohen hal,
galander, lerchen, droschel, die nachtigal.
der gauch fleucht hinden hin nach
zu grossem ungemach
klainen vogel in gogel reich.
10 höret, wie er sprach:
»cu cu, cu cu, cu cu,
den zins gib mir,
den wil ich han von dir,
der hunger macht lunger
15 mir den magen schir.«
»Ach ellend! nu wellent
sol ich?« so sprach das klaine vich.
küngel, zeisel, mais, lerch, nu komen wir singen:
oci und tu ich tu ich tu ich tu ich,
20 oci, oci, oci, oci, oci, oci,
fi fideli fideli fideli fi,
ci cieriri ci ci cieriri,
ci ci ciwigk cidiwigk fici fici.
so sang der gauch neur: kawa wa cu cu.
25 Raco, so sprach der rab:
»zwar ich sing ouch wol
vol müss ich sein,
das singen mein,
scheub ein! herein! vol sein!«
30 liri liri liri liri liri liri lon,
so sang die lerch, so sang die lerch, so sang die lerch.
ich sing hel ain droschelin, ich sing hel ain droschelin,
                              ich sing hel ain droschelin,
das in dem wald erklinget.

ir lierent, zierent
gracket und wacket   35
hin und her
recht als unser pfarrer.
zidiwick zidiwick zidiwick,
zificigo zificigo zificigo nachtigall,
dieselb mit irem gesangk behüb den gral.   40

                              (um 1410)

---

6 galander: *Ringlerche*.   7 gauch: *Kuckuck*.   9 gogel: *Lu-
stigkeit*.   14 lunger: *gierig*.   18 küngel: *Zaunkönig*.
24 neur: *nur*.   29 scheub: *schiebe*.   40 behüb den gral: *er-
würbe den Gral*.

AJN graserin, durch kulen taw
mit weyssen, plossen fusslin zart,
Hat mich erfrewt in gruner aw.
das macht ir sichel prawn gehart,
Do ich ir half den gattern rucken,   5
smucken   fur dy schrencken,
lencken,   sencken   jnn dy sewl,
wolpewart, da mit das frewl
hin fur an sorg nicht fliesen mocht jr gensel.

Als ich die schon her zewnen sach,   10
ein kurcze weyl ward mir ze lanckh,
pyß das ich ir den vngemach
tet wenden zwischen payder schranck.
mein hecklin klain het ich ir vor –
enpor   zu dienst – geweczet,   15
heczet,   neczet;   wie dem was,
schubern half ich ir das gras.
»zuck nicht, mein schacz!« »symm nain ich, lieber jensel.«

Als ich den kle het abgemat
vnd all jr lŭcken wol verzewnt,   20

dannocht gert sy, das ich gat
noch ainmal jnn der nidren pewnt.
ze lon wolt sy von Rosen winden,
pinden   mir ain kranczel.

25 »swanczel,   ranczel   mir den flachs!«
»trewt jn, wiltu, das er wachs!
hercz liebe gans, wie schön ist dir dein gränsel!«

(um 1410)

---

*Ein Bauer namens Jensel (18) hilft einer Gras- und Gänse-
magd im Frühjahr beim Einhängen des Gatters, um die
Einzäunung zu schließen. Dabei werden die Zapfen des
Gatters an den seitlichen Pfosten in Kerben gesenkt.*
4 sichel: *braun behaarte Sichel.* 6 f., 13 schrencken,
sewl, schranck: *die Seitenpfosten.*   14 hecklin: *kleine
Hacke.*   17 schubern: *harken.*   22 nidren pewnt: *untere
Wiese.*   26 trewt: *liebevoll behandeln.*   27 gränsel:
Schnabel, Mund.

MARTIN LUTHER
(1483-1546)

DER PSALM DE PROFUNDIS

Auß tieffer not schrey ich zu dir,
herr got erhör mein rüffen,
Dein gnedig oren ker zu mir
und meiner pit sie öffen.   5
Denn so du das wilt sehen an,
wie manche sündt ich hab gethan,
wer kan herr für dir bleyben.

Es steet bey deiner macht allain
die sünden zů vergeben,   10
Das dich fürcht beyde groß und klain
auch in dem besten leben.
Darumb auff got wil hoffen ich,
mein hertz auff jn sol lassen sich,
ich wil seins worts erharren.   15

Und ob es wert biß in die nacht
und wider an den morgen,
Doch sol mein hertz an Gottes macht
verzweyfeln nit noch sorgen.
So thů Israel rechter art,   20
der auß dem geyst erzeüget wardt
und seines gots erharre.

Ob bey uns ist der sünden vil,
bey Got ist vil mer gnaden,
Sein handt zů helffen hat kain zill,   25
wie groß auch sey der schaden.
Er ist allain der gůte hyrt,
der Israel erlösen wirt
auß seinen sünden allen.

(1524)

---

1 De profundis: *Aus den Tiefen.*

DER 46. PSALM.
DEUS NOSTER REFUGIUM ET VIRTUS

Ein feste burg ist unser Gott,
Ein gute wehr und waffen.
Er hilfft uns frey aus aller not,
die uns jtzt hat betroffen.
5　　Der alt böse feind
mit ernst ers jtzt meint,
gros macht und viel list
sein grausam rüstung ist,
10　auff erd ist nicht seins gleichen.

Mit unser macht ist nichts getan,
wir sind gar bald verloren,
Es streit für uns der rechte man,
den Gott hat selbs erkoren.
15　Fragstu wer der ist?
Er heist Jhesu Christ,
der Herr Zebaoth,
Und ist kein ander Gott,
das felt mus er behalten.

20　Und wenn die welt voll Teuffel wer
und wolt uns gar verschlingen,
So fürchten wir uns nicht so sehr,
Es sol uns doch gelingen.
Der Fürst dieser welt
25　wie saur er sich stelt,
thut er uns doch nicht,
das macht er ist gericht,
Ein wörtlein kan jn fellen.

Das wort sie sollen lassen stan
30　und kein danck dazu haben,
Er ist bey uns wol auff dem plan
mit seinem geist und gaben.
Nemen sie den leib,

gut, ehr, kind und weib,
las faren dahin,
sie habens kein gewin,
das reich mus uns doch bleiben.

(1528)

35

---

1 Deus . . .: *Gott unsere Zuflucht
und Stärke.*

ULRICH VON HUTTEN
(1488-1523)

AIN NEW LIED HERR ULRICHS VON HUTTEN

Ich habs gewagt mit Sinnen
und trag des noch kain Rew,
mag ich nit dran gewinnen,
noch můß man spüren Trew;
dar mit ich main   nit aim allain,
wenn man es wolt erkennen:
dem Land zů gůt,   wie wol man tůt
ain Pfaffenfeind mich nennen.

Da laß ich ieden liegen
und reden was er wil;
hett Warhait ich geschwigen,
mir wären hulder vil:
nun hab ichs gsagt,   bin drum verjagt,
das klag ich allen Frummen,
wie wol noch ich   nit weiter fliech,
villeicht werd wider kummen.

Umb Gnad wil ich nit bitten,
die weil ich bin on Schuld;
ich hett das recht gelitten,
so hindert Ungeduld,
daß man mich nit   nach altem Sit
zů Ghör hat kummen laßen;
villeicht wils Got   und zwingt sie Not
zů handlen diser maßen.

Nun ist oft diser gleichen
geschehen auch hie vor,
daß ainer von den Reichen
ain gůtes Spil verlor,
oft großer Flam   von Fünklin kam,
wer waiß ob ichs werd rechen!

stat schon im Lauf,   so setz ich drauf:
můß gan oder brechen!

Dar neben mich zů trösten,
mit gůtem Gwißen hab,   35
daß kainer von den Bösten
mir eer mag brechen ab
noch sagen daß   uf ainig Maß
ich anders sei gegangen,
dann Eren nach,   hab dise Sach   40
in gůtem angefangen.

Wil nun ir selbs nit raten
dis frumme Nation,
irs Schadens sich ergatten,
als ich vermanet han,   45
so ist mir laid;   hie mit ich schaid,
wil mengen baß die Karten,
bin unverzagt,   ich habs gewagt
und wil des Ends erwarten.

Ob dann mir nach tůt denken   50
der Curtisanen list:
ain Herz last sich nit krenken,
das rechter Mainung ist;
ich waiß noch vil,   wöln auch ins Spil
und soltens drüber sterben: 55
auf, Landsknecht gůt   und Reuters můt,
last Hutten nit verderben!

(1521)

---

*Als Flugblatt verbreitetes Kampflied von gro-
ßer öffentlicher Resonanz. Hutten richtet sich
nach dem enttäuschenden Wormser Reichstag
(1521) gegen Karl V. und die römische Kirche.
Er tritt für eine Erneuerung des Reiches aus
dem Geist der Reformation ein.*
6 *nicht allein den Kaiser.* 10 *liegen: lügen.*
13 *hulder: gewogener.* 51 *Curtisanen: Leute
im Dienst der päpstlichen Kurie.*

HANS SACHS
(1494-1576)

EIN TISCHZUCHT

Hör, Mensch! wenn du zu Tisch willt gahn,
Dein Händ sollt du gewaschen han.
Lang Nägel ziemen gar nit wohl,
Die man heimlich abschneiden soll.
Am Tisch setz dich nit oben an,
Der Hausherr wölls dann selber han!
Der Benedeiung nit vergiß!
In Gottes Nam heb an und iß!
Den Ältisten anfahen laß!
Nach dem iß züchtiglichermaß!
Nit schnaude oder säuisch schmatz!
Nit ungestüm nach dem Brot platz,
Daß du kein Gschirr umstoßen tust!
Das Brot schneid nit an deiner Brust!
Das gschnitten Brote oder Weck
Mit deinen Händen nit verdeck
Und brock nit mit den Zähnen ein
Und greif auch für dein Ort allein!
Tu nicht in der Schüssel umstührn!
Darüberhaltn will nit gebührn.
Nehm auch den Löffel nit zu voll!
Wenn du dich treffst, das steht nit wohl.
Greif auch nach keiner Speise mehr,
Bis dir dein Mund sei worden leer!
Red nicht mit vollem Mund! Sei mäßig!
Sei in der Schüssel nit gefräßig,
Der allerletzt drin ob dem Tisch!
Zerschneid das Fleisch und brich die Fisch
Und käue mit verschlossem Mund!
Schlag nit die Zung aus gleich eim Hund,
Zu ekeln! Tu nit geizig schlinken!
Und wisch den Mund, eh du willt trinken,
Daß du nit schmalzig machst den Wein!
Trink sittlich und nit hust darein!

Tu auch nit grölzen, oder kreisten!
Schütt dich auch nit, halt dich am weisten!
Setz hübschlich ungeschüttet nieder!
Bring keim andern zu bringen wieder!
Füll kein Glas mit dem andren nicht!   40
Wirf auch auf niemand dein Gesicht,
Als ob du merkest auf sein Essen!
Wer neben dir zu Tisch ist gsessen,
Den irre nit mit den Ellbogen!
Sitz aufgerichtet, fein geschmogen!   45
Ruck nit hin und her auf der Bank,
Daß du nit machest ein Gestank!
Dein Füß laß unterm Tisch nit gampern,
Und hüt dich auch vor allen schambern
Worten, Nachredn, Gespött, Tät, Lachen!   50
Sei ehrberlich in allen Sachen!
In Buhlerei laß dich nit merken!
Tu auch niemand auf Hader stärken!
Gezänk am Tisch gar übel staht.
Sag nichts, darob man Grauen hat,   55
Und tu dich auch am Tisch nit schneuzen,
Daß ander Leut an dir nit scheuzen!
Geh nit umzausen in der Nasen!
Des Zahnstührens sollt du dich maßen!
Im Kopf sollt du dich auch nit krauen!   60
Dergleichen Maid, Jungfrau und Frauen
Solln nach keim Floch hinunterfischen.
Ans Tischtuch soll sich niemand wischen.
Auch leg den Kopf nit in die Händ!
Leihn dich nit hinten an die Wänd,   65
Bis daß des Mahl hab sein Ausgang!
Denn sag Gott heimlich Lob und Dank,
Der dir dein Speise hat beschert,
Aus väterlicher Hand ernährt!
Nach dem sollt du vom Tisch aufstehn,   70
Dein Händ waschen und wieder gehn
An dein Gewerb und Arbeit schwer.
So sprichet Hans Sachs, Schuhmacher.

(1534)

MARTIN OPITZ
(1597-1639)

LIEDT

Ach Liebste / laß uns eilen /
   Wir haben Zeit:
Es schadet das Verweilen
5   Uns beyderseit.
Der edlen Schönheit Gaben
   Fliehn Fuß für Fuß:
Das alles was wir haben
   Verschwinden muß.
10   Der Wangen Ziehr verbleichet /
   Das Haar wird greiß /
Der Augen Fewer weichet /
   Die Brunst wird Eiß.
Das Mündlein von Corallen
15   Wird ungestalt /
Die Händ' als Schnee verfallen /
   Und du wirst alt.
Drumb laß uns jetzt geniessen
   Der Jugend Frucht /
20   Eh' als wir folgen müssen
   Der Jahre Flucht.
Wo du dich selber liebest /
   So liebe mich /
Gieb mir / das / wann du giebest /
25   Verlier auch ich.

               (1624)

Ich empfinde fast ein Grawen
Daß ich / Plato / für und für
Bin gesessen uber dir;
Es ist Zeit hinaus zu schawen /
5   Und sich bey den frischen Quellen

In dem Grünen zu ergehn /
Wo die schönen Blumen stehn /
Und die Fischer Netze stellen.
    Worzu dienet das Studieren
Als zu lauter Ungemach? 10
Unter dessen laufft die Bach /
Unsers Lebens das wir führen /
Ehe wir es inne werden /
Auff ihr letztes Ende hin /
Dann kömpt ohne Geist und Sinn 15
Dieses alles in die Erden.
    Hola / Junger / geh' und frage
Wo der beste Trunck mag seyn /
Nimb den Krug / und fülle Wein.
Alles Trawren / Leid unnd Klage 20
Wie wir Menschen täglich haben
Eh' uns Clotho fort gerafft
Wil ich in den süssen Safft
Den die Traube giebt vergraben.
    Kauffe gleichfals auch Melonen / 25
Und vergieß des Zuckers nicht;
Schawe nur daß nichts gebricht.
Jener mag der Heller schonen /
Der bey seinem Gold' und Schätzen
Tolle sich zu krencken pflegt / 30
Und nicht satt zu Bette legt;
Ich wil weil ich kan mich letzen.
    Bitte meine gute Brüder
Auff die Music und ein Glaß:
Nichts schickt / dünckt mich / nicht sich baß 35
Als gut Tranck unnd gute Lieder.
Laß' ich gleich nicht viel zu erben /
Ey so hab' ich edlen Wein;
Wil mit andern lustig seyn.
Muß ich gleich alleine sterben. 40

(1624)

---

22 Clotho: *Schicksalsgöttin.*

PAUL GERHARDT
(1607-1676)

ABEND-LIED

1.

NUn ruhen alle Wälder /
Vieh / Menschen / Städt und Felder /
  Es schläfft die gantze Welt:
Ihr aber meine Sinnen /
Auf / auf ihr solt beginnen
  Was eurem Schöpffer wol gefällt.

2.

Wo bist du Sonne blieben?
Die Nacht hat dich vertrieben /
  Die Nacht des Tages Feind:
Fahr hin / ein andre Sonne
Mein Jesus / meine Wonne /
  Gar hell in meinem Hertzen scheint.

3.

Der Tag ist nun vergangen:
Die güldnen Sternlein prangen
  Am blauen Himmels-Saal:
So / so werd ich auch stehen /
Wann mich wird heissen gehen
  Mein GOtt aus diesem Jammerthal.

4.

Der Leib der eilt zur Ruhe
Legt ab das Kleid und Schuhe
  Das Bild der Sterbligkeit:
Die zieh ich aus / dargegen
Wird Christus mir an legen
  Den Rock der Ehr und Herrligkeit.

5.

Das Hǎupt die Fůß und Hǎnde /
Sind froh daß nun zum Ende
 Die Arbeit kommen sey:
Hertz freu dich: du solst werden
Vom Elend dieser Erden   30
 Und von der Sůnden Arbeit frey.

6.

Nun geht ihr matten Glieder /
Geht / geht und legt euch nieder /
 Der Betten ihr begehrt:
Es kommen Stund und Zeiten /   35
Da man euch wird bereiten
 Zur Ruh ein Bettlein in der Erd.

7.

Mein Augen stehn verdrossen
Im huy sind sie verschlossen /
 Wo bleibt denn Leib und Seel?   40
Nim sie zu deinen Gnaden /
Sey gut vor allen Schaden /
 du Aug und Wǎchter Israel.

8.

Breit aus die Flůgel beide
O JEsu meine Freude /   45
 Und nim dein Kůchlein ein:
Will Satan mich verschlingen /
So laß die Englein singen
 Diß Kind sol unverletzet seyn.

9.

Auch euch ihr meine Lieben   50
Sol heute nicht betrůben
 Kein Unfall noch Gefahr:
Gott laß euch ruhig schlaffen
Stell euch die gůldnen Waffen
 Umbs Bett / und seiner Helden Schaar. 55

(1648)

AN DAS ANGESICHT DES HERRN JESU

1.

O Haupt vol Blut und Wunden /
    Vol Schmertz und voller Hohn!
O Haupt zum Spott gebunden
    Mit einer Dornen Kron!
O Haupt! sonst schön geziehret
    Mit höchster Ehr und Ziehr /
Itzt aber hoch schimpfiret /
    Gegrüsset seyst du mir.

2.

Du edles Angesichte /
    Dafür sonst schrickt und scheut
Das grosse Welt-Gewichte /
    Wie bist du so bespeyt?
Wie bist du so erbleichet?
    Wer hat dein Augenlicht /
Dem sonst kein Licht nicht gleichet /
    So schändlich zugericht?

3.

Die Farbe deiner Wangen /
    Der rothen Lippen Pracht
Ist hin / und gantz vergangen:
    Des blassen Todes Macht
Hat alles hingenommen /
    Hat alles hingerafft /
Und daher bist du kommen
    Von deines Leibes Krafft.

4.

Nun was du / HErr erduldet /
    Ist alles meine Last:
Ich hab es selbst verschuldet
    Was du getragen hast.
Schau her / hier steh ich Armer /

Der Zorn verdienet hat /
Gib mir / o mein Erbarmer /
   Den Anblick deiner Gnad.

5.

Erkenne mich / mein Hůter /
   Mein Hirte nim mich an: 35
Von dir / Quell aller Gůter /
   Ist mir viel guts gethan:
Dein Mund hat mich gelabet
   Mit Milch und sůsser Kost /
Dein Geist hat mich begabet   40
   Mit mancher Himmels-Lust.

6.

Ich wil hier bey dir stehen /
   Verachte mich doch nicht:
Von dir wil ich nicht gehen /
   Wann dir dein Hertze bricht /   45
Wann dein Haupt wird erblassen
   Im letzten Todesstoß /
Alsdann wil ich dich fassen
   In meinem Arm und Schooß.

7.

Es dient zu meinen Freuden /   50
   Und kômmt mir hertzlich wol /
Wann ich in deinem Leyden /
   Mein Heyl / mich finden sol!
Ach môcht ich / O mein Leben /
   An deinem Creutze hier /   55
Mein Leben von mir geben!
   Wie wol geschehe mir!

8.

Ich dancke dir von Hertzen /
   O JEsu / liebster Freund
Für deines Todes Schmertzen /
   Da dus so gut gemeint: 60

Ach gib / daß ich mich halte
    Zu dir und deiner Treu /
Und wann ich nun erkalte /
    In dir mein Ende sey.

9.

Wann ich einmal sol scheiden /
    So scheide nicht von mir!
Wann ich den Tod sol leyden /
    So tritt du dann herfür:
Wann mir am allerbängsten
    Wird umb das Hertze seyn:
So reiß mich aus den Aengsten /
    Krafft deiner Angst und Pein.

10.

Erscheine mir zum Schilde /
    Zum Trost in meinem Tod /
Und laß mich sehn dein Bilde
    In deiner Creutzes-Noht /
Da wil ich nach dir blicken /
    Da wil ich Glaubens vol
Dich fest an mein Hertz drücken.
    Wer so stirbt / der stirbt wol.

(1653/56)

PAUL FLEMING
(1609-1640)

GEDANCKEN / ŮBER DER ZEIT

IHR lebet in der Zeit / und kennt doch keine Zeit /
So wisst Ihr Menschen nicht von / und in was Ihr seyd.
Diß wisst Ihr / daß ihr seyd in einer Zeit gebohren.
Und daß ihr werdet auch in einer Zeit verlohren.   5
Was aber war die Zeit / die euch in sich gebracht?
Und was wird diese seyn / die euch zu nichts mehr macht?
Die Zeit ist was / und nichts. Der Mensch in gleichem Falle.
Doch was dasselbe was / und nichts sey / zweifeln alle.
Die Zeit die stirbt in sich / und zeucht sich auch aus sich.   10
Diß kŏmmt aus mir und dir / von dem du bist und ich.
Der Mensch ist in der Zeit; sie ist in ihm ingleichen.
Doch aber muß der Mensch / wenn sie noch bleibet /
                                              weichen.
Die Zeit ist / was ihr seyd / und ihr seyd / was die Zeit /
Nur daß ihr Wenger noch / als was die Zeit ist / seyd.   15
Ach daß doch jene Zeit / die ohne Zeit ist kǎhme /
Und uns aus dieser Zeit in ihre Zeiten nǎhme.
Und aus uns selbsten uns / daß wir gleich kŏndten seyn /
Wie der itzt / jener Zeit / die keine Zeit geht ein.

(um 1634)

AN SICH

SEY dennoch unverzagt. Gieb dennoch unverlohren.
Weich keinem Glůcke nicht. Steh' hŏher als der Neid.
Vergnůge dich an dir / und acht es fůr kein Leid /
hat sich gleich wieder dich Glůck / Ort / und Zeit   5
                                              verschworen.
Was dich betrůbt und labt / halt alles fůr erkohren.
Nim dein Verhǎngnůß an. Laß' alles unbereut.
Thu / was gethan muß seyn / und eh man dirs gebeut.

Was du noch hoffen kanst / das wird noch stets gebohren.
10   Was klagt / was lobt man doch? Sein Unglück und sein
                                                    Glücke
ist ihm ein ieder selbst. Schau alle Sachen an.
Diß alles ist in dir / laß deinen eiteln Wahn /
    und eh du förder gehst / so geh' in dich zu rücke.
Wer sein selbst Meister ist / und sich beherrschen kan /
15   dem ist die weite Welt und alles unterthan.

                                            (1636)

HERRN PAULI FLEMINGI DER MED. DOCT. GRABSCHRIFFT /
SO ER IHM SELBST GEMACHT IN HAMBURG / DEN 28. TAG
     DESS MERTZENS 1640 AUFF SEINEM TODTBETTE
       DREY TAGE VOR SEINEM SEEL: ABSTERBEN

5   ICh war an Kunst / und Gut / und Stande groß und reich.
Deß Glückes lieber Sohn. Von Eltern guter Ehren.
Frey; Meine. Kunte mich aus meinen Mitteln nehren.
Mein Schall floh überweit. Kein Landsmann sang mir gleich.
    Von reisen hochgepreist; für keiner Mühe bleich.
10   Jung / wachsam / unbesorgt. Man wird mich nennen hören.
Biß daß die letzte Glut diß alles wird verstören.
Diß / Deütsche Klarien / diß gantze danck' ich Euch.
    Verzeiht mir / bin ichs werth / Gott / Vater / Liebste /
                                                    Freunde.
Ich sag' Euch gute Nacht / und trette willig ab.
15   Sonst alles ist gethan / biß an das schwartze Grab.
    Was frey dem Tode steht / das thu er seinem Feinde.
Was bin ich viel besorgt / den Othem auffzugeben?
An mir ist minder nichts / das lebet / als mein Leben.

                                            (1640)

  ───────────

12 Klarien: *Musen.*

ANDREAS GRYPHIUS
(1616-1664)

MENSCHLICHES ELENDE

WAs sind wir Menschen doch? ein Wohnhauß grimmer
                                        Schmertzen
  Ein Ball des falschen Glücks / ein Irrlicht diser Zeit.
  Ein Schauplatz herber Angst / besetzt mit scharffem Leid /
Ein bald verschmeltzter Schnee und abgebrante Kertzen.   5
Diß Leben fleucht davon wie ein Geschwätz und Schertzen.
  Die vor uns abgelegt des schwachen Leibes Kleid
  Und in das Todten-Buch der grossen Sterbligkeit
Längst eingeschrieben sind / sind uns aus Sinn und Hertzen.
  Gleich wie ein eitel Traum leicht aus der Acht hinfällt /   10
  Und wie ein Strom verfleust / den keine Macht auffhält:
So muß auch unser Nahm / Lob / Ehr und Ruhm
                                        verschwinden /
  Was itzund Athem holt / muß mit der Lufft entflihn /
  Was nach uns kommen wird / wird uns ins Grab nachzihn.
Was sag ich? wir vergehn wie Rauch von starcken Winden.   15

                                        (1637)

ES IST ALLES EITEL

DU sihst / wohin du sihst nur Eitelkeit auff Erden.
  Was diser heute baut / reist jener morgen ein:
  Wo itzund Städte stehn / wird eine Wisen seyn /
Auff der ein Schäfers-Kind wird spilen mit den Herden: 5
Was itzund prächtig blüht / sol bald zutretten werden.
  Was itzt so pocht und trotzt ist Morgen Asch und Bein /
  Nichts ist / das ewig sey / kein Ertz / kein Marmorstein.
Itzt lacht das Glück uns an / bald donnern die Beschwerden.
  Der hohen Thaten Ruhm muß wie ein Traum vergehn.   10
  Soll denn das Spil der Zeit / der leichte Mensch bestehn?
Ach! was ist alles diß / was wir vor köstlich achten /

Als schlechte Nichtikeit / als Schatten / Staub und Wind;
Als eine Wisen-Blum / die man nicht wider find't.
15 Noch wil was Ewig ist kein einig Mensch betrachten!

(1643)

THRÅNEN DES VATERLANDES /
ANNO 1636

WIr sind doch nunmehr gantz / ja mehr denn gantz
                                          verheeret!
    Der frechen Vŏlcker Schaar / die rasende Posaun
5   Das vom Blutt fette Schwerdt / die donnernde Carthaun /
Hat aller Schweiß / und Fleiß / und Vorrath auffgezehret.
Die Tŭrme stehn in Glutt / die Kirch ist umgekehret.
    Das Rathauß ligt im Grauß / die Starcken sind zerhaun /
    Die Jungfern sind geschånd't / und wo wir hin nur schaun
10 Ist Feuer / Pest / und Tod / der Hertz und Geist durchfåhret.
    Hir durch die Schantz und Stadt / rinnt allzeit frisches
                                                      Blutt.
    Dreymal sind schon sechs Jahr / als unser Ströme Flutt /
Von Leichen fast verstopfft / sich langsam fort gedrungen
    Doch schweig ich noch von dem / was årger als der Tod /
15 Was grimmer denn die Pest / und Glutt und Hungersnoth
Das nun der Seelen Schatz / so vilen abgezwungen.

(1643)

ABEND

DEr schnelle Tag ist hin / die Nacht schwingt ihre Fahn /
Und fŭhrt die Sternen auff. Der Menschen mŭde Scharen
Verlassen Feld und Werck / wo Thir und Vŏgel waren
5   Traurt itzt die Einsamkeit. Wie ist die Zeit verthan!
    Der Port naht mehr und mehr sich zu der Glider Kahn.
Gleich wie diß Licht verfil / so wird in wenig Jahren
Ich / du / und was man hat / und was man siht / hinfahren.
    Diß Leben kŏmmt mir vor als eine Renne-Bahn.

Laß höchster Gott / mich doch nicht auff dem Lauffplatz   10
                                    gleiten /
Laß mich nicht Ach / nicht Pracht / nicht Lust nicht Angst
                                    verleiten!
  Dein ewig-heller Glantz sey vor und neben mir /
Laß / wenn der müde Leib entschläfft / die Seele wachen
Und wenn der letzte Tag wird mit mir Abend machen /
  So reiß mich aus dem Thal der Finsternüß zu dir.   15

                                    (1650)

CHRISTIAN HOFMANN VON HOFMANNSWALDAU
(1617-1679)

DIE WELT

Was ist die Lust der Welt? nichts als ein Fastnachtsspiel /
So lange Zeit gehofft / in kurtzer Zeit verschwindet /
Da unsre Masquen uns nicht hafften / wie man wil /
5 Und da der Anschlag nicht den Ausschlag recht empfindet.
Es gehet uns wie dem / der Feuerwercke macht /
Ein Augenblick verzehrt offt eines Jahres Sorgen;
Man schaut wie unser Fleiß von Kindern wird verlacht /
Der Abend tadelt offt den Mittag und den Morgen.
10 Wir Fluchen offt auf dis was gestern war gethan /
Und was man heute küst / mus morgen Eckel heissen /
Die Reimen die ich itzt geduldig lesen kan /
Die werd ich wohl vielleicht zur Morgenzeit zerreissen.
Wir kennen uns / und dis / was unser ist / offt nicht /
15 Wir tretten unsern Kuß offt selbst mit steiffen Füssen /
Man merckt / wie unser Wuntsch ihm selber wiederspricht /
Und wie wir Lust und Zeit als Sclaven dienen müssen.
Was ist denn diese Lust und ihre Macht und Pracht?
Ein grosser Wunderball mit leichtem Wind erfüllet.
20 Wohl diesem der sich nur dem Himmel dinstbar macht /
Weil aus dem Erdenkloß nichts als Verwirrung quillet.

(1648?)

[SONNET]
VERGÄNGLICHKEIT DER SCHÖNHEIT

ES wird der bleiche Todt mit seiner kalten Hand
Dir endlich mit der Zeit umb deine Brüste streichen /
Der liebliche Corall der Lippen wird verbleichen;
5 Der Schultern warmer Schnee wird werden kalter Sand /
Der Augen süsser Blitz / die Kräffte deiner Hand /
Für welchen solches fällt / die werden zeitlich weichen /

Das Haar / das itzund kan des Goldes Glantz erreichen /
  Tilgt endlich Tag und Jahr als ein gemeines Band.
Der wohlgesetzte Fuß / die lieblichen Gebärden / 10
Die werden theils zu Staub / theils nichts und nichtig werden /
  Denn opfert keiner mehr der Gottheit deiner Pracht.
Diß und noch mehr als diß muß endlich untergehen /
Dein Hertze kan allein zu aller Zeit bestehen /
  Dieweil es die Natur aus Diamant gemacht. 15

(*1679?*)

AUF DIE BITTERKEIT DER LIEBE

DIe Nacht Egyptiens / des Aetna wildes Feuer /
Das Wüten von der See / der Wüsten Ungeheuer /
Des Drachen gelbes Gift / der Garamanten Sand /
Des neuen Zembles Eyß / der Höllen heisser Brand / 5
Der Scythen Haupt-Gefahr / der Donner-Berge Grausen /
Des Caucasus Verdruß / des Norden kaltes Sausen /
Ist nur ein Schattenwerck und Bild derselben Qual /
Damit die Venus hat gezieret ihren Saal.

(*1679?*)

———

4 Garamanten: *Nomaden der Sahara.* 5 Zembles: *Nowaja
Semlja.*

GEORG GREFLINGER
(um 1620 - um 1677)

HYLAS WIL KEIN WEIB NICHT HABEN

1.

SChweiget mir vom Frauen nehmen /
 Es ist lauter Ungemach /
Geld außgeben / wiegen / grähmen /
 Einmal Juch und dreymal ach /
Ist sie jung / so wil sie fechten /
 Ist sie alt / so ists der Todt /
Ist sie reich / so wil sie rechten /
 Ist sie arm / wer schaffet Brodt.

2.

Ich wil drumb nicht / daß man sage /
 Daß ich von den Mönchen sey /
Weil ich mich deß Weibs entschlage /
 Buhlen / buhlen stehet frey /
Heute die / die andre Morgen /
 Das ist eine Lust für mich /
So darff ich für keine sorgen /
 Jede sorget selbst für sich.

3.

Denckt / was auff die Hochzeit lauffet /
 Was die Braut zur Kleydung kiest /
Wann man uns ein Kindlein tauffet /
 Das der nechste Haußrath ist /
Was die Amme / die es seuget /
 Die man mit Covent nicht stillt /
Die zu keiner Gritze schweiget /
 Die man nie genug erfüllt.

4.

Und was kosten Kasten / Kisten /
 Schlüssel / Schlösser / Schüssel / Rost /

Mâgde / die uns koch- und misten /
 Dencket was der Haußzins kost /
Was die Bette / was die Kannen /
 Teller / Leffel / Leuchter / Liecht /
Spiesse / Brater / Holtz und Pfannen /
 Und was kost die Kleidung nicht?

5.

Wie viel Mâuler muß man speisen /
 Was verschleppen Hund und Katz?
Und wann sich die Freunde weisen /
 Was für Geld bleibt auff dem Platz /
Uber Fische / Fleisch und Gritze /
 Bier und Wein / und liebes Brod.
Wann nun erst die Fraw nicht nûtze /
 Scheyde Gott die liebe Noth.

6.

Wann die Fraw die Brug wil tragen /
 Und dem Manne widerspricht /
Dann so geht es an das Jagen /
 Eine solche taugt mir nicht.
Dann so kommen ihre Freunde
 Schrey- und drâuen wider mich:
Dann so werden Freunde Feinde /
 Dann geht alles hinter sich.

7.

Dann so geht der Mann vom Hause /
 Suchet ihm / was ihm geliebt /
Lebet Tag und Nacht im Sause /
 Ob sich schon die Frau betrûbt /
Sitzt zu Hause mit den Kleinen
 Hat noch Bier / noch Brod / noch Geld /
Er ist lustig mit den Seinen /
 Und bey sich ein braver Held.

8.
Ich wil keine so betrüben /
   Ich wil bleiben / der ich bin /
Ich wil kein' alleine lieben /
   Buhlen / buhlen ist mein Sinn /
Buhlen ist mir Honig süsse /
   Und verbuhl ich schon die Schue /
So behalt ich doch die Füsse.
   Buhlen ist es / was ich thue.

(1651)

---

23 Covent: *Dünnbier.*   42 Brug: *Hose.*

ANGELUS SILESIUS (JOHANNES SCHEFFLER)
(1624-1677)

MAN WEISS NICHT WAS MAN IST

Jch weiß nicht was ich bin / Jch bin nicht was ich weiß:
Ein Ding und nit ein Ding: Ein Stüpffchin und ein Kreiß.

GOTT LEBT NICHT OHNE MICH

Jch weiß daß ohne mich GOtt nicht ein Nun kan leben /
Werd' ich zu nicht Er muß von Noth den Geist auffgeben.

DIE UNRUH KOMBT VON DIR

Nichts ist das dich bewegt / du selber bist das Rad /
Das auß sich selbsten laufft / und keine Ruhe hat.

DER MENSCH DER MACHT DIE ZEIT

Du selber machst die Zeit: das Uhrwerk sind die Sinnen:
Hemstu die Unruh nur / so ist die Zeit von hinnen.

OHNE WARUMB

Die Ros' ist ohn warumb / sie blühet weil sie blühet /
Sie achtt nicht jhrer selbst / fragt nicht ob man sie sihet.

ZUFALL UND WESEN

Mensch werde wesentlich: denn wann die Welt vergeht /
So fällt der Zufall weg / das Wesen das besteht.

JM JNNERN WOHNT MAN WOL

Was meines Geistes Geist / meins Wesens Wesen ist /
Das ists / das ich für mich zur Wohnung hab erkiest.

DIE SEELIGE UBER-FORMUNG

Jch rathe dir Verformt ins *JEsulein* zu werden /
Weil du begehrst zu seyn erlöset vonn Beschwerden.
Wem *JEsus* helffen sol / vom Teufel / Tod und Pein:
Der muß Warhafftig auch gantz eingeJeset seyn.

JETZT MUSTU BLÜHEN

Blüh auf gefrorner Christ / der May ist für der Thür:
Du bleibest ewig Todt / blühstu nicht jetzt und hier.

EIN NARR SUCHT VIELERLEY

Der Weise sucht nur eins / und zwar das höchste Gut:
Ein Narr nach vielerley / und kleinem streben thut.

MISS DIR DOCH JA NICHTS ZU

Freund so du etwas bist / so bleib doch ja nicht stehn:
Man muß auß einem Licht fort in das andre gehn.

DER BESTE FREUND UND FEIND

Mein bester Freund mein Leib / der ist mein ärgster Feind:
Er bindt und hält mich auff / wie gut ers immer meint.
Jch haß' und lieb jhn auch: und wann es kombt zum scheiden /
So reiß' ich mich von jhm mit Freuden und mit Leiden.

VON DER EITELKEIT

Wend ab dein Angesicht vom Glast der Eitelkeit:
Jemehr man jhn beschaut / jemehr wird man verleitt.
Jedoch kehrs wider hin: denn wer jhn nicht betracht /
Der ist schon halb von jhm gefällt und umbgebracht.

BESCHLUSS

Freund es ist auch genug. Jm Fall du mehr wilt lesen /
So geh und werde selbst die Schrifft und selbst das Wesen.

(1657/1675)

THEODOR KORNFELD
(1636-1698)

EIN SAND-UHR

Das du in letzter Stund kanst gute Rechnung machen

Miß' alle Stunde woll / und richte deine Sachen;

Die Zeit vergehet /
Und bald entstehet
Der Rechnungs-Tag
Von aller Sach;
Sey fromm /
Und kom.

Der Sand versincket /
Uns damit wincket /
Wir sollen fort
Zum andern Orth /
Gott uns leite /
Und bereite!

(1685)

JOHANN CHRISTOPH MÄNNLING
(1658-1723)

Mein Wanderer steh still allhier /
Es liegt der Tugend-glantz und Zier /
Auf dieser schwartzen Todten-Baare /
Das Leich-Tuch deckt die muntren Jahre /
Jedoch der Nach-Klang / rufft noch aus:
Hier ist der Ruh ihr sichres Hauß /
Dahin der Seelige den matten Leib verstecket /
Biß einsten Sand und Grauß /
Wird durch den Lebens-Geist des Höchsten stehn erwecket

Da wird der Tod /	Gleich Phaenix Bruth /
Und sein Geboth /	In frischem Muth /
Wie Eyß zergehn /	Itzt bleibt der Ruhm /
Er aber stehn /	Sein Eigen-Thum /

(1704)

Zwei Beispiele des barocken Figuren-Gedichts.

BARTHOLD HEINRICH BROCKES
(1680-1747)

KIRSCHBLÜTE BEI DER NACHT

Ich sahe mit betrachtendem Gemüte
Jüngst einen Kirschbaum, welcher blühte,
In kühler Nacht beim Mondenschein;
5   Ich glaubt', es könne nichts von größrer Weiße sein.
Es schien, ob wär ein Schnee gefallen.
Ein jeder, auch der kleinste Ast
Trug gleichsam eine rechte Last
Von zierlich-weißen runden Ballen.
10   Es ist kein Schwan so weiß, da nämlich jedes Blatt,
Indem daselbst des Mondes sanftes Licht
Selbst durch die zarten Blätter bricht,
Sogar den Schatten weiß und sonder Schwärze hat.
Unmöglich, dacht ich, kann auf Erden
15   Was Weißers ausgefunden werden.
Indem ich nun bald hin, bald her
Im Schatten dieses Baumes gehe,
Sah ich von ungefähr
Durch alle Blumen in die Höhe
20   Und ward noch einen weißern Schein,
Der tausendmal so weiß, der tausendmal so klar,
Fast halb darob erstaunt, gewahr.
Der Blüte Schnee schien schwarz zu sein
Bei diesem weißen Glanz. Es fiel mir ins Gesicht
25   Von einem hellen Stern ein weißes Licht,
Das mir recht in die Seele strahlte.

Wie sehr ich mich an Gott im Irdischen ergetze,
Dacht ich, hat Er dennoch weit größre Schätze.
Die größte Schönheit dieser Erden
30   Kann mit der himmlischen doch nicht verglichen werden.

(1727)

JOHANN CHRISTIAN GÜNTHER
(1695-1723)

TROSTARIA

Endlich bleibt nicht ewig aus,
Endlich wird der Trost erscheinen,
   Endlich grünt der Hoffnungsstrauß,
Endlich hört man auf zu weinen,   5
   Endlich bricht der Tränenkrug,
   Endlich spricht der Tod: Genug!

Endlich wird aus Wasser Wein,
Endlich kommt die rechte Stunde,
   Endlich fällt der Kerker ein,   10
Endlich heilt die tiefste Wunde,
   Endlich macht die Sklaverei
   Den gefangnen Joseph frei.

Endlich, endlich kann der Neid,
Endlich auch Herodes sterben,   15
   Endlich Davids Hirtenkleid
Seinen Saum in Purpur färben,
   Endlich macht die Zeit den Saul
   Zur Verfolgung schwach und faul.

Endlich nimmt der Lebenslauf   20
Unsers Elends auch ein Ende,
   Endlich steht ein Heiland auf,
Der das Joch der Knechtschaft wende,
   Endlich machen vierzig Jahr
   Die Verheißung zeitig wahr.   25

Endlich blüht die Aloe,
Endlich trägt der Palmbaum Früchte,
   Endlich schwindet Furcht und Weh,

Endlich wird der Schmerz zu nichte,
30 Endlich sieht man Freudental,
Endlich, Endlich kommt einmal.

(1714)

DIE Pest ergriff den Leib der schönen Flavia,
Der Mund warf Jäscht und Schaum, die Brust geschwollne
Beulen,
Die Augen wurden welk, und niemand war mehr da,
Und niemand konnte sie mit Kraut und Pflaster heilen.

5 Ihr treuer Thyrsis kam und warf den treuen Arm
Der Schönen um den Hals, den Stank und Eiter füllte;
Die Liebe macht' ihm mehr als Angst und Fieber warm,
Daher er in der Schoß die starke Sehnsucht stillte.

Seht, welch ein Wunderwerk! Die Kranke wird entzückt
10 Und durch den Perlentau mit neuer Kraft begossen;
Sie hebt den schwachen Leib und lacht und hüpft und drückt,
So daß es, wie man sagt, auch selbst den Tod verdrossen.

Und kurz, sie ward gesund. Was tut die Liebe nicht!
Ihr Ärzte, prahlt nicht mehr mit eurem Doktortitel;
15 Die Kunst, so Thyrsis kann, ist besser eingericht.
Ihr Mägdgens, lernt und braucht dergleichen Lebensmittel!

(1719)

---

2 Jäscht: *Gischt*.

ALS ER SICH ÜBER DEN EIGENSINN DER HEUTIGEN
WELT BEKLAGTE

Man muß doch mit den Wölfen heulen,
    Drum fort, betörter Eigensinn!
Ich will mich in die Leute teilen
    Und lachen, wie und wo ich bin.   5
Ein Sauertopf mag immer schelten
    Und unsre Zeit dem Satan weihn,
Denn untersucht er tausend Welten,
    Wird keine sonder Mangel sein.

Das ist wohl wahr: es gibt viel Toren.   10
    Das macht, sie wachsen ungesät,
Und wer nicht schiert, der wird geschoren,
    So bald er nur den Rücken dreht.
Aus Komplimenten und Flattieren
    Erkennt man den Politicum,   15
Will einer nun nicht Hunde führen,
    So kehr er stets den Mantel um.

Bei Höfen sinnt man nur auf Mittel,
    Einander klug zu hintergehn;
Der flickt fast stündlich an dem Titel,   20
    Der lehrt die Hörner zierlich stehn,
Der Dritte wird bei Wild und Jagen
    Durch viel Beschwerde selbst zum Vieh,
Und kömmt ein Untertan zum Klagen,
    So spuckt der Fünfte vor das Knie.   25

In Städten steht es nicht viel besser,
    Da herrschen Schwelgerei und Neid,
Man schneidet mit dem großen Messer
    Dem Nächsten in sein Ehrenkleid;
Wer uns von vorne grüßt und lecket,   30
    Der spuckt uns über Achseln nach,
Und wer sich nach der Decke strecket,
    Den schimpft ein jegliches Gelach.

Die Weiber sind gar ausgelassen,
　　Sie tun es frei beim Mondenschein,
So hitzig, daß auf allen Gassen
　　Die Pflaster ausgeritten sein.

Die Männer folgen dem Exempel,
　　Kaum riecht was Junges in die Stadt,
So lauft man plötzlich aus dem Tempel,
　　Zu sehn, wie viel es Keuschheit hat.

Was soll ich von den Mägdgen sagen?
　　Sie sind vorwahr zu tugendreich,
Sie lernen viel aus Demut tragen
　　Und schämen sich so krank als bleich.
Das macht vielleicht der schlimme Winter,
　　Der alles in den Gliedern regt.
Doch nein, es steckt noch was darhinter.
　　Und was denn? Was der Kirchknecht trägt.

Nun sagt mir, soll ich anders leben,
　　So lacht mich jeder Pinsel aus:
Nach Wahrheit, Zucht und Tugend streben
　　Baut jetzt vorwahr kein steinern Haus.
Ich mach es so wie meinesgleichen,
　　Und wer mich drum verdenken will,
Der höre diesen guten streichen
　　Und nehm ihn mit und schweige still.

(1719)

---

49 Kirchknecht: *trägt das Neugeborene.*
56 *Furz?*

AN SEIN VATERLAND

So lebe wohl mit allen Spöttern,
Du ehmals wertes Vaterland.
Du trotzest bei so nahen Wettern,

Ich wünsche dir nur auch Bestand.   5
Was hat dir wohl mein Geist zu danken?
Verfolgung, Schande, Neid und Zanken
Und Freunde, die kein Flehn gewinnt.
Ja müßt ich heute bei den Drachen
Gefährliche Gesellschaft machen,   10
Sie wären gütiger gesinnt.

Ich komme durch dein scheinbar Lügen
Um Gönner, Glauben, Ehr und Freund.
Mein Seufzen kann dich nicht vergnügen,
So lang es auch erbärmlich weint.   15
Ha, unbarmherzige Leäne,
Belohnst du so den Fleiß der Söhne?
Ist dieses die Erkenntlichkeit
Vor so viel Wachen und Studieren,
Nur dich mit Nutz und Ruhm zu zieren?   20
O falsche Welt, o grobe Zeit!

Gesetzt, ich hätte mich vergangen;
Wo läßt die Mutter so ein Kind,
Das endlich mit betränten Wangen
Die rechte Straße wiederfindt?   25
Es sei dein Irrtum oder Tücke:
Gnug, daß dein Zorn mein künftig Glücke
Durch solchen Grund zu Schanden macht.
Du schmähst mich nicht allein im Staube,
Du hast auch gar von meinem Raube   30
Den Frevlern Vorschub zugebracht.

Wohlan, so reize selbst die Waffen,
Die Wahrheit und Verdruß regiert!
Wer sind die meisten deiner Pfaffen,
Von welchen all mein Unglück rührt?   35
Wer sind sie? Lästrer, faule Bäuche,
Tartufen, Zänker, böse Schläuche
Und Schwätzer, so die Wahrheit fliehn,
Beruf und Gott im Beutel tragen,
Sich täglich um die Kappe schlagen   40
Und Weib und Pöbel an sich ziehn.

Du hegst Betrug und Aberglauben,
Den aller Weisen Freiheit haßt;
Der Rabe jauchzt, man würgt die Tauben,
Der Reiche spott't der Armen Last.
Was tun die unbeschnittnen Juden?
Sie brüsten sich in teuren Buden
Und schielen höhnisch in die Quer,
Als wenn, Gott geb, ein Bursch ihr Diener,
Der Mauerpfeffer aber grüner
Als unser Musenlorbeer wär.

Die Klügsten sitzen an dem Zolle
Verrechnen Leben und Vernunft;
Was kost't das Heu? Was gilt die Wolle?
So spricht man in Zusammenkunft.
Was sag ich von dem Frauenzimmer?
Ihr Schönsein ist nur Farbenschimmer;
Sie heißen keusch, sie sind nur dumm,
Und die noch etwas Grütze führen,
Die kehren stets vor fremden Türen
Und nehmen alles blind herum.

Dies seh ich vor gewisse Zeichen
Vom Greuel der Verwüstung an:
Wo Kunst und Weisheit einmal weichen,
Da ist's um aller Heil getan.
Ja, steckten nur nicht hin und wieder
Noch wenig treu- und kluge Brüder,
So spräch ich: Land, du bist nicht wert,
Daß so ein Karl dein Glück erhebet
Und daß du einen Kopf erlebet,
Der dich durch unsre Kunst verklärt.

Ich fürcht, ich fürcht, es blitzt von Westen,
Und Norden droht schon über dich.
Du pflügst vielleicht nur fremden Gästen.
Ich wünsch es nicht. Gedenk an mich.
Du magst mich jagen und verdammen,
Ich steh wie Bias bei den Flammen

Und geh, wohin die Schickung ruft.
Hier fliegt dein Staub von meinen Füßen,
Ich mag von dir nichts mehr genießen,
Sogar nicht diesen Mund voll Luft.

(um 1720)

---

16 Leäne: *Löwin.*   69 *Karl VI., 1711 zum
Kaiser gekrönt.*   77 Bias: *verließ seine zerstörte Heimatstadt Priene mit den Worten:
Omnia mea mecum porto (allen Besitz trage
ich mit mir).*

FRIEDRICH VON HAGEDORN
(1708-1754)

DIE KÜSSE

Als sich aus Eigennutz Elisse
Dem muntern Coridon ergab,
Nahm sie für einen ihrer Küsse
5   Ihm anfangs dreißig Schäfchen ab.

Am andern Tag erschien die Stunde,
Daß er den Tausch viel besser traf.
Sein Mund gewann von ihrem Munde
Schon dreißig Küsse für ein Schaf.

10   Der dritte Tag war zu beneiden:
Da gab die milde Schäferin
Um einen neuen Kuß mit Freuden
Ihm alle Schafe wieder hin.

Allein am vierten ging's betrübter,
15   Indem sie Herd und Hund verhieß
Für einen Kuß, den ihr Geliebter
Umsonst an Doris überließ.

(1738)

ANAKREON

In Tejos und in Samos
Und in der Stadt Minervens
Sang ich von Wein und Liebe,
Von Rosen und vom Frühling,
5   Von Freundschaft und von Tänzen,
Doch höhnt ich nicht die Götter,
Auch nicht der Götter Diener,
Auch nicht der Götter Tempel,
10   Wie hieß ich sonst der Weise?

Ihr Dichter voller Jugend,
Wollt ihr bei froher Muße
Anakreontisch singen,
So singt von milden Reben,
Von rosenreichen Hecken,
Vom Frühling und von Tänzen,
Von Freundschaft und von Liebe,
Doch höhnet nicht die Gottheit,
Auch nicht der Gottheit Diener,
Auch nicht der Gottheit Tempel.
Verdienet, selbst im Scherzen,
Den Namen echter Weisen.

(1747)

1 ff. *Anakreon, griechischer Lyriker,
lebte im 6. Jahrhundert vor Christus in
Teos (Ionien), Samos und Athen.*

CHRISTIAN FÜRCHTEGOTT GELLERT
(1715-1769)

DIE BIENE UND DIE HENNE
Eine Fabel

Nun, Biene, sprach die träge Henne,
Dies muß ich in der Tat gestehn,
So lang ich dich nunmehro kenne:
So seh ich dich auch müßig gehn.
Du tust ja nichts, als dich vergnügen.
Im Garten auf die Blumen fliegen,
Und ihren Blüten Saft entziehn,
Mag eben nicht so sehr bemühn.
Bleib immer auf der Nelke sitzen,
Dann fliege zu dem Rosenstrauch,
Wär ich, wie du, ich tät es auch,
Was brauchst du andern viel zu nützen?
Genug, daß wir so manchen Morgen,
Mit Eiern, unser Haus versorgen.

O! rief die Biene, spotte nicht,
Du denkst, weil ich bei meiner Pflicht
Nicht so, wie du, bei einem Eie,
Aus vollem Halse zehnmal schreie:
So denkst du, wär ich ohne Fleiß.
Der Bienenstock sei mein Beweis,
Wer Kunst und Arbeit besser kenne,
Ich oder eine träge Henne?
Denn, wenn wir auf den Blumen liegen:
So sind wir nicht auf uns bedacht,
Wir sammlen Saft, der Honig macht,
Um Mund und Zunge zu vergnügen.
Macht unser Fleiß kein groß Geräusch,
Und schreien wir bei warmen Tagen,
Wenn wir den Saft in Zellen tragen,
Uns nicht, wie du im Neste, heisch:
So präge dir es itzund ein:

Die Bienen hassen stets den Schein;
Will jemand ihrer kundig sein,   35
Der muß in Honig, Rost und Kuchen,
Fleiß, Kunst und Ordnung untersuchen.

Auch hat uns die Natur beschenkt,
Und einen Stachel eingesenkt,
Damit wir die bestrafen sollen,   40
Die, was sie selber nicht verstehn,
Doch meistern und verachten wollen;
Drum, Henne, rat ich dir, zu gehn.

                              *

O Spötter, der mit stolzer Miene,
In sich verliebt, die Dichtkunst schilt;   45
Dich unterrichtet dieses Bild.
Die Dichtkunst ist die stille Biene;
Und willst du selbst die Henne sein;
So trifft die Fabel völlig ein.
Du fragst, was nützt die Poesie?   50
Sie lehrt und unterrichtet nie.
Allein, wie kannst du doch so fragen?
Du siehst an dir, wozu sie nützt:
Dem, der nicht viel Verstand besitzt,
Die Wahrheit, durch ein Bild, zu sagen.   55

                        (1744)

———————
32 heisch: *heiser.* 36 Rost und Kuchen:
Wabe und Wachsscheiben.

UNBEKANNTER VERFASSER
(um 1740)

1. Das Canapee ist mein Vergnügen,
Drauf ich mir was zu Gute tu;
Da kann ich recht vergnüget liegen
In einer ausgestreckten Ruh'.
5 Wenn mir tun alle Glieder weh,
So leg' ich mich aufs Canapee.

2. Wann mir von Sorgen und Gedanken
Der Kopf als wie ein Triller geht;
Gesetzt, das Herz fing' an zu wanken
10 Als wie ein Schiff, wenn's Stürmen geht
Bei den Windwellen auf der See,
Da leg' ich mich aufs Canapee.

3. Ich tu auch gerne Coffee trinken,
Und wenn man mir mit diesem Trank
15 Auf eine deutsche Meil' wird winken;
Denn ohne Coffee bin ich krank;
Doch schmeckt mir Coffee und Tee
Am besten auf dem Canapee.

4. Ein Pfeifchen Knaster ist mein Leben,
20 Das ist mein fünftes Element,
Das kann der Zunge Kühlung geben,
Wenn auch die Sonne heftig brennt.
Ich rauche, wo ich geh' und steh',
Auch liegend auf dem Canapee.

25 5. Wenn mir bei heißen Sommertagen
Die Decken zu beschwerlich sein,
Muß mir mein Canapee behagen,
Da schlaf ich ungebeuget ein;
Da beißen mich auch keine Flöh'
30 Auf meinem lieben Canapee.

6. Wenn ich mich in die Länge strecke,
So setzt mein Schätzchen sich zu mir,
Es hält mir anstatt einer Decke
Ein lilienweißes *Kiß*chen für!
Das kutzelt in der großen Zeh   35
Auf meinem lieben Canapee.

7. Gesetzt, ich werde auch malade,
Daß ich ein Patiente bin,
In Schwach- und Krankheit ich gerate,
So recolliget sich mein Sinn,   40
Das letzte schmerzliche Adieu
Zu sagen auf dem Canapee.

8. Wie wollt' ich meine Ruhe haben,
Die Mißgunst aber ist so groß,
Man wird mich andern gleich begraben,   45
Mein Leib fault in der Erde Schoß;
Wiewohl das tut mir gar nicht weh,
Der Geist schwebt um das Canapee.

(1740)

_____

40 recolliget: *sammelt sich noch einmal.*

MAGNUS GOTTFRIED LICHTWER
(1719-1783)

DER MOHR UND DER WEISSE

Ein Mohr und Weißer zankten sich
Der Weiße sprach zu dem Bengalen,
Wär ich wie du, ich ließe mich
Zeit meines Lebens niemals malen.

Besieh dein Pech-Gesichte nur
Und sage mir, du schwarzes Wesen,
Ob dich die spielende Natur,
Nicht uns zum Scheusal auserlesen.

Gut, sprach der Mohr, hat denn ihr Fleiß
Sich deiner besser angenommen?
Unausgebratner Naseweis,
Du bist noch ziemlich unvollkommen.

Die Welt, in der wir Menschen sind
Gleicht einem ungeheuren Baume,
Darauf bist du, mein liebes Kind,
Die noch nicht reif gewordne Pflaume.

Sie zankten sich noch lange Zeit
Und weil sich keiner geben wollte,
Beschlossen sie, daß ihren Streit
Ein kluger Richter schlichten sollte.

Als nun der Weiße Recht behielt,
Da sprach das schwarze Kind der Mohren,
Du siegst, ich habe hier verspielt,
In Tunis hättest du verloren.

*

So manches Land, so mancher Wahn,
Es kömmt bei allen Nationen,
Der Vorzug auf den Ort mit an,
Schön ist, was da gilt, wo wir wohnen.

(1748)

FRIEDRICH GOTTLIEB KLOPSTOCK
(1724–1803)

DER ZÜRCHERSEE

Schön ist, Mutter Natur, deiner Erfindung Pracht
Auf die Fluren verstreut, schöner ein froh Gesicht,
   Das den großen Gedanken
     Deiner Schöpfung noch *einmal* denkt.   5

Von des schimmernden Sees Traubengestaden her,
Oder, flohest du schon wieder zum Himmel auf,
   Komm in rötendem Strahle
     Auf dem Flügel der Abendluft,

Komm, und lehre mein Lied jugendlich heiter sein,   10
Süße Freude, wie du! gleich dem beseelteren
   Schnellen Jauchzen des Jünglings,
     Sanft, der fühlenden Fanny gleich.

Schon lag hinter uns weit Uto, an dessen Fuß
Zürch in ruhigem Tal freie Bewohner nährt;   15
   Schon war manches Gebirge
     Voll von Reben vorbeigeflohn.

Jetzt entwölkte sich fern silberner Alpen Höh,
Und der Jünglinge Herz schlug schon empfindender,
   Schon verriet es beredter   20
     Sich der schönen Begleiterin.

»Hallers Doris«, die sang, selber des Liedes wert,
Hirzels Daphne, den Kleist innig wie Gleimen liebt;
   Und wir Jünglinge sangen
     Und empfanden wie Hagedorn.   25

Jetzo nahm uns die Au in die beschattenden
Kühlen Arme des Walds, welcher die Insel krönt;
   Da, da kamest du, Freude!
     Volles Maßes auf uns herab!

30 Göttin Freude, du selbst! dich, wir empfanden dich!
Ja, du warest es selbst, Schwester der Menschlichkeit,
    Deiner Unschuld Gespielin,
        Die sich über uns ganz ergoß!

Süß ist, fröhlicher Lenz, deiner Begeistrung Hauch,
35 Wenn die Flur dich gebiert, wenn sich dein Odem sanft
    In der Jünglinge Herzen
        Und die Herzen der Mädchen gießt.

Ach, du machst das Gefühl siegend, es steigt durch dich
Jede blühende Brust schöner, und bebender,
40   Lauter redet der Liebe
        Nun entzauberter Mund durch dich!

Lieblich winket der Wein, wenn er Empfindungen,
Beßre sanftere Lust, wenn er Gedanken winkt,
    Im sokratischen Becher
45   Von der tauenden Ros' umkränzt;

Wenn er dringt bis ins Herz, und zu Entschließungen,
Die der Säufer verkennt, jeden Gedanken weckt,
    Wenn er lehret verachten,
        Was nicht würdig des Weisen ist.

50 Reizvoll klinget des Ruhms lockender Silberton
In das schlagende Herz, und die Unsterblichkeit
    Ist ein großer Gedanke,
        Ist des Schweißes der Edlen wert!

Durch der Lieder Gewalt bei der Urenkelin
55 Sohn und Tochter noch sein; mit der Entzückung Ton
    Oft beim Namen genennet,
        Oft gerufen vom Grabe her,

Dann ihr sanfteres Herz bilden, und, Liebe, dich,
Fromme Tugend, dich auch gießen ins sanfte Herz,
60   Ist, beim Himmel! nicht wenig!
        Ist des Schweißes der Edlen wert!

Aber süßer ist noch, schöner und reizender,
In dem Arme des Freunds wissen ein Freund zu sein!
  So das Leben genießen,
    Nicht unwürdig der Ewigkeit!   65

Treuer Zärtlichkeit voll, in den Umschattungen,
In den Lüften des Walds, und mit gesenktem Blick
  Auf die silberne Welle,
    Tat ich schweigend den frommen Wunsch:

Wäret ihr auch bei uns, die ihr mich ferne liebt,   70
In des Vaterlands Schoß einsam von mir verstreut,
  Die in seligen Stunden
    Meine suchende Seele fand;

O so bauten wir hier Hütten der Freundschaft uns!
Ewig wohnten wir hier, ewig! Der Schattenwald   75
  Wandelt' uns sich in Tempe,
    Jenes Tal in Elysium!

                              (1750)

---

13 Fanny: *poetischer Name für Klopstocks Jugendliebe.*   4 Uto: *der Ütli-berg.*   22 Hallers Doris: *Titel eines Gedichtes von Albrecht von Haller (1708-1777).*   23 Hirzel: *Arzt in Zürich.*   Daphne: *seine Frau, in anakreontischer Weise als antike Nymphe bezeichnet.*   Kleist: *der Dichter Ewald Christian von Kleist (1715-1759).*   Gleim: *der Dichter Johann Wilhelm Ludwig von Gleim (1719-1803).*   25 Hagedorn: *der Dichter Friedrich von Hagedorn (1708-1754).*   26 Au: *Insel im Züricher See.*   76 Tempe: *Tal am Fuße des Olymp.*

DIE FRÜHEN GRÄBER

Willkommen, o silberner Mond,
  Schöner, stiller Gefährt der Nacht!
    Du entfliehst? Eile nicht, bleib, Gedankenfreund!
5   Sehet, er bleibt, das Gewölk wallte nur hin.

Des Maies Erwachen ist nur
  Schöner noch, wie die Sommernacht,
    Wenn ihm Tau, hell wie Licht, aus der Locke träuft,
    Und zu dem Hügel herauf rötlich er kömmt.

10 Ihr Edleren, ach es bewächst
  Eure Male schon ernstes Moos!
    O wie war glücklich ich, als ich noch mit euch
    Sahe sich röten den Tag, schimmern die Nacht.

(1764)

JOHANN JOACHIM EWALD
(1727 - nach 1762)

DER SCHÄFER ZU DEM BÜRGER

Du schläfst auf weichen Betten, ich schlaf auf weichem Klee;
Du siehest dich im Spiegel, ich mich in stiller See;
Du trittst auf Fußtapeten, ich tret auf sanftes Gras;
Dich tränken teure Weine, mich tränkt ein wohlfeil Naß;   5
Du wohnst in bangen Mauern, ich wohn auf freier Flur;
Für dich malt Mengs und Oeser, für mich malt die Natur;
Du bist oft siech für Wollust, ich bleibe stets gesund;
Dich schützt für Geld ein Schweizer, mich schützt mein treuer
                                             Hund;
Du schlummerst ein bei Saiten, ich bei dem Wasserfall;   10
Du hörst Kastrat und Geiger, ich Lerch und Nachtigall;
Dein Auge sieht oft finster, das meine bleibet hell;
Dein Mägdchen glänzt von Schminke, mein Mägdchen glänzt
                                             vom Quell.

(1757)

---

7 Mengs und Oeser: *zeitgenössische Maler.*

CHRISTIAN FRIEDRICH DANIEL SCHUBART
(1739-1791)

DIE FÜRSTENGRUFT

Da liegen sie, die stolzen Fürstentrümmer,
　　Ehmals die Götzen ihrer Welt!
Da liegen sie, vom fürchterlichen Schimmer
5　　Des blassen Tags erhellt!

Die alten Särge leuchten in der dunkeln
　　Verwesungsgruft, wie faules Holz;
Wie matt die großen Silberschilde funkeln!
　　Der Fürsten letzter Stolz!

10　Entsetzen packt den Wandrer hier am Haare,
　　Geußt Schauer über seine Haut,
Wo Eitelkeit, gelehnt an eine Bahre,
　　Aus hohlen Augen schaut.

Wie fürchterlich ist hier des Nachhalls Stimme,
15　　Ein Zehentritt stört seine Ruh'!
Kein Wetter Gottes spricht mit lautrem Grimme:
　　O Mensch, wie klein bist du!

Denn ach! hier liegt der edle Fürst, der Gute,
　　Zum Völkersegen einst gesandt,
20　Wie der, den Gott zur Nationenrute
　　Im Zorn zusammenband.

An ihren Urnen weinen Marmorgeister,
　　Doch kalte Tränen nur, von Stein,
Und lachend grub vielleicht ein welscher Meister,
25　　Sie einst dem Marmor ein.

Da liegen Schädel mit verloschnen Blicken,
　　Die ehmals hoch herabgedroht,
Der Menschheit Schrecken! denn an ihrem Nicken
　　Hing Leben oder Tod.

Nun ist die Hand herabgefault zum Knochen,   30
  Die oft mit kaltem Federzug
Den Weisen, der am Thron zu laut gesprochen,
  In harte Fesseln schlug.

Zum Totenbein ist nun die Brust geworden,
  Einst eingehüllt in Goldgewand,   35
Daran ein Stern und ein entweihter Orden,
  Wie zween Kometen stand.

Vertrocknet und verschrumpft sind die Kanäle,
  Drin geiles Blut, wie Feuer floß,
Das schäumend Gift der Unschuld in die Seele,   40
  Wie in den Körper goß.

Sprecht Höflinge, mit Ehrfurcht auf der Lippe,
  Nun Schmeichelein ins taube Ohr!
Beräuchert das durchlauchtige Gerippe
  Mit Weihrauch, wie zuvor!   45

Es steht nicht auf, euch Beifall zuzulächeln,
  Und wiehert keine Zoten mehr,
Damit geschminkte Zofen ihn befächeln,
  Schamlos und geil, wie er.

Sie liegen nun, den eisern Schlaf zu schlafen,   50
  Die Menschengeißeln, unbetraurt,
Im Felsengrab, verächtlicher als Sklaven,
  In Kerker eingemaurt.

Sie, die im ehrnen Busen niemals fühlten
  Die Schrecken der Religion,   55
Und gottgeschaffne, beßre Menschen hielten
  Für Vieh, bestimmt zur Fron;

Die das Gewissen jenem mächt'gen Kläger,
  Der alle Schulden niederschreibt,
Durch Trommelschlag, durch welsche Trillerschläger   60
  Und Jagdlärm übertäubt;

Die Hunde nur und Pferd' und fremde Dirnen
    Mit Gnade lohnten, und Genie
Und Weisheit darben ließen; denn das Zürnen
65   Der Geister schreckte sie; –

Die liegen nun in dieser Schauergrotte,
    Mit Staub und Würmern zugedeckt,
So stumm! so ruhmlos! – Noch von keinem Gotte
    Ins Leben aufgeweckt.

70 Weckt sie nur nicht mit eurem bangen Ächzen,
    Ihr Scharen, die sie arm gemacht,
Verscheucht die Raben, daß von ihrem Krächzen
    Kein Wütrich hier erwacht!

Hier klatsche nicht des armen Landmanns Peitsche,
75   Die nachts das Wild vom Acker scheucht,
An diesem Gitter weile nicht der Deutsche,
    Der sich vorüberkeucht!

Hier heule nicht der bleiche Waisenknabe,
    Dem ein Tyrann den Vater nahm;
80 Nie fluche hier der Krüppel an dem Stabe,
    Von fremdem Solde lahm!

Damit die Quäler nicht zu früh erwachen,
    Seid menschlicher, erweckt sie nicht.
Ha! früh genug wird über ihnen krachen,
85   Der Donner am Gericht,

Wo Todesengel nach Tyrannen greifen,
    Wenn sie im Grimm der Richter weckt,
Und ihre Greul zu einem Berge häufen,
    Der flammend sie bedeckt.

90 Ihr aber, beßre Fürsten, schlummert süße
    Im Nachtgewölbe dieser Gruft!
Schon wandelt euer Geist im Paradiese,
    Gehüllt in Blütenduft.

Jauchzt nur entgegen jenem großen Tage,
  Der aller Fürsten Taten wiegt;   95
Wie Sternenklang tönt euch des Richters Waage,
  Drauf eure Tugend liegt.

Ach, unterm Lispel eurer frohen Brüder –
  Ihr habt sie satt und froh gemacht –
Wird eure volle Schale sinken nieder,   100
  Wenn ihr zum Lohn erwacht.

Wie wird's euch sein, wenn ihr vom Sonnenthrone
  Des Richters Stimme wandeln hört:
»Ihr Brüder, nehmt auf ewig hin die Krone,
  Ihr seid zu herrschen wert.«   105

(1780)

Schubart war von 1777 bis 1787 auf Befehl des württembergischen Herzogs Karl Eugen auf dem Hohenasperg eingekerkert.

MATTHIAS CLAUDIUS
(1740–1815)

ABENDLIED

Der Mond ist aufgegangen,
Die goldnen Sternlein prangen
   Am Himmel hell und klar;
Der Wald steht schwarz und schweiget,
Und aus den Wiesen steiget
   Der weiße Nebel wunderbar.

Wie ist die Welt so stille,
Und in der Dämmrung Hülle
   So traulich und so hold!
Als eine stille Kammer,
Wo ihr des Tages Jammer
   Verschlafen und vergessen sollt.

Seht ihr den Mond dort stehen? –
Er ist nur halb zu sehen,
   Und ist doch rund und schön!
So sind wohl manche Sachen,
Die wir getrost belachen,
   Weil unsre Augen sie nicht sehn.

Wir stolze Menschenkinder
Sind eitel arme Sünder
   Und wissen gar nicht viel;
Wir spinnen Luftgespinste
Und suchen viele Künste
   Und kommen weiter von dem Ziel.

Gott, laß uns *dein* Heil schauen,
Auf nichts Vergänglichs trauen,
   Nicht Eitelkeit uns freun!
Laß uns einfältig werden
Und vor dir hier auf Erden
   Wie Kinder fromm und fröhlich sein!

Wollst endlich sonder Grämen
Aus dieser Welt uns nehmen
 Durch einen sanften Tod!
Und, wenn du uns genommen,   35
Laß uns in Himmel kommen,
 Du unser Herr und unser Gott!

So legt euch denn, ihr Brüder,
In Gottes Namen nieder;
 Kalt ist der Abendhauch.   40
Verschon uns, Gott! mit Strafen,
Und laß uns ruhig schlafen!
 Und unsern kranken Nachbar auch!

      (1779)

KRIEGSLIED

's ist Krieg! 's ist Krieg! O Gottes Engel wehre,
 Und rede Du darein!
's ist leider Krieg – und ich begehre
 Nicht schuld daran zu sein!   5

Was sollt' ich machen, wenn im Schlaf mit Grämen
 Und blutig, bleich und blaß,
Die Geister der Erschlagnen zu mir kämen,
 Und vor mir weinten, was?

Wenn wackre Männer, die sich Ehre suchten, 10
 Verstümmelt und halb tot
Im Staub sich vor mir wälzten und mir fluchten
 In ihrer Todesnot?

Wenn tausend tausend Väter, Mütter, Bräute,
 So glücklich vor dem Krieg,   15
Nun alle elend, alle arme Leute,
 Wehklagten über mich?

Wenn Hunger, böse Seuch' und ihre Nöten
   Freund, Freund und Feind ins Grab
20 Versammleten, und mir zu Ehren krähten
   Von einer Leich' herab?

Was hülf' mir Kron' und Land und Gold und Ehre?
   Die könnten mich nicht freun!
's ist leider Krieg – und ich begehre
25   Nicht schuld daran zu sein!

(1779)

DER MENSCH

Empfangen und genähret
   Vom Weibe wunderbar
Kömmt er und sieht und höret
5   Und nimmt des Trugs nicht wahr;
Gelüstet und begehret,
   Und bringt sein Tränlein dar;
Verachtet und verehret,
   Hat Freude und Gefahr;
10 Glaubt, zweifelt, wähnt und lehret,
   Hält nichts und alles wahr;
Erbauet und zerstöret;
   Und quält sich immerdar;
Schläft, wachet, wächst und zehret;
15   Trägt braun und graues Haar
Und alles dieses währet,
   Wenn's hoch kommt, achtzig Jahr.
Denn legt er sich zu seinen Vätern nieder,
Und er kömmt nimmer wieder.

(1783)

GOTTFRIED AUGUST BÜRGER
(1747-1794)

DER BAUER
An seinen durchlauchtigen Tyrannen

Wer bist du, Fürst, daß ohne Scheu
Zerrollen mich dein Wagenrad,
Zerschlagen darf dein Roß?   5

Wer bist du, Fürst, daß in mein Fleisch
Dein Freund, dein Jagdhund, ungebleut
Darf Klau' und Rachen haun?

Wer bist du, daß, durch Saat und Forst,
Das Hurra deiner Jagd mich treibt,   10
Entatmet, wie das Wild? –

Die Saat, so deine Jagd zertritt,
Was Roß und Hund und du verschlingst,
Das Brot, du Fürst, ist mein.

Du Fürst hast nicht, bei Egg' und Pflug,   15
Hast nicht den Erntetag durchschwitzt.
Mein, mein ist Fleiß und Brot! –

Ha! du wärst Obrigkeit von Gott?
Gott spendet Segen aus; du raubst!
Du nicht von Gott, Tyrann!   20

(1775)

LUDWIG CHRISTOPH HEINRICH HÖLTY
(1748-1776)

DAS LANDLEBEN

Wunderseliger Mann, welcher der Stadt entfloh!
Jedes Säuseln des Baums, jedes Geräusch des Bachs,
    Jeder blinkende Kiesel
        Predigt Tugend und Weisheit ihm!

Jedes Schattengesträuch ist ihm ein heiliger
Tempel, wo ihm sein Gott näher vorüberwallt;
    Jeder Rasen ein Altar,
        Wo er vor dem Erhabnen kniet.

Seine Nachtigall tönt Schlummer herab auf ihn,
Seine Nachtigall weckt flötend ihn wieder auf,
    Wenn das liebliche Frührot
        Durch die Bäum auf sein Bette scheint.

Dann bewundert er dich, Gott, in der Morgenflur,
In der steigenden Pracht deiner Verkünderin,
    Der allherrlichen Sonne,
        Dich im Wurm und im Knospenzweig.

Ruht im wehenden Gras, wann sich die Kühl' ergießt,
Oder strömet den Quell über die Blumen aus;
    Trinkt den Atem der Blüte,
        Trinkt die Milde der Abendluft.

Sein bestrohetes Dach, wo sich das Taubenvolk
Sonnt und spielet und hüpft, winket ihm süßre Rast,
    Als dem Städter der Goldsaal,
        Als der Polster der Städterin.

Und der spielende Trupp schwirret zu ihm herab,
Gurrt und säuselt ihn an, flattert ihm auf den Korb;
    Picket Krumen und Erbsen,
        Picket Körner ihm aus der Hand.

Einsam wandelt er oft, Sterbegedanken voll,   30
Durch die Gräber des Dorfs, setzet sich auf ein Grab
   Und beschauet die Kreuze
     Und den wehenden Totenkranz.

Wunderseliger Mann, welcher der Stadt entfloh!
Engel segneten ihn, als er geboren ward,   35
   Streuten Blumen des Himmels
     Auf die Wiege des Knaben aus.

(1775)

JOHANN WOLFGANG VON GOETHE
(1749-1832)

MIT EINEM GEMALTEN BAND

Kleine Blumen, kleine Blätter
Streuen mir mit leichter Hand
Gute junge Frühlingsgötter
Tändelnd auf ein luftig Band.

Zephyr, nimm's auf deine Flügel,
Schling's um meiner Liebsten Kleid!
Und so tritt sie vor den Spiegel
All in ihrer Munterkeit.

Sieht mit Rosen sich umgeben,
Selbst wie eine Rose jung:
Einen Blick, geliebtes Leben!
Und ich bin belohnt genung.

Fühle, was dies Herz empfindet,
Reiche frei mir deine Hand,
Und das Band, das uns verbindet,
Sei kein schwaches Rosenband!

(1771/1789)

HEIDENRÖSLEIN

Sah ein Knab' ein Röslein stehn,
Röslein auf der Heiden,
War so jung und morgenschön,
Lief er schnell, es nah zu sehn,
Sah's mit vielen Freuden.
Röslein, Röslein, Röslein rot,
Röslein auf der Heiden.

Knabe sprach: Ich breche dich,
Röslein auf der Heiden! 10
Röslein sprach: Ich steche dich,
Daß du ewig denkst an mich,
Und ich will's nicht leiden.
Röslein, Röslein, Röslein rot,
Röslein auf der Heiden. 15

Und der wilde Knabe brach
's Röslein auf der Heiden;
Röslein wehrte sich und stach,
Half ihr doch kein Weh und Ach,
Mußt' es eben leiden. 20
Röslein, Röslein, Röslein rot,
Röslein auf der Heiden.

(1771)

WILLKOMMEN UND ABSCHIED

Es schlug mein Herz, geschwind zu Pferde!
Es war getan fast eh gedacht.
Der Abend wiegte schon die Erde,
Und an den Bergen hing die Nacht;
Schon stand im Nebelkleid die Eiche, 5
Ein aufgetürmter Riese, da,
Wo Finsternis aus dem Gesträuche
Mit hundert schwarzen Augen sah.

Der Mond von einem Wolkenhügel 10
Sah kläglich aus dem Duft hervor,
Die Winde schwangen leise Flügel,
Umsausten schauerlich mein Ohr;
Die Nacht schuf tausend Ungeheuer,
Doch frisch und fröhlich war mein Mut: 15
In meinen Adern welches Feuer!
In meinem Herzen welche Glut!

Dich sah ich, und die milde Freude
Floß von dem süßen Blick auf mich;
20 Ganz war mein Herz an deiner Seite
Und jeder Atemzug für dich.
Ein rosenfarbnes Frühlingswetter
Umgab das liebliche Gesicht,
Und Zärtlichkeit für mich – ihr Götter!
25 Ich hofft' es, ich verdient' es nicht!

Doch ach, schon mit der Morgensonne
Verengt der Abschied mir das Herz:
In deinen Küssen welche Wonne!
In deinem Auge welcher Schmerz!
30 Ich ging, du standst und sahst zur Erden
Und sahst mir nach mit nassem Blick:
Und doch, welch Glück, geliebt zu werden!
Und lieben, Götter, welch ein Glück!

(1771/1789)

PROMETHEUS

Bedecke deinen Himmel, Zeus,
Mit Wolkendunst!
Und übe, Knaben gleich,
Der Disteln köpft,
5 An Eichen dich und Bergeshöhn!
Mußt mir meine Erde
Doch lassen stehn,
Und meine Hütte,
Die du nicht gebaut,
10 Und meinen Herd,
Um dessen Glut,
Du mich beneidest.

Ich kenne nichts Ärmer's
Unter der Sonn' als euch Götter.
15 Ihr nähret kümmerlich

Von Opfersteuern
Und Gebetshauch
Eure Majestät
Und darbtet, wären   20
Nicht Kinder und Bettler
Hoffnungsvolle Toren.

Da ich ein Kind war,
Nicht wußt', wo aus, wo ein,
Kehrte mein verirrtes Aug'   25
Zur Sonne, als wenn drüber wär'
Ein Ohr, zu hören meine Klage,
Ein Herz wie meins,
Sich des Bedrängten zu erbarmen.

Wer half mir wider   30
Der Titanen Übermut?
Wer rettete vom Tode mich,
Von Sklaverei?
Hast du's nicht alles selbst vollendet,
Heilig glühend Herz?   35
Und glühtest, jung und gut,
Betrogen, Rettungsdank
Dem Schlafenden dadroben?

Ich dich ehren? Wofür?
Hast du die Schmerzen gelindert   40
Je des Beladenen?
Hast du die Tränen gestillet
Je des Geängsteten?
Hat nicht mich zum Manne geschmiedet
Die allmächtige Zeit   45
Und das ewige Schicksal,
Meine Herrn und deine?

Wähntest du etwa,
Ich sollte das Leben hassen,
In Wüsten fliehn,   50
Weil nicht alle Knabenmorgen-
Blütenträume reiften?

Hier sitz' ich, forme Menschen
Nach meinem Bilde,
55   Ein Geschlecht, das mir gleich sei,
Zu leiden, weinen,
Genießen und zu freuen sich,
Und dein nicht zu achten,
Wie ich.

(1774)

AUF DEM SEE

Und frische Nahrung, neues Blut
Saug' ich aus freier Welt;
Wie ist Natur so hold und gut,
5   Die mich am Busen hält!
Die Welle wieget unsern Kahn
Im Rudertakt hinauf,
Und Berge, wolkig himmelan,
Begegnen unserm Lauf.

10   Aug', mein Aug', was sinkst du nieder?
Goldne Träume, kommt ihr wieder?
Weg, du Traum, so gold du bist:
Hier auch Lieb' und Leben ist.

Auf der Welle blinken
15   Tausend schwebende Sterne,
Weiche Nebel trinken
Rings die türmende Ferne;
Morgenwind umflügelt
Die beschattete Bucht,
20   Und im See bespiegelt
Sich die reifende Frucht.

(1775/1789)

AN DEN MOND

Füllest wieder Busch und Tal
Still mit Nebelglanz,
Lösest endlich auch einmal
Meine Seele ganz;   5

Breitest über mein Gefild
Lindernd deinen Blick,
Wie des Freundes Auge mild
Über mein Geschick.

Jeden Nachklang fühlt mein Herz   10
Froh- und trüber Zeit,
Wandle zwischen Freud' und Schmerz
In der Einsamkeit.

Fließe, fließe, lieber Fluß!
Nimmer werd' ich froh,   15
So verrauschte Scherz und Kuß,
Und die Treue so.

Ich besaß es doch einmal,
Was so köstlich ist!
Daß man doch zu seiner Qual   20
Nimmer es vergißt!

Rausche, Fluß, das Tal entlang,
Ohne Rast und Ruh,
Rausche, flüstre meinem Sang
Melodien zu,   25

Wenn du in der Winternacht
Wütend überschwillst,
Oder um die Frühlingspracht
Junger Knospen quillst.

30   Selig, wer sich vor der Welt
      Ohne Haß verschließt,
      Einen Freund am Busen hält
      Und mit dem genießt,

35   Was, von Menschen nicht gewußt
      Oder nicht bedacht,
      Durch das Labyrinth der Brust
      Wandelt in der Nacht.

                        (1778/1789)

DER FISCHER

      Das Wasser rausch', das Wasser schwoll,
      Ein Fischer saß daran,
      Sah nach dem Angel ruhevoll,
5   Kühl bis ans Herz hinan.
      Und wie er sitzt, und wie er lauscht,
      Teilt sich die Flut empor;
      Aus dem bewegten Wasser rauscht
      Ein feuchtes Weib hervor.

10   Sie sang zu ihm, sie sprach zu ihm:
      »Was lockst du meine Brut
      Mit Menschenwitz und Menschenlist
      Hinauf in Todesglut?
      Ach wüßtest du, wie's Fischlein ist
15   So wohlig auf dem Grund,
      Du stiegst herunter, wie du bist,
      Und würdest erst gesund.

      Labt sich die liebe Sonne nicht,
      Der Mond sich nicht im Meer?
20   Kehrt wellenatmend ihr Gesicht
      Nicht doppelt schöner her?
      Lockt dich der tiefe Himmel nicht,
      Das feuchtverklärte Blau?

Lockt dich dein eigen Angesicht
Nicht her in ew'gen Tau?« 25

Das Wasser rauscht', das Wasser schwoll,
Netzt' ihm den nackten Fuß;
Sein Herz wuchs ihm so sehnsuchtsvoll,
Wie bei der Liebsten Gruß.
Sie sprach zu ihm, sie sang zu ihm; 30
Da war's um ihn geschehn:
Halb zog sie ihn, halb sank er hin,
Und ward nicht mehr gesehn.

(*1778*)

WANDRERS NACHTLIED

Der du von dem Himmel bist,
Alles Leid und Schmerzen stillest,
Den, der doppelt elend ist,
Doppelt mit Erquickung füllest,
Ach, ich bin des Treibens müde, 5
Was soll all der Schmerz und Lust?
Süßer Friede,
Komm, ach komm in meine Brust!

(*1776*)

EIN GLEICHES

Über allen Gipfeln
Ist Ruh,
In allen Wipfeln
Spürest du
Kaum einen Hauch; 5
Die Vögelein schweigen im Walde.
Warte nur, balde
Ruhest du auch.

(*1780*)

MIGNON

Kennst du das Land, wo die Zitronen blühn,
Im dunkeln Laub die Gold-Orangen glühn,
Ein sanfter Wind vom blauen Himmel weht,
Die Myrte still und hoch der Lorbeer steht,
Kennst du es wohl?
                    Dahin! Dahin!
Möcht ich mit dir, o mein Geliebter, ziehn.

Kennst du das Haus? Auf Säulen ruht sein Dach,
Es glänzt der Saal, es schimmert das Gemach,
Und Marmorbilder stehn und sehn mich an:
Was hat man dir, du armes Kind, getan?
Kennst du es wohl?
                    Dahin! Dahin!
Möcht ich mit dir, o mein Beschützer, ziehn.

Kennst du den Berg und seinen Wolkensteg?
Das Maultier sucht im Nebel seinen Weg,
In Höhlen wohnt der Drachen alte Brut,
Es stürzt der Fels und über ihn die Flut;
Kennst du ihn wohl?
                    Dahin! Dahin!
Geht unser Weg! o Vater, laß uns ziehn!

(1782)

ERLKÖNIG

Wer reitet so spät durch Nacht und Wind?
Es ist der Vater mit seinem Kind;
Er hat den Knaben wohl in dem Arm,
Er faßt ihn sicher, er hält ihn warm. –

Mein Sohn, was birgst du so bang dein Gesicht? –
Siehst, Vater, du den Erlkönig nicht?

Den Erlenkönig mit Kron' und Schweif? –
Mein Sohn, es ist ein Nebelstreif. –

»Du liebes Kind, komm, geh mit mir!   10
Gar schöne Spiele spiel' ich mit dir;
Manch' bunte Blumen sind an dem Strand;
Meine Mutter hat manch' gülden Gewand.«

Mein Vater, mein Vater, und hörest du nicht,
Was Erlenkönig mir leise verspricht? –   15
Sei ruhig, bleibe ruhig, mein Kind!
In dürren Blättern säuselt der Wind. –

»Willst, feiner Knabe, du mit mir gehn?
Meine Töchter sollen dich warten schön;
Meine Töchter führen den nächtlichen Reihn   20
Und wiegen und tanzen und singen dich ein.«

Mein Vater, mein Vater, und siehst du nicht dort
Erlkönigs Töchter am düstern Ort? –
Mein Sohn, mein Sohn, ich seh' es genau;
Es scheinen die alten Weiden so grau. –   25

»Ich liebe dich, mich reizt deine schöne Gestalt;
Und bist du nicht willig, so brauch' ich Gewalt.« –
Mein Vater, mein Vater, jetzt faßt er mich an!
Erlkönig hat mir ein Leids getan! –

Dem Vater grauset's, er reitet geschwind,   30
Er hält in Armen das ächzende Kind,
Erreicht den Hof mit Mühe und Not;
In seinen Armen das Kind war tot.

(1782)

ANAKREONS GRAB

Wo die Rose hier blüht, wo Reben um Lorbeer sich schlingen,
  Wo das Turtelchen lockt, wo sich das Grillchen ergetzt,
Welch ein Grab ist hier, das alle Götter mit Leben
5 Schön bepflanzt und geziert? Es ist Anakreons Ruh.
Frühling, Sommer und Herbst genoß der glückliche Dichter;
  Vor dem Winter hat ihn endlich der Hügel geschützt.

(um 1785)

AUS: RÖMISCHE ELEGIEN

I.

Saget, Steine, mir an, o sprecht, ihr hohen Paläste!
  Straßen, redet ein Wort! Genius, regst du dich nicht?
Ja, es ist alles beseelt in deinen heiligen Mauern,
  Ewige Roma; nur mir schweiget noch alles so still.
5 O wer flüstert mir zu, an welchem Fenster erblick' ich
  Einst das holde Geschöpf, das mich versengend erquickt?
Ahn' ich die Wege noch nicht, durch die ich immer und immer,
  Zu ihr und von ihr zu gehn, opfre die köstliche Zeit?
Noch betracht' ich Kirch' und Palast, Ruinen und Säulen,
10 Wie ein bedächtiger Mann schicklich die Reise benutzt.
Doch bald ist es vorbei: dann wird ein einziger Tempel,
  Amors Tempel nur sein, der den Geweihten empfängt.
Eine Welt zwar bist du, o Rom; doch ohne die Liebe
  Wäre die Welt nicht die Welt, wäre denn Rom auch nicht Rom.

V.

Froh empfind' ich mich nun auf klassischem Boden begeistert,
  Vor- und Mitwelt spricht lauter und reizender mir.
Hier befolg' ich den Rat, durchblättre die Werke der Alten
  Mit geschäftiger Hand, täglich mit neuem Genuß.
5 Aber die Nächte hindurch hält Amor mich anders beschäftigt;
  Werd' ich auch halb nur gelehrt, bin ich doch doppelt
                                             beglückt.

Und belehr' ich mich nicht, indem ich des lieblichen Busens
    Formen spähe, die Hand leite die Hüften hinab?
Dann versteh' ich den Marmor erst recht: ich denk' und
                       vergleiche,
    Sehe mit fühlendem Aug', fühle mit sehender Hand.   10
Raubt die Liebste denn gleich mir einige Stunden des Tages,
    Gibt sie Stunden der Nacht mir zur Entschädigung hin.
Wird doch nicht immer geküßt, es wird vernünftig gesprochen;
    Überfällt sie der Schlaf, lieg' ich und denke mir viel.
Oftmals hab' ich auch schon in ihren Armen gedichtet   15
    Und des Hexameters Maß leise mit fingernder Hand
Ihr auf den Rücken gezählt. Sie atmet in lieblichem Schlummer,
    Und es durchglühet ihr Hauch mir bis ins Tiefste die Brust.
Amor schüret die Lamp' indes und denket der Zeiten,
    Da er den nämlichen Dienst seinen Triumvirn getan.   20

(1788-1790)

AUS: VENETIANISCHE EPIGRAMME

17.

Klein ist unter den Fürsten Germaniens freilich der meine,
    Kurz und schmal ist sein Land, mäßig nur, was er vermag.
Aber so wende nach innen, so wende nach außen die Kräfte
    Jeder: da wär' es ein Fest, Deutscher mit Deutschen zu sein.
Doch was priesest du Ihn, den Taten und Werke verkünden?   5
    Und bestochen erschien' deine Verehrung vielleicht;
Denn mir hat er gegeben, was Große selten gewähren,
    Neigung, Muße, Vertraun, Felder und Garten und Haus.
Niemand braucht' ich zu danken als Ihm, und manches bedurft'
                       ich,
    Der ich mich auf den Erwerb schlecht, als ein Dichter,   10
                       verstand.
Hat mich Europa gelobt, was hat mir Europa gegeben?
    Nichts! Ich habe, wie schwer! meine Gedichte bezahlt.
Deutschland ahmte mich nach, und Frankreich mochte mich
                       lesen.
    England! freundlich empfingst du den zerrütteten Gast.

15 Doch was fördert es mich, daß auch sogar der Chinese
    Malet, mit ängstlicher Hand, Werthern und Lotten auf Glas?
Niemals frug ein Kaiser nach mir, es hat sich kein König
    Um mich bekümmert, und Er war mir August und Mäcen.

(*1790*)

———————

Lob des Großherzogtums Sachsen-Weimar und seines Fürsten Carl August,
der Goethe 1775 nach Weimar berufen hatte.

DER ZAUBERLEHRLING

Hat der alte Hexenmeister
Sich doch einmal wegbegeben!
Und nun sollen seine Geister
Auch nach meinem Willen leben.
5   Seine Wort' und Werke
Merkt' ich und den Brauch,
Und mit Geistesstärke
Tu' ich Wunder auch.

10   Walle! walle
         Manche Strecke,
         Daß zum Zwecke
         Wasser fließe,
         Und mit reichem, vollem Schwalle
15   Zu dem Bade sich ergieße!

Und nun komm, du alter Besen!
Nimm die schlechten Lumpenhüllen!
Bist schon lange Knecht gewesen;
Nun erfülle meinen Willen!
20   Auf zwei Beinen stehe,
Oben sei ein Kopf,
Eile nun und gehe
Mit dem Wassertopf!

Walle! walle
Manche Strecke,
Daß zum Zwecke
Wasser fließe,
Und mit reichem, vollem Schwalle
Zu dem Bade sich ergieße!

Seht, er läuft zum Ufer nieder;
Wahrlich! ist schon an dem Flusse,
Und mit Blitzesschnelle wieder
Ist er hier mit raschem Gusse.
Schon zum zweiten Male!
Wie das Becken schwillt!
Wie sich jede Schale
Voll mit Wasser füllt!

Stehe! stehe!
Denn wir haben
Deiner Gaben
Vollgemessen! –
Ach, ich merk' es! Wehe! wehe!
Hab' ich doch das Wort vergessen!

Ach, das Wort, worauf am Ende
Er das wird, was er gewesen.
Ach, er läuft und bringt behende!
Wärst du doch der alte Besen!
Immer neue Güsse
Bringt er schnell herein,
Ach! und hundert Flüsse
Stürzen auf mich ein.

Nein, nicht länger
Kann ich's lassen;
Will ihn fassen.
Das ist Tücke!
Ach! nun wird mir immer bänger!
Welche Miene! welche Blicke!

O, du Ausgeburt der Hölle!
Soll das ganze Haus ersaufen?
60 Seh' ich über jede Schwelle
Doch schon Wasserströme laufen.
Ein verruchter Besen,
Der nicht hören will!
Stock, der du gewesen,
65 Steh doch wieder still!

Willst's am Ende
Gar nicht lassen?
Will dich fassen,
Will dich halten,
70 Und das alte Holz behende
Mit dem scharfen Beile spalten.

Seht, da kommt er schleppend wieder!
Wie ich mich nun auf dich werfe,
Gleich, o Kobold, liegst du nieder;
75 Krachend trifft die glatte Schärfe!
Wahrlich, brav getroffen!
Seht, er ist entzwei!
Und nun kann ich hoffen,
Und ich atme frei!

80 Wehe! wehe!
Beide Teile
Stehn in Eile
Schon als Knechte
Völlig fertig in die Höhe!
85 Helft mir, ach! ihr hohen Mächte!

Und sie laufen! Naß und nässer
Wird's im Saal und auf den Stufen.
Welch entsetzliches Gewässer!
Herr und Meister! hör' mich rufen! –
90 Ach, da kommt der Meister!
Herr, die Not ist groß!
Die ich rief, die Geister,
Werd' ich nun nicht los.

»In die Ecke,
Besen! Besen!   95
Seid's gewesen!
Denn als Geister
Ruft euch nur zu seinem Zwecke
Erst hervor der alte Meister.«

(1797)

GEFUNDEN

Ich ging im Walde
So für mich hin,
Und nichts zu suchen,
Das war mein Sinn.   5

Im Schatten sah ich
Ein Blümchen stehn,
Wie Sterne leuchtend,
Wie Äuglein schön.

Ich wollt es brechen,   10
Da sagt' es fein:
Soll ich zum Welken
Gebrochen sein?

Ich grubs mit allen
Den Würzlein aus,   15
Zum Garten trug ich's
Am hübschen Haus.

Und pflanzt es wieder
Am stillen Ort;
Nun zweigt es immer   20
Und blüht so fort.

(1813)

_____

*Goethe übersandte dieses Gedicht seiner
Frau Christiane zum 25. Jahres-
tag ihrer ersten Begegnung.*

DER TOTENTANZ

Der Türmer, der schaut zu Mitten der Nacht
Hinab auf die Gräber in Lage;
Der Mond, der hat alles ins Helle gebracht;
Der Kirchhof, er liegt wie am Tage.
Da regt sich ein Grab und ein anderes dann:
Sie kommen hervor, ein Weib da, ein Mann,
In weißen und schleppenden Hemden.

Das reckt nun, es will sich ergetzen sogleich,
Die Knöchel zur Runde, zum Kranze,
So arm und so jung, und so alt und so reich;
Doch hindern die Schleppen am Tanze.
Und weil hier die Scham nun nicht weiter gebeut,
Sie schütteln sich alle, da liegen zerstreut
Die Hemdelein über den Hügeln.

Nun hebt sich der Schenkel, nun wackelt das Bein,
Gebärden da gibt es vertrackte;
Dann klippert's und klappert's mitunter hinein,
Als schlüg' man die Hölzlein zum Takte.
Das kommt nun dem Türmer so lächerlich vor;
Da raunt ihm der Schalk, der Versucher, ins Ohr:
Geh! hole dir einen der Laken.

Getan wie gedacht! und er flüchtet sich schnell
Nun hinter geheiligte Türen.
Der Mond, und noch immer er scheinet so hell
Zum Tanz, den sie schauderlich führen.
Doch endlich verlieret sich dieser und der,
Schleicht eins nach dem andern gekleidet einher,
Und, husch, ist es unter dem Rasen.

Nur einer, der trippelt und stolpert zuletzt
Und tappet und grapst an den Grüften;
doch hat kein Geselle so schwer ihn verletzt,
Er wittert das Tuch in den Lüften.

Er rüttelt die Turmtür, sie schlägt ihn zurück,
Geziert und gesegnet, dem Türmer zum Glück, 35
Sie blinkt von metallenen Kreuzen.

Das Hemd muß er haben, da rastet er nicht,
Da gilt auch kein langes Besinnen,
Den gotischen Zierat ergreift nun der Wicht
Und klettert von Zinne zu Zinnen. 40
Nun ist's um den armen, den Türmer getan!
Es ruckt sich von Schnörkel zu Schnörkel hinan,
Langbeinigen Spinnen vergleichbar.

Der Türmer erbleichet, der Türmer erbebt,
Gern gäb er ihn wieder, den Laken. 45
Da häkelt – jetzt hat er am längsten gelebt –
Den Zipfel ein eiserner Zacken.
Schon trübet der Mond sich verschwindenden Scheins,
Die Glocke, sie donnert ein mächtiges Eins,
Und unten zerschellt das Gerippe. 50

(1813)

In tausend Formen magst du dich verstecken,
Doch, Allerliebste, gleich erkenn' ich dich;
Du magst mit Zauberschleiern dich bedecken,
Allgegenwärtige, gleich erkenn' ich dich.

An der Zypresse reinstem, jungem Streben, 5
Allschöngewachsne, gleich erkenn' ich dich;
In des Kanales reinem Wellenleben,
Allschmeichelhafte, wohl erkenn' ich dich.

Wenn steigend sich der Wasserstrahl entfaltet,
Allspielende, wie froh erkenn' ich dich; 10
Wenn Wolke sich gestaltend umgestaltet,
Allmannigfaltige, dort erkenn' ich dich.

An des geblümten Schleiers Wiesenteppich,
Allbuntbesternte, schön erkenn' ich dich;
15 Und greift umher ein tausendarm'ger Eppich,
O Allumklammernde, da kenn' ich dich.

Wenn am Gebirg der Morgen sich entzündet,
Gleich, Allerheiternde, begrüß' ich dich,
Dann über mir der Himmel rein sich ründet,
20 Allherzerweiternde, dann atm' ich dich.

Was ich mit äußerm Sinn, mit innerm kenne,
Du Allbelehrende, kenn' ich durch dich;
Und wenn ich Allahs Namenhundert nenne,
Mit jedem klingt ein Name nach für dich.

(1819)

Aus der Gedichtsammlung »West-östlicher Divan«.

[BEI BETRACHTUNG VON SCHILLERS SCHÄDEL]

Im ernsten Beinhaus war's wo ich beschaute
    wie Schädel Schädeln angeordnet paßten:
    die alte Zeit gedacht' ich, die ergraute.
5 Sie stehn in Reih' geklemmt die sonst sich haßten,
    und derbe Knochen die sich tödlich schlugen
    sie liegen kreuzweis zahm allhier zu rasten.
Entrenkte Schulterblätter! was sie trugen
    fragt niemand mehr, und zierlich tät'ge Glieder,
10 die Hand, der Fuß zerstreut aus Lebensfugen.
Ihr Müden also lagt vergebens nieder,
    nicht Ruh im Grabe ließ man euch, vertrieben
    seid ihr herauf zum lichten Tage wieder,
und niemand kann die dürre Schale lieben,
15 welch herrlich edlen Kern sie auch bewahrte.
    Doch mir Adepten war die Schrift geschrieben
die heil'gen Sinn nicht jedem offenbarte,
    als ich inmitten solcher starren Menge

unschätzbar herrlich ein Gebild gewahrte,
daß in des Raumes Moderkält' und Enge   20
  ich frei und wärmefühlend mich erquickte,
  als ob ein Lebensquell dem Tod entspränge.
Wie mich geheimnisvoll die Form entzückte!
  Die gottgedachte Spur die sich erhalten!
  Ein Blick der mich an jenes Meer entrückte   25
das flutend strömt gesteigerte Gestalten.
  Geheim Gefäß! Orakelsprüche spendend,
  wie bin ich wert dich in der Hand zu halten,
dich höchsten Schatz aus Moder fromm entwendend
  und in die freie Luft, zu freiem Sinnen,   30
  zum Sonnenlicht andächtig hin mich wendend.
Was kann der Mensch im Leben mehr gewinnen,
  als daß sich Gott-Natur ihm offenbare?
  Wie sie das Feste läßt zu Geist verrinnen.
  Wie sie das Geisterzeugte fest bewahre.   35

                              (1826)

1826 wurden Schillers Gebeine umgebettet. Aus diesem An-
laß befand sich Schillers Schädel für einige Zeit in Goethes Haus.
1 Der Titel stammt von den Nachlaßherausgebern Riemer
und Eckermann.

DÄMMRUNG senkte sich von oben,
Schon ist alle Nähe fern;
Doch zuerst emporgehoben
Holden Lichts der Abendstern!
Alles schwankt ins Ungewisse,   5
Nebel schleichen in die Höh';
Schwarzvertiefte Finsternisse
Widerspiegelnd ruht der See.

Nun im östlichen Bereiche
Ahn' ich Mondenglanz und -glut,   10
Schlanker Weiden Haargezweige
Scherzen auf der nächsten Flut.

Durch bewegter Schatten Spiele
Zittert Lunas Zauberschein,
Und durchs Auge schleicht die Kühle
Sänftigend ins Herz hinein.

(1829)

FRIEDRICH VON SCHILLER
(1759-1805)

AN DIE FREUDE

Freude, schöner Götterfunken,
   Tochter aus Elysium,
Wir betreten feuertrunken
   Himmlische, dein Heiligtum.   5
Deine Zauber binden wieder,
   Was der Mode Schwert geteilt;
Bettler werden Fürstenbrüder,
   Wo dein sanfter Flügel weilt.

Chor

Seid umschlungen, Millionen!   10
   Diesen Kuß der ganzen Welt!
   Brüder – überm Sternenzelt
Muß ein lieber Vater wohnen.

Wem der große Wurf gelungen,
   Eines Freundes Freund zu sein;   15
Wer ein holdes Weib errungen,
   Mische seinen Jubel ein!
Ja – wer auch nur *eine* Seele
   Sein nennt auf dem Erdenrund!
Und wers nie gekonnt, der stehle   20
   Weinend sich aus diesem Bund!

Chor

Was den großen Ring bewohnet,
   Huldige der Sympathie!
   Zu den Sternen leitet sie,
Wo der *Unbekannte* thronet.   25

Freude trinken alle Wesen
    An den Brüsten der Natur,
Alle Guten, alle Bösen
    Folgen ihrer Rosenspur.
30   Küsse gab sie *uns* und *Reben*,
    Einen Freund, geprüft im Tod.
Wollust ward dem Wurm gegeben,
    Und der Cherub steht vor Gott.

Chor

    Ihr stürzt nieder, Millionen?
35   *Ahndest* du den Schöpfer, Welt?
    Such ihn überm Sternenzelt,
    Über Sternen muß er wohnen.

Freude heißt die starke Feder
    In der ewigen Natur.
40 Freude, Freude treibt die Räder
    In der großen Weltenuhr.
Blumen lockt sie aus den Keimen,
    Sonnen aus dem Firmament,
Sphären rollt sie in den Räumen,
45   Die des Sehers Rohr nicht kennt.

Chor

    Froh, wie seine Sonnen fliegen,
    Durch des Himmels prächtgen Plan,
    Laufet, Brüder, eure Bahn,
    Freudig wie ein Held zum Siegen.

50 Aus der Wahrheit Feuerspiegel
    Lächelt *sie* den Forscher an.
Zu der Tugend steilem Hügel
    Leitet *sie* des Dulders Bahn.
Auf des Glaubens Sonnenberge
55   Sieht man *ihre* Fahnen wehn,
Durch den Riß gesprengter Särge
    Sie im Chor der Engel stehn.

Chor

Duldet mutig, Millionen!
　Duldet für die beßre Welt!
　Droben überm Sternenzelt
Wird ein großer Gott belohnen.

Göttern kann man nicht vergelten,
　Schön ist's, ihnen gleich zu sein.
Gram und Armut soll sich melden,
　Mit den Frohen sich erfreun.
Groll und Rache sei vergessen,
　Unserm Todfeind sei verziehn,
Keine Träne soll ihn pressen,
　Keine Reue nage ihn.

Chor

Unser Schuldbuch sei vernichtet!
　Ausgesöhnt die ganze Welt!
　Brüder – überm Sternenzelt
Richtet Gott, wie wir gerichtet.

Freude sprudelt in Pokalen,
　In der Traube goldnem Blut
Trinken Sanftmut Kannibalen,
　Die Verzweiflung Heldenmut ––
Brüder, fliegt von euren Sitzen,
　Wenn der volle Römer kreist,
Laßt den Schaum zum Himmel sprützen:
　Dieses Glas dem guten Geist.

Chor

Den der Sterne Wirbel loben,
　Den des Seraphs Hymne preist,
　Dieses Glas dem guten Geist
Überm Sternenzelt dort oben!

Festen Mut in schwerem Leiden,
   Hülfe, wo die Unschuld weint,
Ewigkeit geschwornen Eiden,
   Wahrheit gegen Freund und Feind,
90 Männerstolz vor Königsthronen –
   Brüder, gält es Gut und Blut, –
Dem Verdienste seine Kronen,
   Untergang der Lügenbrut!

Chor

Schließt den heilgen Zirkel dichter,
95   Schwört bei diesem goldnen Wein:
Dem Gelübde treu zu sein,
   Schwört es bei dem Sternenrichter!

Rettung von Tyrannenketten,
   Großmut auch dem Bösewicht,
100 Hoffnung auf den Sterbebetten,
   Gnade auf dem Hochgericht!
Auch die Toten sollen leben!
   Brüder trinkt und stimmet ein,
Allen Sündern soll vergeben,
105   Und die Hölle nicht mehr sein.

Chor

Eine heitre Abschiedsstunde!
   Süßen Schlaf im Leichentuch!
Brüder – einen sanften Spruch
Aus des Totenrichters Munde!

(1786)

DIE GÖTTER GRIECHENLANDS
(2. Fassung)

Da ihr noch die schöne Welt regieret,
An der Freude leichtem Gängelband
Selige Geschlechter noch geführet,
Schöne Wesen aus dem Fabelland! 5
Ach, da euer Wonnedienst noch glänzte,
Wie ganz anders, anders war es da!
Da man deine Tempel noch bekränzte,
Venus Amathusia!

Da der Dichtung zauberische Hülle 10
Sich noch lieblich um die Wahrheit wand –
Durch die Schöpfung floß da Lebensfülle,
Und was nie empfinden wird, empfand.
An der Liebe Busen sie zu drücken,
Gab man höhern Adel der Natur, 15
Alles wies den eingeweihten Blicken,
Alles eines Gottes Spur.

Wo jetzt nur, wie unsre Weisen sagen,
Seelenlos ein Feuerball sich dreht,
Lenkte damals seinen goldnen Wagen 20
Helios in stiller Majestät.
Diese Höhen füllten Oreaden,
Eine Dryas lebt' in jenem Baum,
Aus den Urnen lieblicher Najaden
Sprang der Ströme Silberschaum. 25

Jener Lorbeer wand sich einst um Hilfe,
Tantals Tochter schweigt in diesem Stein,
Syrinx' Klage tönt' aus jenem Schilfe,
Philomelas Schmerz aus diesem Hain.
Jener Bach empfing Demeters Zähre, 30
Die sie um Persephonen geweint,
Und von diesem Hügel rief Cythere,
Ach umsonst! dem schönen Freund.

Zu Deukalions Geschlechte stiegen
35   Damals noch die Himmlischen herab,
Pyrrhas schöne Töchter zu besiegen,
Nahm der Leto Sohn den Hirtenstab.
Zwischen Menschen, Göttern und Heroen
Knüpfte Amor einen schönen Bund,
40   Sterbliche mit Göttern und Heroen
Huldigten in Amathunt.

Finstrer Ernst und trauriges Entsagen
War aus eurem heitern Dienst verbannt,
Glücklich sollten alle Herzen schlagen,
45   Denn euch war der Glückliche verwandt.
Damals war nichts heilig als das Schöne,
Keiner Freude schämte sich der Gott,
Wo die keusch errötende Kamöne,
Wo die Grazie gebot.

50   Eure Tempel lachten gleich Palästen,
Euch verherrlichte das Heldenspiel
An des Isthmus kronenreichen Festen,
Und die Wagen donnerten zum Ziel.
Schön geschlungne seelenvolle Tänze
55   Kreisten um den prangenden Altar,
Eure Schläfe schmückten Siegeskränze,
Kronen euer duftend Haar.

Das Evoë muntrer Thyrsusschwinger
Und der Panther prächtiges Gespann
60   Meldeten den großen Freudebringer,
Faun und Satyr taumeln ihm voran,
Um ihn springen rasende Mänaden,
Ihre Tänze loben seinen Wein,
Und des Wirtes braune Wangen laden
65   Lustig zu dem Becher ein.

Damals trat kein gräßliches Gerippe
Vor das Bett des Sterbenden. Ein Kuß
Nahm das letzte Leben von der Lippe,

Seine Fackel senkt' ein Genius.
Selbst des Orkus strenge Richterwaage
Hielt der Enkel einer Sterblichen,
Und des Thrakers seelenvolle Klage
Rührte die Erinnyen.

Seine Freuden traf der frohe Schatten
In Elysiens Hainen wieder an,
Treue Liebe fand den treuen Gatten
Und der Wagenlenker seine Bahn,
Linus' Spiel tönt die gewohnten Lieder,
In Alcestens Arme sinkt Admet,
Seinen Freund erkennt Orestes wieder,
Seine Pfeile Philoktet.

Höhre Preise stärkten da den Ringer
Auf der Tugend arbeitvoller Bahn,
Großer Taten herrliche Vollbringer
Klimmten zu den Seligen hinan.
Vor dem Wiederfoderer der Toten
Neigte sich der Götter stille Schar;
Durch die Fluten leuchtet dem Piloten
Vom Olymp das Zwillingspaar.

Schöne Welt, wo bist du? Kehre wieder,
Holdes Blütenalter der Natur!
Ach, nur in dem Feenland der Lieder
Lebt noch deine fabelhafte Spur.
Ausgestorben trauert das Gefilde,
Keine Gottheit zeigt sich meinem Blick,
Ach, von jenem lebenwarmen Bilde
Blieb der Schatten nur zurück.

Alle jene Blüten sind gefallen
Von des Nordes schauerlichem Wehn,
Einen zu bereichern unter allen,
Mußte diese Götterwelt vergehn.
Traurig such ich an dem Sternenbogen,
Dich, Selene, find ich dort nicht mehr,

Durch die Wälder ruf ich, durch die Wogen,
105 Ach, sie widerhallen leer!

Unbewußt der Freuden, die sie schenket,
Nie entzückt von ihrer Herrlichkeit,
Nie gewahr des Geistes, der sie lenket,
Selger nie durch meine Seligkeit,
110 Fühllos selbst für ihres Künstlers Ehre,
Gleich dem toten Schlag der Pendeluhr,
Dient sie knechtisch dem Gesetz der Schwere,
Die entgötterte Natur.

Morgen wieder neu sich zu entbinden,
115 Wühlt sie heute sich ihr eignes Grab,
Und an ewig gleicher Spindel winden
Sich von selbst die Monde auf und ab.
Müßig kehrten zu dem Dichterlande
Heim die Götter, unnütz einer Welt,
120 Die, entwachsen ihrem Gängelbande,
Sich durch eignes Schweben hält.

Ja, sie kehrten heim, und alles Schöne,
Alles Hohe nahmen sie mit fort,
Alle Farben, alle Lebenstöne,
125 Und uns blieb nur das entseelte Wort.
Aus der Zeitflut weggerissen, schweben
Sie gerettet auf des Pindus Höhn,
Was unsterblich im Gesang soll leben,
Muß im Leben untergehn.

(1793)

___

*Das Gedicht behandelt den Gegensatz von
Antike und Christentum. In der ersten Fassung (1788) war die Abwertung des Chri-
stentums noch schärfer ausgefallen.*
60 Freudenbringer: *Dionysos.* 72 Thra-
ker: *Orpheus.* 86 Wiederforderer: *Herku-
les.* 89 Zwillingspaar: *Kastor und Pollux.*
100 Einen: *der christliche Gott.*

DIE TEILUNG DER ERDE

»Nehmt hin die Welt!« rief Zeus von seinen Höhen
  Den Menschen zu. »Nehmt, sie soll euer sein!
Euch schenk ich sie zum Erb und ewgen Lehen,
  Doch teilt euch brüderlich darein.«   5

Da eilt, was Hände hat, sich einzurichten,
  Es regte sich geschäftig jung und alt.
Der Ackermann griff nach des Feldes Früchten,
  Der Junker birschte durch den Wald.

Der Kaufmann nimmt, was seine Speicher fassen,   10
  Der Abt wählt sich den edeln Firnewein,
Der König sperrt die Brücken und die Straßen
  Und sprach: »Der Zehente ist mein.«

Ganz spät, nachdem die Teilung längst geschehen,
  Naht der Poet, er kam aus weiter Fern;   15
Ach! da war überall nichts mehr zu sehen,
  Und alles hatte seinen Herrn!

»Weh mir! so soll ich denn allein von allen
  Vergessen sein, ich, dein getreuster Sohn?«
So ließ er laut der Klage Ruf erschallen   20
  Und warf sich hin vor Jovis Thron.

»Wenn du im Land der Träume dich verweilet«,
  Versetzt der Gott, »so hadre nicht mit mir.
Wo warst du denn, als man die Welt geteilet?« —
  »Ich war«, sprach der Poet, »bei dir.   25

Mein Auge hing an deinem Angesichte,
  An deines Himmels Harmonie mein Ohr —
Verzeih dem Geiste, der, von deinem Lichte
  Berauscht, das Irdische verlor!«

30 »Was tun?« spricht Zeus. »Die Welt ist weggegeben,
    Der Herbst, die Jagd, der Markt ist nicht mehr mein.
Willst du in meinem Himmel mit mir leben:
    So oft du kommst, er soll dir offen sein.«

(1795)

DAS VERSCHLEIERTE BILD ZU SAIS

Ein Jüngling, den des Wissens heißer Durst
Nach Sais in Ägypten trieb, der Priester
Geheime Weisheit zu erlernen, hatte
5 Schon manchen Grad mit schnellem Geist durcheilt,
Stets riß ihn seine Forschbegierde weiter,
Und kaum besänftigte der Hierophant
Den ungeduldig Strebenden. »Was hab ich,
Wenn ich nicht alles habe?« sprach der Jüngling.
10 »Gibts etwa hier ein Weniger und Mehr?
Ist deine Wahrheit wie der Sinne Glück
Nur eine Summe, die man größer, kleiner
Besitzen kann und immer doch besitzt?
Ist sie nicht eine einzge, ungeteilte?
15 Nimm einen Ton aus einer Harmonie,
Nimm eine Farbe aus dem Regenbogen,
Und alles, was dir bleibt, ist nichts, solang
Das schöne All der Töne fehlt und Farben.«

Indem sie einst so sprachen, standen sie
20 In einer einsamen Rotonde still,
Wo ein verschleiert Bild von Riesengröße
Dem Jüngling in die Augen fiel. Verwundert
Blickt er den Führer an und spricht: »Was ists,
Das hinter diesem Schleier sich verbirgt?«
25 »Die Wahrheit«, ist die Antwort. – »Wie?« ruft jener,
»Nach Wahrheit streb ich ja allein, und diese
Gerade ist es, die man mir verhüllt?«

»Das mache mit der Gottheit aus«, versetzt
Der Hierophant. »Kein Sterblicher, sagt sie,
Rückt diesen Schleier, bis ich selbst ihn hebe. 30
Und wer mit ungeweihter, schuldger Hand
Den heiligen, verbotnen früher hebt,
Der, spricht die Gottheit –« – »Nun?« – »Der *sieht* die
                                        Wahrheit.«
»Ein seltsamer Orakelspruch! Du selbst,
Du hättest also niemals ihn gehoben?« 35
»Ich? Wahrlich nicht! Und war auch nie dazu
Versucht.« – »Das fass ich nicht. Wenn von der Wahrheit
Nur diese dünne Scheidewand mich trennte –«
»Und ein Gesetz«, fällt ihm sein Führer ein.
»Gewichtiger, mein Sohn, als du es meinst, 40
Ist dieser dünne Flor – für deine Hand
Zwar leicht, doch zentnerschwer für dein Gewissen.«

Der Jüngling ging gedankenvoll nach Hause.
Ihm raubt des Wissens brennende Begier
Den Schlaf, er wälzt sich glühend auf dem Lager 45
Und rafft sich auf um Mitternacht. Zum Tempel
Führt unfreiwillig ihn der scheue Tritt.
Leicht ward es ihm, die Mauer zu ersteigen,
Und mitten in das Innre der Rotonde
Trägt ein beherzter Sprung den Wagenden. 50

Hier steht er nun, und grauenvoll umfängt
Den Einsamen die lebenlose Stille,
Die nur der Tritte hohler Widerhall
In den geheimen Grüften unterbricht.
Von oben durch der Kuppel Öffnung wirft 55
Der Mond den bleichen, silberblauen Schein,
Und furchtbar wie ein gegenwärtger Gott
Erglänzt durch des Gewölbes Finsternisse
In ihrem langen Schleier die Gestalt.

Er tritt hinan mit ungewissem Schritt, 60
Schon will die freche Hand das Heilige berühren,
Da zuckt es heiß und kühl durch sein Gebein

Und stößt ihn weg mit unsichtbarem Arme.
Unglücklicher, was willst du tun? So ruft
65 In seinem Innern eine treue Stimme.
Versuchen den Allheiligen willst du?
Kein Sterblicher, sprach des Orakels Mund,
Rückt diesen Schleier, bis ich selbst ihn hebe.
Doch setzte nicht derselbe Mund hinzu:
70 Wer diesen Schleier hebt, soll Wahrheit schauen?
»Sei hinter ihm, was will! Ich heb ihn auf.«
(Er rufts mit lauter Stimm.) »Ich will sie
        schauen.« Schauen!
Gellt ihm ein langes Echo spottend nach.

Er sprichts und hat den Schleier aufgedeckt.
75 Nun, fragt ihr, und was zeigte sich ihm hier?
Ich weiß es nicht. Besinnungslos und bleich,
So fanden ihn am andern Tag die Priester
Am Fußgestell der Isis ausgestreckt.
Was er allda gesehen und erfahren,
80 Hat seine Zunge nie bekannt. Auf ewig
War seines Lebens Heiterkeit dahin,
Ihn riß ein tiefer Gram zum frühen Grabe.
»Weh dem«, dies war sein warnungsvolles Wort,
Wenn ungestüme Frager in ihn drangen,
85 »Weh dem, der zu der Wahrheit geht durch
        Schuld,
Sie wird ihm nimmermehr erfreulich sein.«

(*1795*)

DER RING DES POLYKRATES

Er stand auf seines Daches Zinnen,
Er schaute mit vergnügten Sinnen
Auf das beherrschte Samos hin.
5 »Dies alles ist mir untertänig«,
Begann er zu Ägyptens König,
»Gestehe, daß ich glücklich bin.«

»Du hast der Götter Gunst erfahren!
Die vormals deinesgleichen waren,
Sie zwingt jetzt deines Szepters Macht. 10
Doch einer lebt noch, sie zu rächen,
Dich kann mein Mund nicht glücklich sprechen,
Solang des Feindes Auge wacht.«

Und eh der König noch geendet,
Da stellt sich, von Milet gesendet, 15
Ein Bote dem Tyrannen dar:
»Laß, Herr! des Opfers Düfte steigen
Und mit des Lorbeers muntern Zweigen
Bekränze dir dein festlich Haar.

Getroffen sank dein Feind vom Speere, 20
Mich sendet mit der frohen Märe
Dein treuer Feldherr Polydor –«
Und nimmt aus einem schwarzen Becken,
Noch blutig, zu der beiden Schrecken,
Ein wohlbekanntes Haupt hervor. 25

Der König tritt zurück mit Grauen:
»Doch warn ich dich, dem Glück zu trauen«,
Versetzt er mit besorgtem Blick.
»Bedenk, auf ungetreuen Wellen,
Wie leicht kann sie der Sturm zerschellen, 30
Schwimmt deiner Flotte zweifelnd Glück.«

Und eh er noch das Wort gesprochen,
Hat ihn der Jubel unterbrochen,
Der von der Reede jauchzend schallt.
Mit fremden Schätzen reich beladen, 35
Kehrt zu den heimischen Gestaden
Der Schiffe mastenreicher Wald.

Der königliche Gast erstaunet:
»Dein Glück ist heute gut gelaunet,
Doch fürchte seinen Unbestand. 40
Der Kreter waffenkundge Scharen

Bedräuen dich mit Kriegsgefahren,
Schon nahe sind sie diesem Strand.«

Und eh ihm noch das Wort entfallen,
45   Da sieht mans von den Schiffen wallen,
Und tausend Stimmen rufen: »Sieg!
Von Feindesnot sind wir befreiet,
Die Kreter hat der Sturm zerstreuet,
Vorbei, geendet ist der Krieg.«

50   Das hört der Gastfreund mit Entsetzen:
»Fürwahr, ich muß dich glücklich schätzen,
Doch«, spricht er, »zittr ich für dein Heil.
Mir grauet vor der Götter Neide,
Des Lebens ungemischte Freude
55   Ward keinem Irdischen zuteil.

Auch mir ist alles wohlgeraten,
Bei allen meinen Herrschertaten
Begleitet mich des Himmels Huld,
Doch hatt ich einen teuren Erben,
60   Den nahm mir Gott, ich sah ihn sterben,
Dem Glück bezahlt' ich meine Schuld.

Drum, willst du dich vor Leid bewahren,
So flehe zu den Unsichtbaren,
Daß sie zum Glück den Schmerz verleihn.
65   Noch keinen sah ich fröhlich enden,
Auf den mit immer vollen Händen
Die Götter ihre Gaben streun.

Und wenns die Götter nicht gewähren,
So acht auf eines Freundes Lehren
70   Und rufe selbst das Unglück her,
Und was von allen deinen Schätzen
Dein Herz am höchsten mag ergötzen,
Das nimm und wirfs in dieses Meer.«

Und jener spricht, von Furcht beweget:
»Von allem, was die Insel heget,   75
Ist dieser Ring mein höchstes Gut.
Ihn will ich den Erinnen weihen,
Ob sie mein Glück mir dann verzeihen.«
Und wirft das Kleinod in die Flut.

Und bei des nächsten Morgens Lichte,   80
Da tritt mit fröhlichem Gesichte
Ein Fischer vor den Fürsten hin:
»Herr, diesen Fisch hab ich gefangen,
Wie keiner noch ins Netz gegangen,
Dir zum Geschenke bring ich ihn.«   85

Und als der Koch den Fisch zerteilet,
Kommt er bestürzt herbeigeeilet
Und ruft mit hocherstauntem Blick:
»Sieh, Herr, den Ring, den du getragen,
Ihn fand ich in des Fisches Magen,   90
O, ohne Grenzen ist dein Glück!«

Hier wendet sich der Gast mit Grausen:
»So kann ich hier nicht ferner hausen,
Mein Freund kannst du nicht weiter sein.
Die Götter wollen dein Verderben,   95
Fort eil ich, nicht mit dir zu sterben.«
Und sprachs und schiffte schnell sich ein.

(1797)

DIE BÜRGSCHAFT

Zu Dionys, dem Tyrannen, schlich
Damon, den Dolch im Gewande;
Ihn schlugen die Häscher in Bande.
»Was wolltest du mit dem Dolche, sprich!«   5
Entgegnet ihm finster der Wüterich.
»Die Stadt vom Tyrannen befreien!«
»Das sollst du am Kreuze bereuen.«

»Ich bin«, spricht jener, »zu sterben bereit
10 Und bitte nicht um mein Leben,
Doch willst du Gnade mir geben,
Ich flehe dich um drei Tage Zeit,
Bis ich die Schwester dem Gatten gefreit,
Ich lasse den Freund dir als Bürgen,
15 Ihn magst du, entrinn ich, erwürgen.«

Da lächelt der König mit arger List
Und spricht nach kurzem Bedenken:
»Drei Tage will ich dir schenken.
Doch wisse! Wenn sie verstrichen, die Frist,
20 Eh du zurück mir gegeben bist,
So muß er statt deiner erblassen,
Doch dir ist die Strafe erlassen.«

Und er kommt zum Freunde: »Der König gebeut,
Daß ich am Kreuz mit dem Leben
25 Bezahle das frevelnde Streben,
Doch will er mir gönnen drei Tage Zeit,
Bis ich die Schwester dem Gatten gefreit,
So bleib du dem König zum Pfande,
Bis ich komme, zu lösen die Bande.«

30 Und schweigend umarmt ihn der treue Freund
Und liefert sich aus dem Tyrannen,
Der andere ziehet von dannen.
Und ehe das dritte Morgenrot scheint,
Hat er schnell mit dem Gatten die Schwester vereint,
35 Eilt heim mit sorgender Seele,
Damit er die Frist nicht verfehle.

Da gießt unendlicher Regen herab,
Von den Bergen stürzen die Quellen,
Und die Bäche, die Ströme schwellen.
40 Und er kommt ans Ufer mit wanderndem Stab,
Da reißet die Brücke der Strudel hinab,
Und donnernd sprengen die Wogen
Des Gewölbes krachenden Bogen.

Und trostlos irrt er an Ufers Rand,
Wie weit er auch spähet und blicket 45
Und die Stimme, die rufende, schicket,
Da stößet kein Nachen vom sichern Strand,
Der ihn setze an das gewünschte Land,
Kein Schiffer lenket die Fähre,
Und der wilde Strom wird zum Meere. 50

Da sinkt er ans Ufer und weint und fleht,
Die Hände zum Zeus erhoben:
»O hemme des Stromes Toben!
Es eilen die Stunden, im Mittag steht
Die Sonne, und wenn sie niedergeht 55
Und ich kann die Stadt nicht erreichen,
So muß der Freund mir erbleichen.«

Doch wachsend erneut sich des Stromes Wut,
Und Welle auf Welle zerrinnet,
Und Stunde an Stunde entrinnet. 60
Da treibt ihn die Angst, da faßt er sich Mut
Und wirft sich hinein in die brausende Flut
Und teilt mit gewaltigen Armen
Den Strom, und ein Gott hat Erbarmen.

Und gewinnt das Ufer und eilet fort 65
Und danket dem rettenden Gotte,
Da stürzet die raubende Rotte
Hervor aus des Waldes nächtlichem Ort,
Den Pfad ihm sperrend, und schnaubet Mord
Und hemmet des Wanderers Eile 70
Mit drohend geschwungener Keule.

»Was wollt ihr?« ruft er, für Schrecken bleich,
»Ich habe nichts als mein Leben,
Das muß ich dem Könige geben!«
Und entreißt die Keule dem nächsten gleich: 75
»Um des Freundes willen erbarmet euch!«
Und drei mit gewaltigen Streichen
Erlegt er, die andern entweichen.

Und die Sonne versendet glühenden Brand,
Und von der unendlichen Mühe
Ermattet sinken die Kniee.
»O hast du mich gnädig aus Räubershand,
Aus dem Strom mich gerettet ans heilige Land,
Und soll hier verschmachtend verderben,
Und der Freund mir, der liebende, sterben!«

Und horch! da sprudelt es silberhell,
Ganz nahe, wie rieselndes Rauschen,
Und stille hält er, zu lauschen,
Und sieh, aus dem Felsen, geschwätzig, schnell,
Springt murmelnd hervor ein lebendiger Quell,
Und freudig bückt er sich nieder
Und erfrischet die brennenden Glieder.

Und die Sonne blickt durch der Zweige Grün
Und malt auf den glänzenden Matten
Der Bäume gigantische Schatten;
Und zwei Wanderer sieht er die Straße ziehn,
Will eilenden Laufes vorüberfliehn,
Da hört er die Worte sie sagen:
»Jetzt wird er ans Kreuz geschlagen.«

Und die Angst beflügelt den eilenden Fuß,
Ihn jagen der Sorge Qualen,
Da schimmern in Abendrots Strahlen
Von ferne die Zinnen von Syrakus,
Und entgegen kommt ihm Philostratus,
Des Hauses redlicher Hüter,
Der erkennet entsetzt den Gebieter:

»Zurück! du rettest den Freund nicht mehr,
So rette das eigene Leben!
Den Tod erleidet er eben.
Von Stunde zu Stunde gewartet' er
Mit hoffender Seele der Wiederkehr,
Ihm konnte den mutigen Glauben
Der Hohn des Tyrannen nicht rauben.«

»Und ist es zu spät, und kann ich ihm nicht
Ein Retter willkommen erscheinen,   115
So soll mich der Tod ihm vereinen.
Des rühme der blutge Tyrann sich nicht,
Daß der Freund dem Freunde gebrochen die Pflicht,
Er schlachte der Opfer zweie
Und glaube an Liebe und Treue.«   120

Und die Sonne geht unter, da steht er am Tor
Und sieht das Kreuz schon erhöhet,
Das die Menge gaffend umstehet,
An dem Seile schon zieht man den Freund empor,
Da zertrennt er gewaltig den dichten Chor: 125
»Mich, Henker!« ruft er, »erwürget!
Da bin ich, für den er gebürget!«

Und Erstaunen ergreifet das Volk umher,
In den Armen liegen sich beide
Und weinen für Schmerzen und Freude.   130
Da sieht man kein Auge tränenleer,
Und zum Könige bringt man die Wundermär,
Der fühlt ein menschliches Rühren,
Läßt schnell vor den Thron sie führen.

Und blicket sie lange verwundert an.   135
Drauf spricht er: »Es ist euch gelungen,
Ihr habt das Herz mir bezwungen,
Und die Treue, sie ist doch kein leerer Wahn,
So nehmet auch mich zum Genossen an,
Ich sei, gewährt mir die Bitte,   140
In eurem Bunde der Dritte.«

(1798)

NÄNIE

Auch das Schöne muß sterben! Das Menschen und Götter
                                   bezwinget,
  Nicht die eherne Brust rührt es des stygischen Zeus.
Einmal nur erweichte die Liebe den Schattenbeherrscher,
  Und an der Schwelle noch, streng, rief er zurück sein
                                   Geschenk.
Nicht stillt Aphrodite dem schönen Knaben die Wunde,
  Die in den zierlichen Leib grausam der Eber geritzt.
Nicht errettet den göttlichen Held die unsterbliche Mutter,
  Wann er, am skäischen Tor fallend, sein Schicksal erfüllt.
Aber sie steigt aus dem Meer mit allen Töchtern des Nereus,
  Und die Klage hebt an um den verherrlichten Sohn.
Siehe! Da weinen die Götter, es weinen die Göttinnen alle,
  Daß das Schöne vergeht, daß das Vollkommene stirbt.
Auch ein Klaglied zu sein im Mund der Geliebten, ist herrlich,
  Denn das Gemeine geht klanglos zum Orkus hinab.

(1799)

---

1 *Totenklage.*   4 f. *Orpheus und Eurydike.*   6 Knabe: *Adonis.*
8 Held: *Achill.*

JOHANN GOTTFRIED SEUME
(1763-1810)

DER WILDE

Ein Kanadier, der noch Europens
Übertünchte Höflichkeit nicht kannte,
Und ein Herz, wie Gott es ihm gegeben,
Von Kultur noch frei, im Busen fühlte,   5
Brachte, was er mit des Bogens Sehne
Fern in Quebecs übereisten Wäldern
Auf der Jagd erbeutet zum Verkaufe.
Als er ohne schlaue Rednerkünste,
So wie man ihm bot, die Felsenvögel   10
Um ein Kleines hingegeben hatte,
Eilt' er froh mit dem geringen Lohne
Heim zu seinen tiefverdeckten Horden
In die Arme seiner braunen Gattin.

Aber ferne noch von seiner Hütte   15
Überfiel ihn unter freiem Himmel
Schnell der schrecklichste der Donnerstürme,
Aus dem langen, rabenschwarzen Haare
Troff der Guß herab auf seinen Gürtel,
Und das grobe Haartuch seines Kleides   20
Klebte rund an seinem hagern Leibe.
Schaurig zitternd unter kaltem Regen
Eilete der gute, wackre Wilde
In ein Haus, das er von fern erblickte.
»Herr, ach laßt mich, bis der Sturm sich leget,«   25
Bat er mit der herzlichsten Gebärde
Den gesittet feinen Eigentümer,
»Obdach hier in euerm Hause finden!« –
»Willst du mißgestaltes Ungeheuer,«
Schrie ergrimmt der Pflanzer ihm entgegen,   30
»Willst du Diebsgesicht mir aus dem Hause!«
Und ergriff den schweren Stock im Winkel.

Traurig schritt der ehrliche Hurone
Fort von dieser unwirtbaren Schwelle,
35   Bis durch Sturm und Guß der späte Abend
Ihn in seine friedliche Behausung
Und zu seiner braunen Gattin brachte.
Naß und müde setzt' er bei dem Feuer
Sich zu seinen nackten Kleinen nieder
40   Und erzählte von den bunten Städtern,
Und den Kriegern, die den Donner tragen,
Und dem Regensturm, der ihn ereilte,
Und der Grausamkeit des weißen Mannes.
Schmeichelnd hingen sie an seinen Knieen,
45   Schlossen schmeichelnd sich um seinen Nacken,
Trockneten die langen, schwarzen Haare,
Und durchsuchten seine Weidmannstasche,
Bis sie die versprochnen Schätze fanden.

Kurze Zeit darauf hatt' unser Pflanzer
50   Auf der Jagd im Walde sich verirret.
Über Stock und Stein, durch Tal und Bäche,
Stieg er schwer auf manchen jähen Felsen,
Um sich umzusehen nach dem Pfade,
Der ihn tief in diese Wildnis brachte.
55   Doch sein Spähn und Rufen war vergebens;
Nichts vernahm er als das hohle Echo
Längs den hohen schwarzen Felsenwänden.
Ängstlich ging er bis zur zwölften Stunde,
Wo er an dem Fuß des nächsten Berges
60   Noch ein kleines, schwaches Licht erblickte.
Furcht und Freude schlug in seinem Herzen,
Und er faßte Mut und nahte leise.
»Wer ist draußen?« brach mit Schreckentone
Eine Stimme tief her aus der Höhle,
65   Und ein Mann trat aus der kleinen Wohnung.
»Freund, im Walde hab' ich mich verirret,«
Sprach der Europäer furchtsam schmeichelnd;
»Gönnet mir, die Nacht hier zuzubringen,
Und zeigt nach der Stadt, ich werd' Euch danken,
70   Morgen früh mir die gewissen Wege.«

»Kommt herein,« versetzt der Unbekannte,
»Wärmt Euch; noch ist Feuer in der Hütte!«
Und er führt ihn auf das Binsenlager,
Schreitet finster trotzig in den Winkel,
Holt den Rest von seinem Abendmahle,   75
Hummer, Lachs und frischen Bärenschinken,
Um den späten Fremdling zu bewirten.
Mit dem Hunger eines Weidmanns speiste,
Festlich wie bei einem Klosterschmause,
Neben seinem Wirt der Europäer.   80
Fest und ernsthaft schaute der Hurone
Seinem Gaste spähend auf die Stirne,
Der mit tiefem Schnitt den Schinken trennte,
Und mit Wollust trank vom Honigtranke,
Den in einer großen Muschelschale   85
Er ihm freundlich zu dem Mahle reichte.
Eine Bärenhaut auf weichem Moose
War des Pflanzers gute Lagerstätte,
Und er schlief bis in die hohe Sonne.

Wie der wilden Zone wildster Krieger,   90
Schrecklich stand mit Köcher, Pfeil und Bogen
Der Hurone jetzt vor seinem Gaste
Und erweckt ihn, und der Europäer
Griff bestürzt nach seinem Jagdgewehre;
Und der Wilde gab ihm eine Schale,   95
Angefüllt mit süßem Morgentranke.
Als er lächelnd seinen Gast gelabet,
Bracht' er ihn durch manche lange Windung,
Über Stock und Stein, durch Tal und Bäche,
Durch das Dickicht auf die rechte Straße.   100
Höflich dankte fein der Europäer;
Finsterblickend blieb der Wilde stehen,
Sahe starr dem Pflanzer in die Augen,
Sprach mit voller, fester, ernster Stimme:
»Haben wir vielleicht uns schon gesehen?«   105
Wie vom Blitz getroffen stand der Jäger
Und erkannte nun in seinem Wirte
Jenen Mann, den er vor wenig Wochen

In dem Sturmwind aus dem Hause jagte,
Stammelte verwirrt Entschuldigungen.
Ruhig lächelnd sagte der Hurone:
»Seht, ihr fremden, klugen, weißen Leute,
Seht, wir Wilden sind doch beßre Menschen!«
Und er schlug sich seitwärts in die Büsche.

(1800)

FRIEDRICH HÖLDERLIN
(1770-1843)

DIE EICHBÄUME

Aus den Gärten komm ich zu euch, ihr Söhne des Berges!
Aus den Gärten, da lebt die Natur geduldig und häuslich,
Pflegend und wieder gepflegt mit dem fleißigen Menschen
                                          zusammen.
Aber ihr, ihr Herrlichen! steht, wie ein Volk von Titanen   5
In der zahmeren Welt und gehört nur euch und dem Himmel,
Der euch nährt' und erzog, und der Erde, die euch geboren.
Keiner von euch ist noch in die Schule der Menschen gegangen,
Und ihr drängt euch fröhlich und frei, aus der kräftigen Wurzel,
Unter einander herauf und ergreift, wie der Adler die Beute,   10
Mit gewaltigem Arme den Raum, und gegen die Wolken
Ist euch heiter und groß die sonnige Krone gerichtet.
Eine Welt ist jeder von euch, wie die Sterne des Himmels
Lebt ihr, jeder ein Gott, in freiem Bunde zusammen.
Könnt ich die Knechtschaft nur erdulden, ich neidete nimmer   15
Diesen Wald und schmiegte mich gern ans gesellige Leben.
Fesselte nur nicht mehr ans gesellige Leben das Herz mich,
Das von Liebe nicht läßt, wie gern würd ich unter euch
                                          wohnen!

(1797)

HYPERIONS SCHICKSALSLIED

Ihr wandelt droben im Licht
  Auf weichem Boden, selige Genien!
    Glänzende Götterlüfte
      Rühren euch leicht,
        Wie die Finger der Künstlerin   5
          Heilige Saiten.

Schicksallos, wie der schlafende
Säugling, atmen die Himmlischen;
Keusch bewahrt
10   In bescheidener Knospe,
Blühet ewig
Ihnen der Geist,
Und die seligen Augen
Blicken in stiller
15   Ewiger Klarheit.

Doch uns ist gegeben,
Auf keiner Stätte zu ruhn,
Es schwinden, es fallen
Die leidenden Menschen
20   Blindlings von einer
Stunde zur andern,
Wie Wasser von Klippe
Zu Klippe geworfen,
Jahr lang ins Ungewisse hinab.

(1798)

SONNENUNTERGANG

Wo bist du? trunken dämmert die Seele mir
Von aller deiner Wonne; denn eben ist's,
Daß ich gelauscht, wie, goldner Töne
5   Voll, der entzückende Sonnenjüngling

Sein Abendlied auf himmlischer Leier spielt';
Es tönten rings die Wälder und Hügel nach.
Doch fern ist er zu frommen Völkern,
Die ihn noch ehren, hinweggegangen.

(1798)

AN DIE PARZEN

Nur *einen* Sommer gönnt, ihr Gewaltigen!
  Und einen Herbst zu reifem Gesange mir,
    Daß williger mein Herz, vom süßen
      Spiele gesättiget, dann mir sterbe.   5

Die Seele, der im Leben ihr göttlich Recht
  Nicht ward, sie ruht auch drunten im Orkus nicht;
    Doch ist mir einst das Heil'ge, das am
      Herzen mir liegt, das Gedicht, gelungen,

Willkommen dann, o Stille der Schattenwelt!   10
  Zufrieden bin ich, wenn auch mein Saitenspiel
    Mich nicht hinab geleitet; *einmal*
      Lebt ich, wie Götter, und mehr bedarf's nicht.

(1799)

HEIDELBERG

Lange lieb ich dich schon, möchte dich, mir zur Lust,
  Mutter nennen, und dir schenken ein kunstlos Lied,
    Du, der Vaterlandsstädte
      Ländlichschönste, so viel ich sah.   5

Wie der Vogel des Walds über die Gipfel fliegt,
  Schwingt sich über den Strom, wo er vorbei dir glänzt,
    Leicht und kräftig die Brücke,
      Die von Wagen und Menschen tönt.

Wie von Göttern gesandt, fesselt' ein Zauber einst   10
  Auf die Brücke mich an, da ich vorüberging,
    Und herein in die Berge
      Mir die reizende Ferne schien,

Und der Jüngling, der Strom, fort in die Ebne zog,
15   Traurigfroh, wie das Herz, wenn es, sich selbst zu schön,
          Liebend unterzugehen,
              In die Fluten der Zeit sich wirft.

Quellen hattest du ihm, hattest dem Flüchtigen
     Kühle Schatten geschenkt, und die Gestade sahn
20   All ihm nach, und es bebte
              Aus den Wellen ihr lieblich Bild.

Aber schwer in das Tal hing die gigantische,
     Schicksalskundige Burg nieder bis auf den Grund,
          Von den Wettern zerrissen;
25   Doch die ewige Sonne goß

Ihr verjüngendes Licht über das alternde
     Riesenbild, und umher grünte lebendiger
          Efeu; freundliche Wälder
              Rauschten über die Burg herab.

30   Sträuche blühten herab, bis wo im heitern Tal,
     An den Hügel gelehnt, oder dem Ufer hold,
          Deine fröhlichen Gassen
              Unter duftenden Gärten ruhn.

(1800)

DER NECKAR

In deinen Tälern wachte mein Herz mir auf
     Zum Leben, deine Wellen umspielten mich,
          Und all der holden Hügel, die dich
5   Wanderer! kennen, ist keiner fremd mir.

Auf ihren Gipfeln löste des Himmels Luft
     Mir oft der Knechtschaft Schmerzen; und aus dem Tal,
          Wie Leben aus dem Freudebecher,
              Glänzte die bläuliche Silberwelle.

Der Berge Quellen eilten hinab zu dir,   10
  Mit ihnen auch mein Herz und du nahmst uns mit,
    Zum stillerhabnen Rhein, zu seinen
      Städten hinunter und lust'gen Inseln.

Noch dünkt die Welt mir schön, und das Aug entflieht
  Verlangend nach den Reizen der Erde mir,   15
    Zum goldenen Paktol, zu Smyrnas
      Ufer, zu Ilions Wald. Auch möcht ich

Bei Sunium oft landen, den stummen Pfad
  Nach deinen Säulen fragen, Olympion!
    Noch eh der Sturmwind und das Alter   20
      Hin in den Schutt der Athenertempel

Und ihrer Gottesbilder auch dich begräbt,
  Denn lang schon einsam stehst du, o Stolz der Welt,
    Die nicht mehr ist. Und o ihr schönen
      Inseln Ioniens! wo die Meerluft   25

Die heißen Ufer kühlt und den Lorbeerwald
  Durchsäuselt, wenn die Sonne den Weinstock wärmt,
    Ach! wo ein goldner Herbst dem armen
      Volk in Gesänge die Seufzer wandelt,

Wenn sein Granatbaum reift, wenn aus grüner Nacht   30
  Die Pomeranze blinkt, und der Mastixbaum
    Von Harze träuft und Pauk und Cymbel
      Zum labyrinthischen Tanze klingen.

Zu euch, ihr Inseln! bringt mich vielleicht, zu euch
  Mein Schutzgott einst; doch weicht mir aus treuem Sinn 35
    Auch da mein Neckar nicht mit seinen
      Lieblichen Wiesen und Uferweiden.

(1800)

BROT UND WEIN
An Heinse

1

Rings um ruhet die Stadt; still wird die erleuchtete Gasse,
    Und, mit Fackeln geschmückt, rauschen die Wagen hinweg.
5 Satt gehn heim von Freuden des Tags zu ruhen die Menschen,
    Und Gewinn und Verlust wäget ein sinniges Haupt
Wohlzufrieden zu Haus; leer steht von Trauben und Blumen,
    Und von Werken der Hand ruht der geschäftige Markt.
Aber das Saitenspiel tönt fern aus Gärten; vielleicht, daß
10   Dort ein Liebendes spielt oder ein einsamer Mann
Ferner Freunde gedenkt und der Jugendzeit; und die Brunnen
    Immerquillend und frisch rauschen an duftendem Beet.
Still in dämmriger Luft ertönen geläutete Glocken,
    Und der Stunden gedenk rufet ein Wächter die Zahl.
15 Jetzt auch kommet ein Wehn und regt die Gipfel des Hains auf,
    Sieh! und das Schattenbild unserer Erde, der Mond
Kommet geheim nun auch; die Schwärmerische, die Nacht,
                                 kommt,
    Voll mit Sternen und wohl wenig bekümmert um uns,
Glänzt die Erstaunende dort, die Fremdlingin unter den
                             Menschen,
20 Über Gebirgeshöhn traurig und prächtig herauf.

2

Wunderbar ist die Gunst der Hocherhabnen und niemand
    Weiß, von wannen und was einem geschiehet von ihr.
So bewegt sie die Welt und die hoffende Seele der Menschen,
    Selbst kein Weiser versteht, was sie bereitet, denn so
25 Will es der oberste Gott, der sehr dich liebet, und darum
    Ist noch lieber, wie sie, dir der besonnene Tag.
Aber zuweilen liebt auch klares Auge den Schatten
    Und versuchet zu Lust, eh es die Not ist, den Schlaf,
Oder es blickt auch gern ein treuer Mann in die Nacht hin,
30   Ja, es ziemet sich, ihr Kränze zu weihn und Gesang,
Weil den Irrenden sie geheiliget ist und den Toten,
    Selber aber besteht, ewig, in freiestem Geist.

Aber sie muß uns auch, daß in der zaudernden Weile,
   Daß im Finstern für uns einiges Haltbare sei,
Uns die Vergessenheit und das Heiligtrunkene gönnen,   35
   Gönnen das strömende Wort, das, wie die Liebenden, sei,
Schlummerlos, und vollern Pokal und kühneres Leben,
   Heilig Gedächtnis auch, wachend zu bleiben bei Nacht.

3

Auch verbergen umsonst das Herz im Busen, umsonst nur
   Halten den Mut noch wir, Meister und Knaben, denn wer   40
Möcht es hindern, und wer möcht uns die Freude verbieten?
   Göttliches Feuer auch treibet, bei Tag und bei Nacht,
Aufzubrechen. So komm! daß wir das Offene schauen,
   Daß ein Eigenes wir suchen, so weit es auch ist.
Fest bleibt Eins; es sei um Mittag oder es gehe   45
   Bis in die Mitternacht, immer bestehet ein Maß,
Allen gemein, doch jeglichem auch ist eignes beschieden,
   Dahin gehet und kommt jeder, wohin er es kann.
Drum! und spotten des Spotts mag gern frohlockender
                                        Wahnsinn,
   Wenn er in heiliger Nacht plötzlich die Sänger ergreift.   50
Drum an den Isthmos komm! dorthin, wo das offene Meer
                                         rauscht
   Am Parnaß und der Schnee delphische Felsen umglänzt,
Dort ins Land des Olymps, dort auf die Höhe Cithärons,
   Unter die Fichten dort, unter die Trauben, von wo
Thebe drunten und Ismenos rauscht im Lande des Kadmos,   55
   Dorther kommt und zurück deutet der kommende Gott.

4

Seliges Griechenland! Du Haus der Himmlischen alle,
   Also ist wahr, was einst wir in der Jugend gehört?
Festlicher Saal! der Boden ist Meer! und Tische die Berge,
   Wahrlich zu einzigem Brauche vor alters gebaut!   60
Aber die Thronen, wo? die Tempel und wo die Gefäße,
   Wo mit Nektar gefüllt, Göttern zu Lust der Gesang?
Wo, wo leuchten sie denn, die fernhintreffenden Sprüche?
   Delphi schlummert und wo tönet das große Geschick?
Wo ist das schnelle? Wo bricht's, allgegenwärtigen Glücks voll,   65

Donnernd aus heiterer Luft über die Augen herein?
Vater Aether! so rief's und flog von Zunge zu Zunge
    Tausendfach, es ertrug keiner das Leben allein;
Ausgeteilet erfreut solch Gut und getauschet, mit Fremden,
70   Wird's ein Jubel, es wächst schlafend des Wortes Gewalt:
Vater! heiter! und hallt, so weit es gehet, das uralt
    Zeichen, von Eltern geerbt, treffend und schaffend hinab.
Denn so kehren die Himmlischen ein, tiefschütternd gelangt so
    Aus dem Schatten herab unter die Menschen ihr Tag.

5

75 Unempfunden kommen sie erst, es streben entgegen
    Ihnen die Kinder, zu hell kommet, zu blendend das Glück,
Und es scheut sie der Mensch, kaum weiß zu sagen ein Halbgott,
    Wer mit Namen sie sind, die mit den Gaben ihm nahn.
Aber der Mut von ihnen ist groß, es füllen das Herz ihm
80   Ihre Freuden, und kaum weiß er zu brauchen das Gut,
Schafft, verschwendet, und fast ward ihm Unheiliges heilig,
    Das er mit segnender Hand törig und gütig berührt.
Möglichst dulden die Himmlischen dies; dann aber in Wahrheit
    Kommen sie selbst, und gewohnt werden die Menschen des
                                                    Glücks
85 Und des Tags und zu schaun die Offenbaren, das Antlitz
    Derer, welche, schon längst Eines und Alles genannt,
Tief die verschwiegene Brust mit freier Genüge gefüllet
    Und zuerst und allein alles Verlangen beglückt;
So ist der Mensch; wenn da ist das Gut, und es sorget mit Gaben
90   Selber ein Gott für ihn, kennet und sieht er es nicht.
Tragen muß er, zuvor; nun aber nennt er sein Liebstes,
    Nun, nun müssen dafür Worte, wie Blumen, entstehn.

6

Und nun denkt er zu ehren in Ernst die seligen Götter,
    Wirklich und wahrhaft muß alles verkünden ihr Lob.
95 Nichts darf schauen das Licht, was nicht den Hohen gefället,
    Vor den Aether gebührt Müßigversuchendes nicht.
Drum in der Gegenwart der Himmlischen würdig zu stehen,
    Richten in herrlichen Ordnungen Völker sich auf
Untereinander und baun die schönen Tempel und Städte

Fest und edel, sie gehn über Gestaden empor –   100
Aber wo sind sie? Wo blühn die Bekannten, die Kronen des
                                                            Festes?
   Thebe welkt und Athen; rauschen die Waffen nicht mehr
In Olympia, nicht die goldnen Wagen des Kampfspiels,
   Und bekränzen sich denn nimmer die Schiffe Korinths?
Warum schweigen auch sie, die alten heilgen Theater?   105
   Warum freuet sich denn nicht der geweihete Tanz?
Warum zeichnet, wie sonst, die Stirne des Mannes ein Gott nicht,
   Drückt den Stempel, wie sonst, nicht dem Getroffenen auf?
Oder er kam auch selbst und nahm des Menschen Gestalt an
   Und vollendet', und schloß tröstend das himmlische Fest.   110

                              7
Aber Freund! wir kommen zu spät. Zwar leben die Götter,
   Aber über dem Haupt droben in anderer Welt.
Endlos wirken sie da und scheinen's wenig zu achten,
   Ob wir leben, so sehr schonen die Himmlischen uns.
Denn nicht immer vermag ein schwaches Gefäß sie zu fassen,   115
   Nur zu Zeiten erträgt göttliche Fülle der Mensch.
Traum von ihnen ist drauf das Leben. Aber das Irrsal
   Hilft, wie Schlummer, und stark machet die Not und die
                                                          Nacht,
Bis daß Helden genug in der ehernen Wiege gewachsen,
   Herzen an Kraft, wie sonst, ähnlich den Himmlischen sind.   120
Donnernd kommen sie drauf. Indessen dünket mir öfters
   Besser zu schlafen, wie so ohne Genossen zu sein,
So zu harren, und was zu tun indes und zu sagen,
   Weiß ich nicht, und wozu Dichter in dürftiger Zeit?
Aber sie sind, sagst du, wie des Weingotts heilige Priester,   125
   Welche von Lande zu Land zogen in heiliger Nacht.

                              8
Nämlich, als vor einiger Zeit, uns dünket sie lange,
   Aufwärts stiegen sie all, welche das Leben beglückt,
Als der Vater gewandt sein Angesicht von den Menschen
   Und das Trauern mit Recht über der Erde begann,   130
Als erschienen zuletzt ein stiller Genius, himmlisch
   Tröstend, welcher des Tags Ende verkündet' und schwand,

Ließ zum Zeichen, daß einst er da gewesen und wieder
    Käme, der himmlische Chor einige Gaben zurück,
135 Derer menschlich, wie sonst, wir uns zu freuen vermöchten,
    Denn zur Freude, mit Geist, wurde das Größre zu groß
Unter den Menschen und noch, noch fehlen die Starken zu
                                      höchsten
    Freuden, aber es lebt stille noch einiger Dank.
Brot ist der Erde Frucht, doch ist's vom Lichte gesegnet,
140   Und vom donnernden Gott kommet die Freude des Weins.
Darum denken wir auch dabei der Himmlischen, die sonst
    Da gewesen und die kehren in richtiger Zeit,
Darum singen sie auch mit Ernst, die Sänger, den Weingott,
    Und nicht eitel erdacht tönet dem Alten das Lob.

9

145 Ja! sie sagen mit Recht, er söhne den Tag mit der Nacht aus,
    Führe des Himmels Gestirn ewig hinunter, hinauf,
Allzeit froh, wie das Laub der immergrünenden Fichte,
    Das er liebt, und der Kranz, den er von Efeu gewählt,
Weil er bleibet und selbst die Spur der entflohenen Götter
150   Götterlosen hinab unter das Finstere bringt.
Was der Alten Gesang von Kindern Gottes geweissagt,
    Siehe! wir sind es, wir; Frucht von Hesperien ist's!
Wunderbar und genau ist's als an Menschen erfüllet,
    Glaube, wer es geprüft! Aber so vieles geschieht,
155 Keines wirket, denn wir sind herzlos, Schatten, bis unser
    Vater Aether erkannt jeden und allen gehört.
Aber indessen kommt als Fackelschwinger des Höchsten
    Sohn, der Syrier, unter die Schatten herab.
Selige Weise sehn's; ein Lächeln aus der gefangnen
160   Seele leuchtet, dem Licht tauet ihr Auge noch auf.
Sanfter träumet und schläft in Armen der Erde der Titan,
    Selbst der neidische, selbst Cerberus trinket und schläft.

(1800/1801)

---

*Die Elegie besteht aus dreimal drei Strophen: 1-3: romantische Nacht; ge-
schichtliche Nacht einer götterfernen Zeit; Aufbruch nach Griechenland,
dort war das Göttliche allgegenwärtig. 4-6: Vollendung und Abschluß*

des griechischen Göttertages. 7-9: *Rückwendung zur hesperischen*
(= *westlich-abendländischen*) *Nacht. Die Naturgaben »Brot und Wein«*
rühren von Dionysos und Christus her; sie halten die Hoffnung auf göttli-
che Wiederkehr wach. 2 Heinse: *Wilhelm Heinse (1749-1803), von Höl-*
derlin geschätzter Verfasser antikisierender Romane. 2 Hocherhabne: *die*
Nacht. 34 im Finstern: *gegenwärtiger Zustand der Götterferne.*
51 Isthmos: *Landenge bei Korinth.* 52 f. Parnaß, Olymp, Cithäron: *drei*
heilige Berge Griechenlands. 55 Thebe: *Quellnymphe.* Ismenos: *Bach*
bei Theben. Kadmos: *Gründer Thebens.* 56 Gott: *Dionysos, Gott des*
Weins und der Dichter. Fichten und Trauben (54) *und* Efeu (148) *sind*
seine Zeichen. 63 Sprüche: *Orakel.* 101 Kronen: *die im folgenden ge-*
nannten Städte. 105 f. Theater, Tanz: *beides dem Dionysos geweiht.*
109 er kam: *Hinweis auf Christus, der als antike Gestalt, als Letzter des*
griechischen Göttertages verstanden wird. 131 Genius: *Christus.*
134 Gaben: *Brot und Wein.* 136 Geist: *Göttliches.* 140 Gott: *Zeus,*
Vater des Dionysos. 152 Hesperien: *Abendland, Ort künftiger Versöh-*
nung von Antike und Christentum. 157 Fackelschwinger: *Dionysos und*
Christus zugleich. 158 Syrier: *Christus.* 161 f. Titan, Cerberus: *Ver-*
treter der Unterwelt, durch Wein besänftigt.

ANDENKEN

Der Nordost wehet,
Der liebste unter den Winden
Mir, weil er feurigen Geist
Und gute Fahrt verheißet den Schiffern.   5
Geh aber nun und grüße
Die schöne Garonne,
Und die Gärten von Bourdeaux
Dort, wo am scharfen Ufer
Hingehet der Steg und in den Strom   10
Tief fällt der Bach, darüber aber
Hinschauet ein edel Paar
Von Eichen und Silberpappeln;

Noch denket das mir wohl und wie
Die breiten Gipfel neiget   15
Der Ulmwald, über die Mühl,
Im Hofe aber wächset ein Feigenbaum.
An Feiertagen gehn

Die braunen Frauen daselbst
20 Auf seidnen Boden,
Zur Märzenzeit,
Wenn gleich ist Nacht und Tag,
Und über langsamen Stegen,
Von goldenen Träumen schwer,
25 Einwiegende Lüfte ziehen.

Es reiche aber,
Des dunkeln Lichtes voll,
Mir einer den duftenden Becher,
Damit ich ruhen möge; denn süß
30 Wär unter Schatten der Schlummer.
Nicht ist es gut,
Seellos von sterblichen
Gedanken zu sein. Doch gut
Ist ein Gespräch und zu sagen
35 Des Herzens Meinung, zu hören viel
Von Tagen der Lieb,
Und Taten, welche geschehen.

Wo aber sind die Freunde? Bellarmin
Mit dem Gefährten? Mancher
40 Trägt Scheue, an die Quelle zu gehn;
Es beginnet nämlich der Reichtum
Im Meere. Sie,
Wie Maler, bringen zusammen
Das Schöne der Erd und verschmähn
45 Den geflügelten Krieg nicht, und
Zu wohnen einsam, jahrlang, unter
Dem entlaubten Mast, wo nicht die Nacht
                              durchglänzen
Die Feiertage der Stadt,
Und Saitenspiel und eingeborener Tanz nicht.

50 Nun aber sind zu Indiern
Die Männer gegangen,
Dort an der luftigen Spitz
An Traubenbergen, wo herab

Die Dordogne kommt,
Und zusammen mit der prächt'gen   55
Garonne meerbreit
Ausgehet der Strom. Es nehmet aber
Und gibt Gedächtnis die See,
Und die Lieb auch heftet fleißig die Augen,
Was bleibet aber, stiften die Dichter.   60

(1803)

---

7 f., 54 ff. Garonne, Bourdeaux, Dordogne:
Hölderin weilte 1802 als Hauslehrer in Bor-
deaux.

HÄLFTE DES LEBENS

Mit gelben Birnen hänget
Und voll mit wilden Rosen
Das Land in den See,
Ihr holden Schwäne,   5
Und trunken von Küssen
Tunkt ihr das Haupt
Ins heilignüchterne Wasser.

Weh mir, wo nehm ich, wenn
Es Winter ist, die Blumen, und wo   10
Den Sonnenschein,
Und Schatten der Erde?
Die Mauern stehn
Sprachlos und kalt, im Winde
Klirren die Fahnen.   15

(1803)

NOVALIS (FRIEDRICH FREIHERR
VON HARDENBERG)
(1772-1801)

[BERGMANNS-LEBEN]

Der ist der Herr der Erde,
Wer ihre Tiefen mißt,
Und jeglicher Beschwerde
In ihrem Schoß vergißt.

Wer ihrer Felsen-Glieder
Geheimen Bau versteht,
Und unverdrossen nieder
Zu ihrer Werkstatt geht.

Er ist mit ihr verbündet,
Und inniglich vertraut,
Und wird von ihr entzündet,
Als wär' sie seine Braut.

Er sieht ihr alle Tage
Mit neuer Liebe zu,
Und scheut nicht Fleiß und Plage;
Sie läßt ihm keine Ruh.

Die mächtigen Geschichten
Der längst verfloßnen Zeit
Ist sie ihm zu berichten
Mit Freundlichkeit bereit.

Der Vorwelt heil'ge Lüfte
Umwehn sein Angesicht.
Und in die Nacht der Klüfte
Strahlt ihm ein ew'ges Licht.

Er trifft auf allen Wegen
Ein wohlbekanntes Land,
Und gern kommt sie entgegen
Den Werken seiner Hand.

Ihm folgen die Gewässer   30
Hülfreich den Berg hinauf,
Und alle Felsenschlösser
Tun ihre Schätz' ihm auf.

Er führt des Goldes Ströme
In seines Königs Haus,   35
Und schmückt die Diademe
Mit edlen Steinen aus.

Zwar reicht er treu dem König
Den glückbegabten Arm,
Doch fragt er nach ihm wenig,   40
Und bleibt mit Freuden arm.

Sie mögen sich erwürgen
Am Fuß um Gut und Geld,
Er bleibt auf den Gebürgen
Der frohe Herr der Welt.   45

(1800)

Aus dem Roman »Heinrich von Of-
terdingen«. Die Überschrift stammt
vermutlich von Schlegel/Tieck.

AUS: HYMNEN AN DIE NACHT

2

Muß immer der Morgen wiederkommen?
Endet nie des Irdischen Gewalt?
Unselige Geschäftigkeit verzehrt
Den himmlischen Anflug der Nacht?

5   Wird nie der Liebe geheimes Opfer
     Ewig brennen?
     Zugemessen ward
     Dem Lichte seine Zeit
     Und dem Wachen –
10   Aber zeitlos ist der Nacht Herrschaft,
     Ewig ist die Dauer des Schlafs.
     Heiliger Schlaf!
     Beglücke zu selten nicht
     Der Nacht Geweihte –
15   In diesem irdischen Tagwerk.
     Nur die Toren verkennen dich
     Und wissen von keinem Schlafe
     Als den Schatten
     Den du mitleidig auf uns wirfst
20   In jener Dämmrung
     Der wahrhaften Nacht.
     Sie fühlen dich nicht
     In der goldnen Flut der Trauben
     In des Mandelbaums
25   Wunderöl
     Und dem braunen Safte des Mohns.
     Sie wissen nicht
     Daß du es bist
     Der des zarten Mädchens
30   Busen umschwebt
     Und zum Himmel den Schoß macht –
     Ahnden nicht
     Daß aus alten Geschichten
     Du himmelöffnend entgegentrittst
35   Und den Schlüssel trägst
     Zu den Wohnungen der Seligen,
     Unendlicher Geheimnisse
     Schweigender Bote.

(1799)

WENN nicht mehr Zahlen und Figuren
Sind Schlüssel aller Kreaturen,
Wenn die, so singen oder küssen,
Mehr als die Tiefgelehrten wissen,
Wenn sich die Welt ins freie Leben,   5
Und in die Welt wird zurück begeben,
Wenn dann sich wieder Licht und Schatten
Zu echter Klarheit werden gatten,
Und man in Märchen und Gedichten
Erkennt die ew'gen Weltgeschichten,   10
Dann fliegt vor *einem* geheimen Wort
Das ganze verkehrte Wesen fort.

(1800)

---

1 Zahlen und Figuren: *Aufklärung und Wissen-
schaft.*

CLEMENS BRENTANO
(1778-1842)

DER SPINNERIN NACHTLIED

Es sang vor langen Jahren
Wohl auch die Nachtigall,
Das war wohl süßer Schall,
Da wir zusammen waren.

Ich sing und kann nicht weinen,
Und spinne so allein
Den Faden klar und rein
So lang der Mond wird scheinen.

Als wir zusammen waren
Da sang die Nachtigall
Nun mahnet mich ihr Schall
Daß du von mir gefahren.

So oft der Mond mag scheinen,
Denk ich wohl dein allein,
Mein Herz ist klar und rein,
Gott wolle uns vereinen.

Seit du von mir gefahren,
Singt stets die Nachtigall,
Ich denk bei ihrem Schall,
Wie wir zusammen waren.

Gott wolle uns vereinen
Hier spinn ich so allein,
Der Mond scheint klar und rein,
Ich sing und möchte weinen.

(1802)

Zu Bacharach am Rheine
Wohnt eine Zauberin,
Sie war so schön und feine
Und riß viel Herzen hin.

Und brachte viel zu schanden   5
Der Männer rings umher,
Aus ihren Liebesbanden
War keine Rettung mehr.

Der Bischof ließ sie laden
Vor geistliche Gewalt –   10
Und mußte sie begnaden,
So schön war ihr Gestalt.

Er sprach zu ihr gerühret:
»Du arme Lore Lay!
Wer hat dich denn verführet   15
Zu böser Zauberei?«

»Herr Bischof laßt mich sterben,
Ich bin des Lebens müd,
Weil jeder muß verderben,
Der meine Augen sieht.   20

Die Augen sind zwei Flammen,
Mein Arm ein Zauberstab –
O legt mich in die Flammen!
O brechet mir den Stab!«

»Ich kann dich nicht verdammen,   25
Bis du mir erst bekennt,
Warum in diesen Flammen
Mein eigen Herz schon brennt.

Den Stab kann ich nicht brechen,
Du schöne Lore Lay!   30
Ich müßte dann zerbrechen
Mein eigen Herz entzwei.«

»Herr Bischof mit mir Armen
Treibt nicht so bösen Spott,
35   Und bittet um Erbarmen,
Für mich den lieben Gott.

Ich darf nicht länger leben,
Ich liebe keinen mehr –
Den Tod sollt Ihr mir geben,
40   Drum kam ich zu Euch her. –

Mein Schatz hat mich betrogen,
Hat sich von mir gewandt,
Ist fort von hier gezogen,
Fort in ein fremdes Land.

45   Die Augen sanft und wilde,
Die Wangen rot und weiß,
Die Worte still und milde
Das ist mein Zauberkreis.

Ich selbst muß drin verderben,
50   Das Herz tut mir so weh,
Vor Schmerzen möcht ich sterben,
Wenn ich mein Bildnis seh.

Drum laßt mein Recht mich finden,
Mich sterben, wie ein Christ,
55   Denn alles muß verschwinden,
Weil er nicht bei mir ist.«

Drei Ritter läßt er holen:
»Bringt sie ins Kloster hin,
Geh Lore! – Gott befohlen
60   Sei dein berückter Sinn.

Du sollst ein Nönnchen werden,
Ein Nönnchen schwarz und weiß,
Bereite dich auf Erden
Zu deines Todes Reis'.«

Zum Kloster sie nun ritten, 65
Die Ritter alle drei,
Und traurig in der Mitten
Die schöne Lore Lay.

»O Ritter laßt mich gehen,
Auf diesen Felsen groß, 70
Ich will noch einmal sehen
Nach meines Lieben Schloß.

Ich will noch einmal sehen
Wohl in den tiefen Rhein,
Und dann ins Kloster gehen 75
Und Gottes Jungfrau sein.«

Der Felsen ist so jähe,
So steil ist seine Wand,
Doch klimmt sie in die Höhe,
Bis daß sie oben stand. 80

Es binden die drei Ritter,
Die Rosse unten an,
Und klettern immer weiter,
Zum Felsen auch hinan.

Die Jungfrau sprach: »Da gehet 85
Ein Schifflein auf dem Rhein,
Der in dem Schifflein stehet,
Der soll mein Liebster sein.

Mein Herz wird mir so munter,
Er muß mein Liebster sein! —« 90
Da lehnt sie sich hinunter
Und stürzet in den Rhein.

Die Ritter mußten sterben,
Sie konnten nicht hinab,
Sie mußten all verderben, 95
Ohn' Priester und ohn' Grab.

Wer hat dies Lied gesungen?
Ein Schiffer auf dem Rhein,
Und immer hat's geklungen
100 Von dem drei Ritterstein: *

Lore Lay
Lore Lay
Lore Lay

Als wären es meiner drei.

* Bei Bacharach steht dieser Felsen, Lore Lay genannt, alle vorbei-
fahrende Schiffer rufen ihn an, und
freuen sich des vielfachen Echos.

(1802)

HÖR, es klagt die Flöte wieder,
Und die kühlen Brunnen rauschen.
Golden wehn die Töne nieder,
Stille, stille, laß uns lauschen!

5 Holdes Bitten, mild Verlangen,
Wie es süß zum Herzen spricht!
Durch die Nacht, die mich umfangen,
Blickt zu mir der Töne Licht.

(1803)

WENN der lahme Weber träumt, er webe,
Träumt die kranke Lerche auch, sie schwebe,
Träumt die stumme Nachtigall, sie singe,
Daß das Herz des Widerhalls zerspringe,
5 Träumt das blinde Huhn, es zähl' die Kerne,
Und der drei je zählte kaum, die Sterne,
Träumt das starre Erz, gar linde tau' es,
Und das Eisenherz, ein Kind vertrau' es,

Träumt die taube Nüchternheit, sie lausche,
Wie der Traube Schüchternheit berausche;   10
Kömmt dann Wahrheit mutternackt gelaufen,
Führt der hellen Töne Glanzgefunkel
Und der grellen Lichter Tanz durchs Dunkel,
Rennt den Traum sie schmerzlich übern Haufen,
Horch! die Fackel lacht, horch! Schmerz-Schalmeien   15
Der erwachten Nacht ins Herz all schreien;
Weh, ohn' Opfer gehn die süßen Wunder,
Gehn die armen Herzen einsam unter!

(1838)

———

WAS reif in diesen Zeilen steht,
Was lächelnd winkt und sinnend fleht,
Das soll kein Kind betrüben,
Die Einfalt hat es ausgesät,
Die Schwermut hat hindurchgeweht,   5
Die Sehnsucht hat's getrieben;
Und ist das Feld einst abgemäht,
Die Armut durch die Stoppeln geht,
Sucht Ähren, die geblieben,
Sucht Lieb, die für sie untergeht,   10
Sucht Lieb, die mit ihr aufersteht,
Sucht Lieb, die sie kann lieben,
Und hat sie einsam und verschmäht
Die Nacht durch, dankend in Gebet,
Die Körner ausgerieben,   15
Liest sie, als früh der Hahn gekräht,
Was Lieb erhielt, was Leid verweht,
Ans Feldkreuz angeschrieben,
O Stern und Blume, Geist und Kleid,
Lieb, Leid und Zeit und Ewigkeit!   20

(1838)

JUSTINUS KERNER
(1786-1862)

DER WANDERER IN DER SÄGMÜHLE

Dort unten in der Mühle
Saß ich in süßer Ruh
Und sah dem Räderspiele,
Und sah den Wassern zu.

Sah zu der blanken Säge,
Es war mir wie ein Traum,
Die bahnte lange Wege
In einen Tannenbaum.

Die Tanne war wie lebend,
In Trauermelodie
Durch alle Fasern bebend,
Sang *diese* Worte sie:

»Du trittst zur rechten Stunde,
O Wanderer! hier ein,
Du bist's, für den die Wunde
Mir dringt ins Herz hinein.

Du bist's, für den wird werden,
Wenn kurz gewandert du,
Dies Holz, im Schoß der Erden,
Ein Schrein zur langen Ruh.«

Vier Bretter sah ich fallen,
Mir ward's ums Herze schwer,
Ein Wörtlein wollt' ich lallen,
Da ging das Rad nicht mehr.

(*1830*)

DER ZOPF *im* KOPF

Einst hat man das Haar frisiert,
Hat's gepudert und geschmiert,
Daß es stattlich glänze,
Steif die Stirn begrenze.   5

Nun läßt schlicht man wohl das Haar,
Doch dafür wird wunderbar
Das Gehirn frisieret,
Meisterlich dressieret.

Auf dem Kopfe die Frisur,   10
Ist sie gleich ganz Unnatur,
Schien mir noch passabel,
Nicht so miserabel,

Als jetzt *im* Gehirn der Zopf,
Als jetzt die Frisur *im* Kopf.   15
Puder und Pomade
Im Gehirn! – Gott gnade!

(1838)

Der männliche Haarzopf galt als Zeichen
der vorrevolutionären Feudalgesellschaft.
In der Restaurationszeit nach 1815 ist
»Zopf« Metapher für politische Rückstän-
digkeit.

LUDWIG UHLAND
(1787-1862)

DER GUTE KAMERAD

Ich hatt' einen Kameraden,
Einen bessern findst du nit.
Die Trommel schlug zum Streite,
Er ging an meiner Seite
In gleichem Schritt und Tritt.

Eine Kugel kam geflogen,
Gilt's mir oder gilt es dir?
Ihn hat es weggerissen,
Er liegt mir vor den Füßen,
Als wär's ein Stück von mir.

Will mir die Hand noch reichen,
Derweil ich eben lad'.
Kann dir die Hand nicht geben,
Bleib du im ew'gen Leben
Mein guter Kamerad!

(1809)

EINKEHR

Bei einem Wirte, wundermild,
Da war ich jüngst zu Gaste;
Ein goldner Apfel war sein Schild
An einem langen Aste.

Es war der gute Apfelbaum,
Bei dem ich eingekehret;
Mit süßer Kost und frischem Schaum
Hat er mich wohl genähret.

Es kamen in sein grünes Haus 10
Viel leichtbeschwingte Gäste;
Sie sprangen frei und hielten Schmaus
Und sangen auf das beste.

Ich fand ein Bett zu süßer Ruh'
Auf weichen, grünen Matten; 15
Der Wirt, er deckte selbst mich zu
Mit seinem kühlen Schatten.

Nun fragt' ich nach der Schuldigkeit,
Da schüttelt' er den Wipfel.
Gesegnet sei er allezeit 20
Von der Wurzel bis zum Gipfel!

(1811)

FRÜHLINGSGLAUBE

Die linden Lüfte sind erwacht,
Sie säuseln und weben Tag und Nacht,
Sie schaffen an allen Enden.
O frischer Duft, o neuer Klang!
Nun, armes Herze, sei nicht bang! 5
Nun muß sich alles, alles wenden.

Die Welt wird schöner mit jedem Tag,
Man weiß nicht, was noch werden mag,
Das Blühen will nicht enden.
Es blüht das fernste, tiefste Tal: 10
Nun, armes Herz, vergiß der Qual!
Nun muß sich alles, alles wenden.

(1812)

DES SÄNGERS FLUCH

Es stand in alten Zeiten ein Schloß, so hoch und hehr,
Weit glänzt' es über die Lande bis an das blaue Meer,
Und rings von duft'gen Gärten ein blütenreicher Kranz,
5 Drin sprangen frische Brunnen in Regenbogenglanz.

Dort saß ein stolzer König, an Land und Siegen reich,
Er saß auf seinem Throne so finster und so bleich;
Denn was er sinnt, ist Schrecken, und was er blickt, ist Wut,
Und was er spricht, ist Geißel, und was er schreibt, ist Blut.

10 Einst zog nach diesem Schlosse ein edles Sängerpaar,
Der ein' in goldnen Locken, der andre grau von Haar;
Der Alte mit der Harfe, der saß auf schmuckem Roß,
Es schritt ihm frisch zur Seite der blühende Genoß.

Der Alte sprach zum Jungen: »Nun sei bereit, mein Sohn!
15 Denk unsrer tiefsten Lieder, stimm an den vollsten Ton!
Nimm alle Kraft zusammen, die Lust und auch den Schmerz!
Es gilt uns heut, zu rühren des Königs steinern Herz.«

Schon stehn die beiden Sänger im hohen Säulensaal,
Und auf dem Throne sitzen der König und sein Gemahl;
20 Der König furchtbar prächtig, wie blut'ger Nordlichtschein,
Die Königin süß und milde, als blickte Vollmond drein.

Da schlug der Greis die Saiten, er schlug sie wundervoll,
Daß reicher, immer reicher der Klang zum Ohre schwoll,
Dann strömte himmlisch helle des Jünglings Stimme vor,
25 Des Alten Sang dazwischen, wie dumpfer Geisterchor.

Sie singen von Lenz und Liebe, von sel'ger goldner Zeit,
Von Freiheit, Männerwürde, von Treu' und Heiligkeit;
Sie singen von allem Süßen, was Menschenbrust durchbebt,
Sie singen von allem Hohen, was Menschenherz erhebt.

Die Höflingsschar im Kreise verlernet jeden Spott,   30
Des Königs trotz'ge Krieger, sie beugen sich vor Gott,
Die Königin, zerflossen in Wehmut und in Lust,
Sie wirft den Sängern nieder die Rose von ihrer Brust.

«Ihr habt mein Volk verführet, verlockt ihr nun mein Weib?»
Der König schreit es wütend, er bebt am ganzen Leib,   35
Er wirft sein Schwert, das blitzend des Jünglings Brust
                        durchdringt,
Draus, statt der goldnen Lieder, ein Blutstrahl hochauf springt.

Und wie vom Sturm zerstoben ist all der Hörer Schwarm,
Der Jüngling hat verröchelt in seines Meisters Arm,
Der schlägt um ihn den Mantel und setzt ihn auf das Roß,   40
Er bind't ihn aufrecht feste, verläßt mit ihm das Schloß.

Doch vor dem hohen Tore, da hält der Sängergreis,
Da faßt er seine Harfe, sie aller Harfen Preis,
An einer Marmorsäule, da hat er sie zerschellt,
Dann ruft er, daß es schaurig durch Schloß und Gärten gellt: 45

»Weh euch, ihr stolzen Hallen! nie töne süßer Klang
Durch eure Räume wieder, nie Saite noch Gesang,
Nein! Seufzer nur und Stöhnen und scheuer Sklavenschritt,
Bis euch zu Schutt und Moder der Rachegeist zertritt!

Weh euch, ihr duft'gen Gärten im holden Maienlicht!   50
Euch zeig' ich dieses Toten entstelltes Angesicht,
Daß ihr darob verdorret, daß jeder Quell versiegt,
Daß ihr in künft'gen Tagen versteint, verödet liegt.

Weh dir, verruchter Mörder! du Fluch des Sängertums!
Umsonst sei all dein Ringen nach Kränzen blut'gen Ruhms,   55
Dein Name sei vergessen, in ew'ge Nacht getaucht,
Sei, wie ein letztes Röcheln, in leere Luft verhaucht!«

Der Alte hat's gerufen, der Himmel hat's gehört,
Die Mauern liegen nieder, die Hallen sind zerstört,
Noch *eine* hohe Säule zeugt von verschwundner Pracht,
Auch diese, schon geborsten, kann stürzen über Nacht.   60

Und rings, statt duft'ger Gärten, ein ödes Heideland,
Kein Baum verstreuet Schatten, kein Quell durchdringt den
                                                    Sand,
Des Königs Namen meldet kein Lied, kein Heldenbuch;
65 Versunken und vergessen! das ist des Sängers Fluch.

(1814)

JOSEPH VON EICHENDORFF
(1788-1857)

ABSCHIED

O Täler weit, o Höhen,
O schöner grüner Wald,
Du meiner Lust und Wehen
Andächt'ger Aufenthalt!   5
Da draußen, stets betrogen,
Saus't die geschäft'ge Welt,
Schlag' noch einmal die Bogen
Um mich, du grünes Zelt!

Wenn es beginnt zu tagen,   10
Die Erde dampft und blinkt,
Die Vögel lustig schlagen,
Daß dir dein Herz erklingt:
Da mag vergehn, verwehen
Das trübe Erdenleid,   15
Da sollst du auferstehen,
In junger Herrlichkeit!

Da steht im Wald geschrieben,
Ein stilles, ernstes Wort
Von rechtem Tun und Lieben,   20
Und was des Menschen Hort.
Ich habe treu gelesen
Die Worte schlicht und wahr,
Und durch mein ganzes Wesen
Ward's unaussprechlich klar.   25

Bald werd' ich dich verlassen,
Fremd in der Fremde geh'n,
Auf buntbewegten Gassen
Des Lebens Schauspiel sehn;
Und mitten in dem Leben   30
Wird deines Ernst's Gewalt

Mich Einsamen erheben,
So wird mein Herz nicht alt.

(*1810*)

---

*Eine erste Fassung dieses Gedichtes
entstand vor der Abreise von Schloß
Lubowitz (Schlesien). Infolge der
schlechten Wirtschaftslage der Fami-
lie Eichendorff mußten deren Güter,
darunter auch Lubowitz, später
zwangsversteigert werden.*

LIED

In einem kühlen Grunde,
Da geht ein Mühlenrad,
Mein' Liebste ist verschwunden,
Die dort gewohnet hat.

Sie hat mir Treu versprochen,
Gab mir ein'n Ring dabei,
Sie hat die Treu gebrochen,
Mein Ringlein sprang entzwei.

Ich möcht' als Spielmann reisen
Weit in die Welt hinaus,
Und singen meine Weisen
Und gehn von Haus zu Haus.

Ich möcht' als Reiter fliegen
Wohl in die blut'ge Schlacht,
Um stille Feuer liegen
Im Feld bei dunkler Nacht.

Hör' ich das Mühlrad gehen,
Ich weiß nicht, was ich will,
Ich möcht am liebsten sterben,
Da wär's auf einmal still.

(*1813*)

FRISCHE FAHRT

Laue Luft kommt blau geflossen,
Frühling, Frühling soll es sein!
Waldwärts Hörnerklang geschossen,
Mut'ger Augen lichter Schein;   5
Und das Wirren bunt und bunter
Wird ein magisch wilder Fluß,
In die schöne Welt hinunter
Lockt dich dieses Stromes Gruß.

Und ich mag mich nicht bewahren!   10
Weit von Euch treibt mich der Wind,
Auf dem Strome will ich fahren,
Von dem Glanze selig blind!
Tausend Stimmen lockend schlagen,
Hoch Aurora flammend weht,   15
Fahre zu! ich mag nicht fragen,
Wo die Fahrt zu Ende geht!

(1815)

ZWIELICHT

Dämmrung will die Flügel spreiten,
Schaurig rühren sich die Bäume,
Wolken zieh'n wie schwere Träume –
Was will dieses Grau'n bedeuten?   5

Hast ein Reh du, lieb vor andern,
Laß es nicht alleine grasen,
Jäger zieh'n im Wald' und blasen,
Stimmen hin und wieder wandern.

Hast du einen Freund hienieden,   10
Trau ihm nicht zu dieser Stunde,
Freundlich wohl mit Aug' und Munde,
Sinnt er Krieg im tück'schen Frieden.

15   Was heut müde gehet unter,
        Hebt sich morgen neugeboren.
        Manches bleibt in Nacht verloren –
        Hüte dich, bleib' wach und munter!

                                        (1815)

                    FRÜHLINGSFAHRT

        Es zogen zwei rüst'ge Gesellen
        Zum ersten Mal von Haus
        So jubelnd recht in die hellen
5   Klingenden, singenden Wellen
        Des vollen Frühlings hinaus.

        Die strebten nach hohen Dingen,
        Die wollten trotz Lust und Schmerz,
        Was Recht's in der Welt vollbringen,
10   Und wem sie vorübergingen,
        Dem lachten Sinnen und Herz. –

        Der Erste, der fand ein Liebchen,
        Die Schwieger kauft' Hof und Haus;
        Der wiegte gar bald ein Bübchen,
15   Und sah aus heimlichen Stübchen
        Behaglich in's Feld hinaus.

        Dem zweiten sangen und logen
        Die tausend Stimmen im Grund,
        Verlockend' Sirenen, und zogen
20   Ihn in der buhlenden Wogen
        Farbig klingenden Schlund.

        Und wie er auftaucht vom Schlunde
        Da war er müde und alt,
        Sein Schifflein das lag im Grunde,
25   So still war's rings in die Runde
        Und über die Wasser weht's kalt.

Es singen und klingen die Wellen
Des Frühlings wohl über mir;
Und seh ich so kecke Gesellen,
Die Tränen im Auge mir schwellen – 30
Ach Gott, führ' uns liebreich zu Dir!

(1818)

HEIMWEH

Wer in die Fremde will wandern,
Der muß mit der Liebsten gehn,
Es jubeln und lassen die Andern
Den Fremden alleine stehn. 5

Was wisset Ihr, dunkele Wipfeln,
Von der alten schönen Zeit?
Ach, die Heimat hinter den Gipfeln,
Wie liegt sie von hier so weit.

Am liebsten betracht' ich die Sterne, 10
Die schienen, wenn ich ging zu ihr,
Die Nachtigall hör' ich so gerne,
Sie sang vor der Liebsten Tür.

Der Morgen, das ist meine Freude!
Da steig' ich in stiller Stund' 15
Auf den höchsten Berg in die Weite,
Grüß Dich Deutschland aus Herzensgrund!

(1826)

———

DENKST du des Schlosses noch auf stiller Höh?
Das Horn ruft nächtlich dort, als ob's dich riefe,
Am Abgrund grast das Reh,
Es rauscht der Wald verwirrend aus der Tiefe –

O stille! wecke nicht! es war, als schliefe
Da drunten unnennbares Weh. –

Kennst du den Garten? – Wenn sich Lenz erneut,
Geht dort ein Fräulein auf den kühlen Gängen
Still durch die Einsamkeit
Und weckt den leisen Strom von Zauberklängen,
Als ob die Bäume und die Blumen sängen,
Von der alten schönen Zeit.

Ihr Wipfel und ihr Brunnen, rauscht nur zu!
Wohin du auch in wilder Flucht magst dringen:
Du findest nirgends Ruh!
Erreichen wird dich das geheime Singen,
In dieses Sees wunderbaren Ringen
Gehn wir doch unter, ich und du! –

(um 1833)

---

*Das Gedicht richtet sich an den Bruder des Dichters und
erinnert an die gemeinsame Kindheit auf Schloß Lubowitz
und den nahegelegenen sogenannten »Hasengarten«.*

SEHNSUCHT

Es schienen so golden die Sterne,
Am Fenster ich einsam stand
Und hörte aus weiter Ferne
Ein Posthorn im stillen Land.
Das Herz mir im Leib entbrennte,
Da hab' ich mir heimlich gedacht:
Ach wer da mitreisen könnte
In der prächtigen Sommernacht!

Zwei junge Gesellen gingen
Vorüber am Bergeshang,
Ich hörte im Wandern sie singen
Die stille Gegend entlang:

Von schwindelnden Felsenschlüften,
Wo die Wälder rauschen so sacht,   15
Von Quellen, die von den Klüften
Sich stürzen in die Waldesnacht.

Sie sangen von Marmorbildern,
Von Gärten, die über'm Gestein
In dämmernden Lauben verwildern,   20
Palästen im Mondenschein,
Wo die Mädchen am Fenster lauschen,
Wann der Lauten Klang erwacht
Und die Brunnen verschlafen rauschen
In der prächtigen Sommernacht. –   25

(1834)

WÜNSCHELRUTE

Schläft ein Lied in allen Dingen,
Die da träumen fort und fort,
Und die Welt hebt an zu singen,
Triffst du nur das Zauberwort.   5

(1835)

MONDNACHT

Es war, als hätt' der Himmel
Die Erde still geküßt,
Daß sie im Blüten-Schimmer
Von ihm nun träumen müßt'.   5

Die Luft ging durch die Felder,
Die Ähren wogten sacht,
Es rauschten leis die Wälder,
So sternklar war die Nacht.

10 Und meine Seele spannte
    Weit ihre Flügel aus,
    Flog durch die stillen Lande,
    Als flöge sie nach Haus.

                        (1835)

DER EINSIEDLER

    Komm' Trost der Welt, du stille Nacht!
    Wie steigst du von den Bergen sacht,
    Die Lüfte alle schlafen,
5   Ein Schiffer nur noch, wandermüd,
    Singt über's Meer sein Abendlied
    Zu Gottes Lob im Hafen.

    Die Jahre wie die Wolken gehn
    Und lassen mich hier einsam stehn,
10 Die Welt hat mich vergessen,
    Da tratst du wunderbar zu mir,
    Wenn ich beim Waldesrauschen hier
    Gedankenvoll gesessen.

    O Trost der Welt, du stille Nacht!
15 Der Tag hat mich so müd gemacht,
    Das weite Meer schon dunkelt,
    Laß' ausruhn mich von Lust und Not,
    Bis daß das ew'ge Morgenrot
    Den stillen Wald durchfunkelt.

                        (1837)

DER ALTE GARTEN

    Kaiserkron' und Päonien rot,
    Die müssen verzaubert sein,
    Denn Vater und Mutter sind lange tot,
5   Was blühn sie hier so allein?

Der Springbrunn plaudert noch immerfort
Von der alten schönen Zeit,
Eine Frau sitzt eingeschlafen dort,
Ihre Locken bedecken ihr Kleid.

Sie hat eine Laute in der Hand,   10
Als ob sie im Schlafe spricht,
Mir ist, als hätt' ich sie sonst gekannt –
Still, geh vorbei und weck' sie nicht!

Und wenn es dunkelt das Tal entlang,
Streift sie die Saiten sacht,   15
Da gibt's einen wunderbaren Klang
Durch den Garten die ganze Nacht.

(1839)

FRIEDRICH RÜCKERT
(1788-1866)

CHIDHER

Chidher, der ewig junge, sprach:
Ich fuhr an einer Stadt vorbei,
Ein Mann im Garten Früchte brach;
Ich fragte, seit wann die Stadt hier sei?
Er sprach und pflückte die Früchte fort:
»Die Stadt steht ewig an diesem Ort
Und wird so stehen ewig fort.«
 Und aber nach fünfhundert Jahren
 Kam ich desselbigen Wegs gefahren.

Da fand ich keine Spur der Stadt;
Ein einsamer Schäfer blies die Schalmei,
Die Herde weidete Laub und Blatt;
Ich fragte: »Wie lang' ist die Stadt vorbei?«
Er sprach und blies auf dem Rohre fort:
»Das eine wächst und das andere dorrt;
Das ist mein ewiger Weideort.«
 Und aber nach fünfhundert Jahren
 Kam ich desselbigen Wegs gefahren.

Da fand ich ein Meer, das Wellen schlug,
Ein Schiffer warf die Netze frei;
Und als er ruhte vom schweren Zug,
Fragt' ich, seit wann das Meer hier sei?
Er sprach und lachte meinem Wort:
»So lang' als schäumen die Wellen dort,
Fischt man und fischt man in diesem Port.«
 Und aber nach fünfhundert Jahren
 Kam ich desselbigen Wegs gefahren.

Da fand ich einen waldigen Raum
Und einen Mann in der Siedelei,
Er fällte mit der Axt den Baum;

Ich fragte, wie alt der Wald hier sei?
Er sprach: »Der Wald ist ein ewiger Hort;
Schon ewig wohn' ich an diesem Ort,
Und ewig wachsen die Bäum' hier fort.«   35
    Und aber nach fünfhundert Jahren
    Kam ich desselbigen Wegs gefahren.

Da fand ich eine Stadt, und laut
Erschallte der Markt vom Volksgeschrei.
Ich fragte: »Seit wann ist die Stadt erbaut?
Wohin ist Wald und Meer und Schalmei?«   40
Sie schrien und hörten nicht mein Wort:
»So ging es ewig an diesem Ort
Und wird so gehen ewig fort.«
    Und aber nach fünfhundert Jahren   45
    Will ich desselbigen Weges fahren.

(1824)

---

1 f. *Figur eines durch die Jahrtausende schweifen-
den Wanderers; sie stammt aus einer persischen
Weltgeschichte von 1263.*

WILHELM MÜLLER
(1794-1827)

DER LINDENBAUM

Am Brunnen vor dem Tore
Da steht ein Lindenbaum:
Ich träumt' in seinem Schatten
So manchen süßen Traum.

Ich schnitt in seine Rinde
So manches liebe Wort;
Es zog in Freud' und Leide
Zu ihm mich immer fort.

Ich mußt' auch heute wandern
Vorbei in tiefer Nacht,
Da hab' ich noch im Dunkel
Die Augen zugemacht.

Und seine Zweige rauschten,
Als riefen sie mir zu:
Komm her zu mir, Geselle,
Hier findst du deine Ruh'!

Die kalten Winde bliesen
Mir grad' ins Angesicht;
Der Hut flog mir vom Kopfe,
Ich wendete mich nicht.

Nun bin ich manche Stunde
Entfernt von jenem Ort,
Und immer hör' ich's rauschen:
Du fändest Ruhe dort!

(1822)

AUGUST VON PLATEN
(1796-1835)

DAS GRAB IM BUSENTO

Nächtlich am Busento lispeln, bei Cosenza, dumpfe Lieder,
Aus den Wassern schallt es Antwort, und in Wirbeln klingt es
                                        wider!

Und den Fluß hinauf, hinunter ziehn die Schatten tapfrer
                                        Goten,
Die den Alarich beweinen, ihres Volkes besten Toten.   5

Allzufrüh und fern der Heimat mußten hier sie ihn begraben,
Während noch die Jugendlocken seine Schulter blond
                                        umgaben.

Und am Ufer des Busento reihten sie sich um die Wette,
Um die Strömung abzuleiten, gruben sie ein frisches Bette.

In der wogenleeren Höhlung wühlten sie empor die Erde,   10
Senkten tief hinein den Leichnam, mit der Rüstung, auf dem
                                        Pferde.

Deckten dann mit Erde wieder ihn und seine stolze Habe,
Daß die hohen Stromgewächse wüchsen aus dem
                                        Heldengrabe.

Abgelenkt zum zweitenmale, ward der Fluß herbeigezogen:
Mächtig in ihr altes Bette schäumten die Busentowogen.   15

Und es sang ein Chor von Männern: »Schlaf in deinen
                                        Heldenehren!
Keines Römers schnöde Habsucht soll dir je dein Grab
                                        versehren!«

Sangen's, und die Lobgesänge tönten fort im
                                        Gotenheere;
Wälze sie, Busentowelle, wälze sie von Meer zu Meere!

                                        (1820)

TRISTAN

Wer die Schönheit angeschaut mit Augen,
Ist dem Tode schon anheimgegeben,
Wird für keinen Dienst auf Erden taugen,
Und doch wird er vor dem Tode beben,
Wer die Schönheit angeschaut mit Augen!

Ewig währt für ihn der Schmerz der Liebe,
Denn ein Tor nur kann auf Erden hoffen,
Zu genügen einem solchen Triebe:
Wen der Pfeil des Schönen je getroffen,
Ewig währt für ihn der Schmerz der Liebe!

Ach, er möchte wie ein Quell versiechen,
Jedem Hauch der Luft ein Gift entsaugen
Und den Tod aus jeder Blume riechen:
Wer die Schönheit angeschaut mit Augen,
Ach, er möchte wie ein Quell versiechen!

(1825)

———

Wer wußte je das Leben recht zu fassen,
Wer hat die Hälfte nicht davon verloren
Im Traum, im Fieber, im Gespräch mit Toren,
In Liebesqual, im leeren Zeitverprassen?

Ja, der sogar, der, ruhig und gelassen,
Mit dem Bewußtsein, was er soll, geboren,
Frühzeitig einen Lebensgang erkoren,
Muß vor des Lebens Widerspruch erblassen.

Denn jeder hofft doch, daß das Glück ihm lache,
Allein das Glück, wenn's wirklich kommt, ertragen,
Ist keines Menschen, wäre Gottes Sache.

Auch kommt es nie, wir wünschen bloß und wagen:
Dem Schläfer fällt es nimmermehr vom Dache,
Und auch der Läufer wird es nicht erjagen.

(1825)

HEINRICH HEINE
(1797-1856)

DIE GRENADIERE

Nach Frankreich zogen zwei Grenadier,
Die waren in Rußland gefangen.
Und als sie kamen ins deutsche Quartier,
Sie ließen die Köpfe hangen.

Da hörten sie beide die traurige Mär:
Daß Frankreich verloren gegangen,
Besiegt und zerschlagen das große Heer –
Und der Kaiser, der Kaiser gefangen.

Da weinten zusammen die Grenadier
Wohl ob der kläglichen Kunde.
Der eine sprach: Wie weh wird mir,
Wie brennt meine alte Wunde!

Der andre sprach: Das Lied ist aus,
Auch ich möcht mit dir sterben,
Doch hab ich Weib und Kind zu Haus,
Die ohne mich verderben.

Was schert mich Weib, was schert mich Kind,
Ich trage weit beßres Verlangen;
Laß sie betteln gehn, wenn sie hungrig sind –
Mein Kaiser, mein Kaiser gefangen!

Gewähr mir, Bruder, eine Bitt:
Wenn ich jetzt sterben werde,
So nimm meine Leiche nach Frankreich mit,
Begrab mich in Frankreichs Erde.

Das Ehrenkreuz am roten Band
Sollst du aufs Herz mir legen;
Die Flinte gib mir in die Hand,
Und gürt mir um den Degen.

So will ich liegen und horchen still, 30
Wie eine Schildwach, im Grabe,
Bis einst ich höre Kanonengebrüll
Und wiehernder Rosse Getrabe.

Dann reitet mein Kaiser wohl über mein Grab,
Viel Schwerter klirren und blitzen; 35
Dann steig ich gewaffnet hervor aus dem Grab —
Den Kaiser, den Kaiser zu schützen.

(vor 1820)

BELSATZAR

Die Mitternacht zog näher schon;
In stummer Ruh lag Babylon.

Nur oben in des Königs Schloß,
Da flackerts, da lärmt des Königs Troß. 5

Dort oben in dem Königssaal
Belsatzar hielt sein Königsmahl.

Die Knechte saßen in schimmernden Reihn,
Und leerten die Becher mit funkelndem Wein.

Es klirrten die Becher, es jauchzten die Knecht; 10
So klang es dem störrigen Könige recht.

Des Königs Wangen leuchten Glut;
Im Wein erwuchs ihm kecker Mut.

Und blindlings reißt der Mut ihn fort;
Und er lästert die Gottheit mit sündigem Wort. 15

Und er brüstet sich frech, und lästert wild;
Die Knechtenschar ihm Beifall brüllt.

Der König rief mit stolzem Blick;
Der Diener eilt und kehrt zurück.

20   Er trug viel gülden Gerät auf dem Haupt;
Das war aus dem Tempel Jehovahs geraubt.

Und der König ergriff mit frevler Hand
Einen heiligen Becher, gefüllt bis am Rand.

Und er leert ihn hastig bis auf den Grund,
25   Und rufet laut mit schäumendem Mund:

Jehovah! dir künd ich auf ewig Hohn –
Ich bin der König von Babylon!

Doch kaum das grause Wort verklang,
Dem König wards heimlich im Busen bang.

30   Das gellende Lachen verstummte zumal;
Es wurde leichenstill im Saal.

Und sieh! und sieh! an weißer Wand
Da kams hervor wie Menschenhand;

Und schrieb, und schrieb an weißer Wand
35   Buchstaben von Feuer, und schrieb und schwand.

Der König stieren Blicks da saß,
Mit schlotternden Knien und totenblaß.

Die Knechtenschar saß kalt durchgraut,
Und saß gar still, gab keinen Laut.

40   Die Magier kamen, doch keiner verstand
Zu deuten die Flammenschrift an der Wand.

Belsatzar ward aber in selbiger Nacht
Von seinen Knechten umgebracht.

(um 1820)

ICH will meine Seele tauchen
In den Kelch der Lilie hinein;
Die Lilie soll klingend hauchen
Ein Lied von der Liebsten mein.

Das Lied soll schauern und beben   5
Wie der Kuß von ihrem Mund,
Den sie mir einst gegeben
In wunderbar süßer Stund.

(1823)

SIE saßen und tranken am Teetisch,
Und sprachen von Liebe viel.
Die Herren die waren ästhetisch,
Die Damen von zartem Gefühl.

Die Liebe muß sein platonisch,   5
Der dürre Hofrat sprach.
Die Hofrätin lächelt ironisch,
Und dennoch seufzet sie: Ach!

Der Domherr öffnet den Mund weit:
Die Liebe sei nicht zu roh,   10
Sie schadet sonst der Gesundheit,
Das Fräulein lispelt: Wie so?

Die Gräfin spricht wehmütig:
Die Liebe ist eine Passion!
Und präsentieret gütig   15
Die Tasse dem Herren Baron.

Am Tische war noch ein Plätzchen;
Mein Liebchen, da hast du gefehlt.
Du hättest so hübsch, mein Schätzchen,
Von deiner Liebe erzählt.   20

(1823)

ICH weiß nicht was soll es bedeuten,
Daß ich so traurig bin;
Ein Märchen aus alten Zeiten,
Das kommt mir nicht aus dem Sinn.

Die Luft ist kühl und es dunkelt,
Und ruhig fließt der Rhein;
Der Gipfel des Berges funkelt
Im Abendsonnenschein.

Die schönste Jungfrau sitzet
Dort oben wunderbar;
Ihr goldnes Geschmeide blitzet,
Sie kämmt ihr goldenes Haar.

Sie kämmt es mit goldenem Kamme
Und singt ein Lied dabei;
Das hat eine wundersame,
Gewaltige Melodei.

Den Schiffer im kleinen Schiffe
Ergreift es mit wildem Weh;
Er schaut nicht die Felsenriffe,
Er schaut nur hinauf in die Höh.

Ich glaube, die Wellen verschlingen
Am Ende Schiffer und Kahn;
Und das hat mit ihrem Singen
Die Lore-Ley getan.

(1823/24)

WIR saßen am Fischerhause,
Und schauten nach der See;
Die Abendnebel kamen,
Und stiegen in die Höh.

Im Leuchtturm wurden die Lichter   5
Allmählig angesteckt,
Und in der weiten Ferne
Ward noch ein Schiff entdeckt.

Wir sprachen von Sturm und Schiffbruch,
Vom Seemann, und wie er lebt   10
Und zwischen Himmel und Wasser,
Und Angst und Freude schwebt.

Wir sprachen von fernen Küsten,
Vom Süden und vom Nord,
Und von den seltsamen Völkern   15
Und seltsamen Sitten dort.

Am Ganges duftets und leuchtets,
Und Riesenbäume blühn,
Und schöne, stille Menschen
Vor Lotosblumen knien.   20

In Lappland sind schmutzige Leute,
Plattköpfig, breitmäulig und klein;
Sie kauern ums Feuer, und backen
Sich Fische, und quäken und schrein.

Die Mädchen horchten ernsthaft,   25
Und endlich sprach niemand mehr;
Das Schiff war nicht mehr sichtbar,
Es dunkelte gar zu sehr.

(1824)

UND als ich euch meine Schmerzen geklagt,
Da habt ihr gegähnt und nichts gesagt;
Doch als ich sie zierlich in Verse gebracht,
Da habt ihr mir große Elogen gemacht.

(1824)

DONNA CLARA

In dem abendlichen Garten
Wandelt des Alkaden Tochter;
Pauken- und Trommetenjubel
Klingt herunter von dem Schlosse.

»Lästig werden mir die Tänze
Und die süßen Schmeichelworte,
Und die Ritter, die so zierlich
Mich vergleichen mit der Sonne.

Überlästig wird mir alles,
Seit ich sah, beim Strahl des Mondes,
Jenen Ritter, dessen Laute
Nächtens mich ans Fenster lockte.

Wie er stand so schlank und mutig,
Und die Augen leuchtend schossen
Aus dem edelblassen Antlitz,
Glich er wahrlich Sankt Georgen.«

Also dachte Donna Clara,
Und sie schaute auf den Boden;
Wie sie aufblickt, steht der schöne,
Unbekannte Ritter vor ihr.

Händedrückend, liebeflüsternd
Wandeln sie umher im Mondschein,
Und der Zephir schmeichelt freundlich,
Märchenartig grüßen Rosen.

Märchenartig grüßen Rosen,
Und sie glühn wie Liebesboten. –
Aber sage mir, Geliebte,
Warum du so plötzlich rot wirst?

»Mücken stachen mich, Geliebter,   30
Und die Mücken sind, im Sommer,
Mir so tief verhaßt, als wärens
Langenasge Judenrotten.«

Laß die Mücken und die Juden,
Spricht der Ritter freundlich kosend.   35
Von den Mandelbäumen fallen
Tausend weiße Blütenflocken.

Tausend weiße Blütenflocken
Haben ihren Duft ergossen. –
Aber sage mir, Geliebte,   40
Ist dein Herz mir ganz gewogen?

»Ja, ich liebe dich, Geliebter,
Bei dem Heiland seis geschworen,
Den die gottverfluchten Juden
Boshaft tückisch einst ermordet.«   45

Laß den Heiland und die Juden,
Spricht der Ritter, freundlich kosend.
In der Ferne schwanken traumhaft
Weiße Liljen, lichtumflossen.

Weiße Liljen, lichtumflossen,   50
Blicken nach den Sternen droben. –
Aber sage mir, Geliebte,
Hast du auch nicht falsch geschworen?

»Falsch ist nicht in mir, Geliebter,
Wie in meiner Brust kein Tropfen   55
Blut ist von dem Blut der Mohren
Und des schmutzgen Judenvolkes.«

Laß die Mohren und die Juden,
Spricht der Ritter, freundlich kosend;
Und nach einer Myrtenlaube
Führt er die Alkadentochter.

Mit den weichen Liebesnetzen
Hat er heimlich sie umflochten;
Kurze Worte, lange Küsse,
Und die Herzen überflossen.

Wie ein schmelzend süßes Brautlied
Singt die Nachtigall, die holde;
Wie zum Fackeltanze hüpfen
Feuerwürmchen auf dem Boden.

In der Laube wird es stiller,
Und man hört nur, wie verstohlen,
Das Geflüster kluger Myrten
Und der Blumen Atemholen.

Aber Pauken und Trommeten
Schallen plötzlich aus dem Schlosse,
Und erwachend hat sich Clara
Aus des Ritters Arm gezogen.

»Horch! da ruft es mich, Geliebter;
Doch, bevor wir scheiden, sollst du
Nennen deinen lieben Namen,
Den du mir so lang verborgen.«

Und der Ritter, heiter lächelnd,
Küßt die Finger seiner Donna,
Küßt die Lippen und die Stirne,
Und er spricht zuletzt die Worte:

Ich, Sennora, Eur Geliebter,
Bin der Sohn des vielbelobten,
Großen, schriftgelehrten Rabbi
Israel von Saragossa.

(1824)

DAS Fräulein stand am Meere
Und seufzte lang und bang,
Es rührte sie so sehre
Der Sonnenuntergang.

Mein Fräulein! sein Sie munter,   5
Das ist ein altes Stück;
Hier vorne geht sie unter
Und kehrt von hinten zurück.

(1832)

ANNO 1839

O, Deutschland, meine ferne Liebe,
Gedenk ich deiner, wein ich fast!
Das muntre Frankreich scheint mir trübe,
Das leichte Volk wird mir zur Last.   5

Nur der Verstand, so kalt und trocken,
Herrscht in dem witzigen Paris –
O, Narrheitsglöcklein, Glaubensglocken,
Wie klingelt ihr daheim so süß!

Höfliche Männer! Doch verdrossen   10
Geb ich den artgen Gruß zurück. –
Die Grobheit, die ich einst genossen
Im Vaterland, das war mein Glück!

Lächelnde Weiber! Plappern immer,
Wie Mühlenräder stets bewegt!   15
Da lob ich Deutschlands Frauenzimmer,
Das schweigend sich zu Bette legt.

Und alles dreht sich hier im Kreise,
Mit Ungestüm, wie 'n toller Traum!
Bei uns bleibt alles hübsch im Gleise,   20
Wie angenagelt, rührt sich kaum.

Mir ist, als hört ich fern erklingen
Nachtwächterhörner, sanft und traut;
Nachtwächterlieder hör ich singen,
25   Dazwischen Nachtigallenlaut.

Dem Dichter war so wohl daheime,
In Schildas teurem Eichenhain!
Dort wob ich meine zarten Reime
Aus Veilchenduft und Mondenschein.

(1839)

NACHTGEDANKEN

Denk ich an Deutschland in der Nacht,
Dann bin ich um den Schlaf gebracht,
Ich kann nicht mehr die Augen schließen,
5   Und meine heißen Tränen fließen.

Die Jahre kommen und vergehn!
Seit ich die Mutter nicht gesehn,
Zwölf Jahre sind schon hingegangen;
Es wächst mein Sehnen und Verlangen.

10   Mein Sehnen und Verlangen wächst.
Die alte Frau hat mich behext,
Ich denke immer an die alte,
Die alte Frau, die Gott erhalte!

Die alte Frau hat mich so lieb,
15   Und in den Briefen, die sie schrieb,
Seh ich, wie ihre Hand gezittert,
Wie tief das Mutterherz erschüttert.

Die Mutter liegt mir stets im Sinn.
Zwölf Jahre flossen hin,
20   Zwölf lange Jahre sind verflossen,
Seit ich sie nicht ans Herz geschlossen.

Deutschland hat ewigen Bestand,
Es ist ein kerngesundes Land,
Mit seinen Eichen, seinen Linden
Werd ich es immer wiederfinden.   25

Nach Deutschland lechzt ich nicht so sehr,
Wenn nicht die Mutter dorten wär;
Das Vaterland wird nie verderben,
Jedoch die alte Frau kann sterben.

Seit ich das Land verlassen hab,   30
So viele sanken dort ins Grab,
Die ich geliebt – wenn ich sie zähle,
So will verbluten meine Seele.

Und zählen muß ich – Mit der Zahl
Schwillt immer höher meine Qual,   35
Mir ist, als wälzten sich die Leichen
Auf meine Brust – Gottlob! Sie weichen!

Gottlob! Durch meine Fenster bricht
Französisch heitres Tageslicht;
Es kommt mein Weib, schön wie der Morgen,   40
Und lächelt fort die deutschen Sorgen.

(1843)

8, 19 f. *Heine hielt sich seit 1831 im Pariser Exil
auf.*

DIE SCHLESISCHEN WEBER

Im düstern Auge keine Träne,
Sie sitzen am Webstuhl und fletschen die Zähne:
Deutschland, wir weben dein Leichentuch,
Wir weben hinein den dreifachen Fluch –
    Wir weben, wir weben!   5

Ein Fluch dem Gotte, zu dem wir gebeten
In Winterskälte und Hungersnöten;
Wir haben vergebens gehofft und geharrt,
Er hat uns geäfft und gefoppt und genarrt –
    Wir weben, wir weben!

Ein Fluch dem König, dem König der Reichen,
Den unser Elend nicht konnte erweichen,
Der den letzten Groschen von uns erpreßt
Und uns wie Hunde erschießen läßt –
    Wir weben, wir weben!

Ein Fluch dem falschen Vaterlande,
Wo nur gedeihen Schmach und Schande,
Wo jede Blume früh geknickt,
Wo Fäulnis und Moder den Wurm erquickt –
    Wir weben, wir weben!

Das Schiffchen fliegt, der Webstuhl kracht,
Wir weben emsig Tag und Nacht –
Altdeutschland, wir weben dein Leichentuch,
Wir weben hinein den dreifachen Fluch,
    Wir weben, wir weben!

(1844)

---

*Der Aufstand der schlesischen Weber 1844 gegen Fa-
brikherren und Maschinen wurde von preußischem Mi-
litär niedergeschlagen.*

DER ASRA

Täglich ging die wunderschöne
Sultanstochter auf und nieder
Um die Abendzeit am Springbrunn,
Wo die weißen Wasser plätschern.

Täglich stand der junge Sklave
Um die Abendzeit am Springbrunn,
Wo die weißen Wasser plätschern;
Täglich ward er bleich und bleicher.

Eines Abends trat die Fürstin   10
Auf ihn zu mit raschen Worten:
Deinen Namen will ich wissen,
Deine Heimat, deine Sippschaft!

Und der Sklave sprach: Ich heiße
Mohamet, ich bin aus Yemmen,   15
Und mein Stamm sind jene Asra,
Welche sterben, wenn sie lieben.

(1846)

WIE langsam kriechet sie dahin,
Die Zeit, die schauderhafte Schnecke!
Ich aber, ganz bewegungslos
Blieb ich hier auf demselben Flecke.

In meine dunkle Zelle dringt   5
Kein Sonnenstrahl, kein Hoffnungsschimmer,
Ich weiß, nur mit der Kirchhofsgruft
Vertausch ich dies fatale Zimmer.

Vielleicht bin ich gestorben längst;
Es sind vielleicht nur Spukgestalten   10
Die Phantasien, die des Nachts
Im Hirn den bunten Umzug halten.

Es mögen wohl Gespenster sein,
Altheidnisch göttlichen Gelichters;
Sie wählen gern zum Tummelplatz   15
Den Schädel eines toten Dichters. —

Die schaurig süßen Orgia,
Das nächtlich tolle Geistertreiben,
Sucht des Poeten Leichenhand
20 Manchmal am Morgen aufzuschreiben.

(1854)

Der schwerkranke Heine verbrachte seine letzten Lebensjahre in der von ihm so genannten »Matratzengruft«.

DIE WANDERRATTEN

Es gibt zwei Sorten Ratten:
Die hungrigen und satten.
Die satten bleiben vergnügt zu Haus,
5 Die hungrigen aber wandern aus.

Sie wandern viel tausend Meilen,
Ganz ohne Rasten und Weilen,
Gradaus in ihrem grimmigen Lauf,
Nicht Wind noch Wetter hält sie auf.

10 Sie klimmen wohl über die Höhen,
Sie schwimmen wohl durch die Seen;
Gar manche ersäuft oder bricht das Genick,
Die lebenden lassen die toten zurück.

Es haben diese Käuze
15 Gar fürchterliche Schnäuze;
Sie tragen die Köpfe geschoren egal,
Ganz radikal, ganz rattenkahl.

Die radikale Rotte
Weiß nichts von einem Gotte.
20 Sie lassen nicht taufen ihre Brut,
Die Weiber sind Gemeindegut.

Der sinnliche Rattenhaufen,
Er will nur fressen und saufen,
Er denkt nicht, während er säuft und frißt,
Daß unsre Seele unsterblich ist.   25

So eine wilde Ratze,
Die fürchtet nicht Hölle, nicht Katze;
Sie hat kein Gut, sie hat kein Geld
Und wünscht aufs neue zu teilen die Welt.

Die Wanderratten, o wehe!   30
Sie sind schon in der Nähe.
Sie rücken heran, ich höre schon
Ihr Pfeifen – die Zahl ist Legion.

O wehe! wir sind verloren,
Sie sind schon vor den Toren!   35
Der Bürgermeister und Senat,
Sie schütteln die Köpfe, und keiner weiß Rat.

Die Bürgerschaft greift zu den Waffen,
Die Glocken läuten die Pfaffen.
Gefährdet ist das Palladium   40
Des sittlichen Staats, das Eigentum.

Nicht Glockengeläute, nicht Pfaffengebete,
Nicht hochwohlweise Senatsdekrete,
Auch nicht Kanonen, viel Hundertpfünder,
Sie helfen Euch heute, Ihr lieben Kinder!   45

Heut helfen Euch nicht die Wortgespinste
Der abgelebten Redekünste.
Man fängt nicht Ratten mit Syllogismen,
Sie springen über die feinsten Sophismen.

Im hungrigen Magen Eingang finden   50
Nur Suppenlogik mit Knödelgründen,
Nur Argumente von Rinderbraten,
Begleitet mit Göttinger Wurst-Zitaten.

Ein schweigender Stockfisch, in Butter gesotten,
Behaget den radikalen Rotten
Viel besser als ein Mirabeau
Und alle Redner seit Cicero.

(um 1854)

Heines Auseinandersetzung mit dem Kommunismus.

ANNETTE VON DROSTE-HÜLSHOFF
(1797-1848)

DAS SPIEGELBILD

Schaust du mich an aus dem Kristall
Mit deiner Augen Nebelball,
Kometen gleich, die im Verbleichen;
Mit Zügen, worin wunderlich   5
Zwei Seelen wie Spione sich
Umschleichen, ja, dann flüstre ich:
Phantom, du bist nicht meinesgleichen!

Bist nur entschlüpft der Träume Hut,
Zu eisen mir das warme Blut,   10
Die dunkle Locke mir zu blassen;
Und dennoch, dämmerndes Gesicht,
Drin seltsam spielt ein Doppellicht,
Trätest du vor, ich weiß es nicht,
Würd ich dich lieben oder hassen?   15

Zu deiner Stirne Herrscherthron,
Wo die Gedanken leisten Fron
Wie Knechte, würd ich schüchtern blicken;
Doch von des Auges kaltem Glast,
Voll toten Lichts, gebrochen fast,   20
Gespenstig, würd, ein scheuer Gast,
Weit, weit ich meinen Schemel rücken.

Und was den Mund umspielt so lind,
So weich und hülflos wie ein Kind,
Das möcht in treue Hut ich bergen;   25
Und wieder, wenn er höhnend spielt,
Wie von gespanntem Bogen zielt,
Wenn leis es durch die Züge wühlt,
Dann möcht ich fliehen wie vor Schergen.

30   Es ist gewiß, du bist nicht Ich,
Ein fremdes Dasein, dem ich mich
Wie Moses nahe, unbeschuhet,
Voll Kräfte, die mir nicht bewußt,
Voll fremden Leides, fremder Lust;
35   Gnade mir Gott, wenn in der Brust
Mir schlummernd deine Seele ruhet!

Und dennoch fühl ich, wie verwandt,
Zu deinen Schauern mich gebannt,
Und Liebe muß der Furcht sich einen.
40   Ja, trätest aus Kristalles Rund,
Phantom, du lebend auf den Grund,
Nur leise zittern würd ich, und
Mich dünkt — ich würde um dich weinen!

(1842)

AM TURME

Ich steh auf hohem Balkone am Turm,
Umstrichen vom schreienden Stare,
Und laß gleich einer Mänade den Sturm
5   Mir wühlen im flatternden Haare;
O wilder Geselle, o toller Fant,
Ich möchte dich kräftig umschlingen,
Und, Sehne an Sehne, zwei Schritte vom Rand
Auf Tod und Leben dann ringen!

10   Und drunten seh ich am Strand, so frisch
Wie spielende Doggen, die Wellen
Sich tummeln rings mit Geklaff und Gezisch
Und glänzende Flocken schnellen.
O, springen möcht ich hinein alsbald,
15   Recht in die tobende Meute,
Und jagen durch den korallenen Wald
Das Walroß, die lustige Beute!

Und drüben seh ich ein Wimpel wehn
So keck wie eine Standarte,
Seh auf und nieder den Kiel sich drehn   20
Von meiner luftigen Warte;
O, sitzen möcht ich im kämpfenden Schiff,
Das Steuerruder ergreifen
Und zischend über das brandende Riff
Wie eine Seemöwe streifen.   25

Wär ich ein Jäger auf freier Flur,
Ein Stück nur von einem Soldaten,
Wär ich ein Mann doch mindestens nur,
So würde der Himmel mir raten;
Nun muß ich sitzen so fein und klar,   30
Gleich einem artigen Kinde,
Und darf nur heimlich lösen mein Haar
Und lassen es flattern im Winde!

(*1842*)

IM GRASE

Süße Ruh, süßer Taumel im Gras,
Von des Krautes Arome umhaucht,
Tiefe Flut, tief tief trunkne Flut,
Wenn die Wolk am Azure verraucht,   5
Wenn aufs müde, schwimmende Haupt
Süßes Lachen gaukelt herab,
Liebe Stimme säuselt und träuft
Wie die Lindenblüt auf ein Grab.

Wenn im Busen die Toten dann,   10
Jede Leiche sich streckt und regt,
Leise, leise den Odem zieht,
Die geschloßne Wimper bewegt,
Tote Lieb, tote Lust, tote Zeit,
All die Schätze, im Schutt verwühlt,   15
Sich berühren mit schüchternem Klang
Gleich den Glöckchen, vom Winde umspielt.

Stunden, flüchtger ihr als der Kuß
Eines Strahls auf den trauernden See,
Als des ziehenden Vogels Lied,
Das mir nieder perlt aus der Höh,
Als des schillernden Käfers Blitz,
Wenn den Sonnenpfad er durcheilt,
Als der heiße Druck einer Hand,
Die zum letzten Male verweilt.

Dennoch, Himmel, immer mir nur
Dieses eine mir: für das Lied
Jedes freien Vogels im Blau
Eine Seele, die mit ihm zieht,
Nur für jeden kärglichen Strahl
Meinen farbig schillernden Saum,
Jeder warmen Hand meinen Druck,
Und für jedes Glück meinen Traum.

(1844)

AUGUST HEINRICH HOFFMANN
VON FALLERSLEBEN
(1798-1874)

DAS LIED DER DEUTSCHEN
Helgoland 26. August 1841

Deutschland, Deutschland über alles,
Über alles in der Welt,
Wenn es stets zu Schutz und Trutze   5
Brüderlich zusammenhält,
Von der Maas bis an die Memel,
Von der Etsch bis an den Belt –
Deutschland, Deutschland über alles,
Über alles in der Welt!   10

Deutsche Frauen, deutsche Treue,
Deutscher Wein und deutscher Sang
Sollen in der Welt behalten
Ihren alten schönen Klang,
Uns zu edler Tat begeistern   15
Unser ganzes Leben lang –
Deutsche Frauen, deutsche Treue,
Deutscher Wein und deutscher Sang!

Einigkeit und Recht und Freiheit
Für das deutsche Vaterland!   20
Danach laßt uns alle streben
Brüderlich mit Herz und Hand!
Einigkeit und Recht und Freiheit
Sind des Glückes Unterpfand –
Blüh im Glanze dieses Glückes,   25
Blühe, deutsches Vaterland!

(1841)

DAS LIED VOM DEUTSCHEN PHILISTER

Der deutsche Philister, das bleibet der Mann,
Auf den die Regierung vertrauen noch kann,
Der passet zu ihren Beglückungsideen,
Der läßt mit sich alles gutwillig geschehn.
Ju vivallera, ju vivallera, ju vivalle ralle ralle ra!

Befohlenermaßen ist stets er bereit,
Zu stören, zu hemmen den Fortschritt der Zeit,
Zu hassen ein jegliches freie Gemüt
Und alles, was lebet, was grünet und blüht.

Sprich, deutsche Geschichte, bericht' es der Welt,
Wer war doch dein größter, berühmtester Held?
Der deutsche Philister, der deutscheste Mann,
Der alles verdirbt, was man Gutes begann.

Was schön und erhaben, was wahr ist und recht,
Das kann er nicht leiden, das findet er schlecht.
So ganz wie er selbst ist, so kläglich, gemein,
Hausbacken und ledern soll alles auch sein.

Solang der Philister regieret das Land,
Ist jeglicher Fortschritt daraus wie verbannt:
Denn dieses erbärmliche feige Geschlecht,
Das kennet nicht Ehre, nicht Tugend und Recht.

Du Sklav' der Gewohnheit, du Knecht der Gewalt,
O käme dein Simson, o käm' er doch bald!
Du deutscher Philister, du gräßlichste Qual,
O holte der Teufel dich endlich einmal!

Doch leider hat Belzebub keinen Geschmack
An unsern Philistern, dem lumpigen Pack,
Und wollten sie selber hinein in sein Haus,
So schmiss' er die Kerle zum Tempel hinaus.

(1843)

EDUARD MÖRIKE
(1804-1875)

DER FEUERREITER

Sehet ihr am Fensterlein
Dort die rote Mütze wieder?
Nicht geheuer muß es sein,
Denn er geht schon auf und nieder.   5
Und auf einmal welch Gewühle
Bei der Brücke, nach dem Feld!
Horch! das Feuerglöcklein gellt:
   Hinterm Berg,
    Hinterm Berg   10
Brennt es in der Mühle!

Schaut! da sprengt er wütend schier
Durch das Tor, der Feuerreiter,
Auf dem rippendürren Tier,
Als auf einer Feuerleiter!   15
Querfeldein! Durch Qualm und Schwüle
Rennt er schon, und ist am Ort!
Drüben schallt es fort und fort:
   Hinterm Berg,
    Hinterm Berg   20
Brennt es in der Mühle!

Der so oft den roten Hahn
Meilenweit von fern gerochen,
Mit des heilgen Kreuzes Span
Freventlich die Glut besprochen –   25
Weh! dir grinst vom Dachgestühle
Dort der Feind im Höllenschein.
Gnade Gott der Seele dein!
   Hinterm Berg,
    Hinterm Berg   30
Ras't er in die Mühle!

Keine Stunde hielt es an,
Bis die Mühle borst in Trümmer;
Doch den kecken Reitersmann
35 Sah man von der Stunde nimmer.
Volk und Wagen im Gewühle
Kehren heim von all dem Graus;
Auch das Glöcklein klinget aus:
    Hinterm Berg,
40   Hinterm Berg
Brennts! –

Nach der Zeit ein Müller fand
Ein Gerippe samt der Mützen
Aufrecht an der Kellerwand
45 Auf der beinern Mähre sitzen:
Feuerreiter, wie so kühle
Reitest du in deinem Grab!
Husch! da fällts in Asche ab.
    Ruhe wohl,
50   Ruhe wohl
Drunten in der Mühle!

(1824)

AN EINEM WINTERMORGEN, VOR SONNENAUFGANG

O flaumenleichte Zeit der dunkeln Frühe!
Welch neue Welt bewegest du in mir?
Was ists, daß ich auf einmal nun in dir
5 Von sanfter Wollust meines Daseins glühe?

Einem Kristall gleicht meine Seele nun,
Den noch kein falscher Strahl des Lichts getroffen;
Zu fluten scheint mein Geist, er scheint zu ruhn,
Dem Eindruck naher Wunderkräfte offen,
10 Die aus dem klaren Gürtel blauer Luft
Zuletzt ein Zauberwort vor meine Sinne ruft.

Bei hellen Augen glaub ich doch zu schwanken;
Ich schließe sie, daß nicht der Traum entweiche.
Seh ich hinab in lichte Feenreiche?
Wer hat den bunten Schwarm von Bildern und Gedanken   15
Zur Pforte meines Herzens hergeladen,
Die glänzend sich in diesem Busen baden,
Goldfarbgen Fischlein gleich im Gartenteiche?

Ich höre bald der Hirtenflöten Klänge,
Wie um die Krippe jener Wundernacht,   20
Bald weinbekränzter Jugend Lustgesänge;
Wer hat das friedenselige Gedränge
In meine traurigen Wände hergebracht?

Und welch Gefühl entzückter Stärke,
Indem mein Sinn sich frisch zur Ferne lenkt!   25
Vom ersten Mark des heutgen Tags getränkt,
Fühl ich mir Mut zu jedem frommen Werke.
Die Seele fliegt, so weit der Himmel reicht,
Der Genius jauchzt in mir! Doch sage,
Warum wird jetzt der Blick von Wehmut feucht?   30
Ists ein verloren Glück, was mich erweicht?
Ist es ein werdendes, was ich im Herzen trage?
– Hinweg, mein Geist! hier gilt kein Stillestehn:
Es ist ein Augenblick, und Alles wird verwehn!

Dort, sieh, am Horizont lüpft sich der Vorhang schon! 35
Es träumt der Tag, nun sei die Nacht entflohn;
Die Purpurlippe, die geschlossen lag,
Haucht, halbgeöffnet, süße Atemzüge:
Auf einmal blitzt das Aug, und, wie ein Gott, der Tag
Beginnt im Sprung die königlichen Flüge!   40

(1825)

19f. *Hinweis auf Christi Geburt.*   21 *Hinweis auf die Anhänger*
des Gottes Dionysos.

SEPTEMBERMORGEN

Im Nebel ruhet noch die Welt,
Noch träumen Wald und Wiesen:
Bald siehst du, wenn der Schleier fällt,
Den blauen Himmel unverstellt,
Herbstkräftig die gedämpfte Welt
In warmem Golde fließen.

(1827)

UM MITTERNACHT

Gelassen stieg die Nacht ans Land,
Lehnt träumend an der Berge Wand,
Ihr Auge sieht die goldne Waage nun
Der Zeit in gleichen Schalen stille ruhn;
   Und kecker rauschen die Quellen hervor,
   Sie singen der Mutter, der Nacht, ins Ohr
     Vom Tage,
   Vom heute gewesenen Tage.

Das uralt alte Schlummerlied,
Sie achtets nicht, sie ist es müd;
Ihr klingt des Himmels Bläue süßer noch,
Der flüchtgen Stunden gleichgeschwungnes Joch.
   Doch immer behalten die Quellen das Wort,
   Es singen die Wasser im Schlafe noch fort
     Vom Tage,
   Vom heute gewesenen Tage.

(1827)

IM FRÜHLING

Hier lieg ich auf dem Frühlingshügel:
Die Wolke wird mein Flügel,
Ein Vogel fliegt mir voraus.
Ach, sag mir, all-einzige Liebe,
Wo *du* bleibst, daß ich bei dir bliebe!   5
Doch du und die Lüfte, ihr habt kein Haus.

Der Sonnenblume gleich steht mein Gemüte offen,
Sehnend,
Sich dehnend
In Lieben und Hoffen.   10
Frühling, was bist du gewillt?
Wann werd ich gestillt?

Die Wolke seh ich wandeln und den Fluß,
Es dringt der Sonne goldner Kuß   15
Mir tief bis ins Geblüt hinein;
Die Augen, wunderbar berauschet,
Tun, als schliefen sie ein,
Nur noch das Ohr dem Ton der Biene lauschet.
Ich denke dies und denke das,   20
Ich sehne mich, und weiß nicht recht, nach was:
Halb ist es Lust, halb ist es Klage;
Mein Herz, o sage,
Was webst du für Erinnerung
In golden grüner Zweige Dämmerung?   25
– Alte unnennbare Tage!

(1828)

ER ISTS

Frühling läßt sein blaues Band
Wieder flattern durch die Lüfte;
Süße, wohlbekannte Düfte

5 Streifen ahnungsvoll das Land.
   Veilchen träumen schon,
   Wollen balde kommen.
   – Horch, von fern ein leiser Harfenton!
   Frühling, ja du bists!
10 Dich hab ich vernommen!

                                          (1829)

GESANG WEYLAS

   Du bist Orplid, mein Land!
   Das ferne leuchtet;
   Vom Meere dampfet dein besonnter Strand
5 Den Nebel, so der Götter Wange feuchtet.

   Uralte Wasser steigen
   Verjüngt um deine Hüften, Kind!
   Vor deiner Gottheit beugen
   Sich Könige, die deine Wärter sind.

                                          (vor 1832)

VERBORGENHEIT

   Laß, o Welt, o laß mich sein!
   Locket nicht mit Liebesgaben,
   Laßt dies Herz alleine haben
5 Seine Wonne, seine Pein!

   Was ich traure weiß ich nicht,
   Es ist unbekanntes Wehe;
   Immerdar durch Tränen sehe
   Ich der Sonne liebes Licht.

10 Oft bin ich mir kaum bewußt,
   Und die helle Freude zücket

Durch die Schwere, so mich drücket
Wonniglich in meiner Brust.

Laß, o Welt, o laß mich sein!
Locket nicht mit Liebesgaben,   15
Laßt dies Herz alleine haben
Seine Wonne, seine Pein!

(1832)

ABSCHIED

Unangeklopft ein Herr tritt abends bei mir ein:
»Ich habe die Ehr, Ihr Rezensent zu sein.«
Sofort nimmt er das Licht in die Hand,
Besieht lang meinen Schatten an der Wand,   5
Rückt nah und fern: »Nun, lieber junger Mann,
Sehn Sie doch gefälligst mal Ihre Nas so von der Seite an!
Sie geben zu, daß das ein Auswuchs is.«
– Das? Alle Wetter – gewiß!
Ei Hasen! ich dachte nicht,   10
All mein Lebtage nicht,
Daß ich so eine Weltsnase führt' im Gesicht!!

Der Mann sprach noch verschiednes hin und her,
Ich weiß, auf meine Ehre, nicht mehr;
Meinte vielleicht, ich sollt ihm beichten.   15
Zuletzt stand er auf; ich tat ihm leuchten.
Wie wir nun an der Treppe sind,
Da geb ich ihm, ganz froh gesinnt,
Einen kleinen Tritt,
Nur so von hinten aufs Gesäße, mit –   20
Alle Hagel! ward das ein Gerumpel,
Ein Gepurzel, ein Gehumpel!
Dergleichen hab ich nie gesehn,
All mein Lebtage nicht gesehn
Einen Menschen so rasch die Trepp hinabgehn!   25

(1837)

DER GÄRTNER

Auf ihrem Leibrößlein,
So weiß wie der Schnee,
Die schönste Prinzessin
Reit't durch die Allee.

Der Weg, den das Rößlein
Hintanzet so hold,
Der Sand, den ich streute,
Er blinket wie Gold.

Du rosenfarbs Hütlein,
Wohl auf und wohl ab,
O wirf eine Feder
Verstohlen herab!

Und willst du dagegen
Eine Blüte von mir,
Nimm tausend für *eine*,
Nimm alle dafür.

(1837)

JÄGERLIED

Zierlich ist des Vogels Tritt im Schnee,
Wenn er wandelt auf des Berges Höh:
Zierlicher schreibt Liebchens liebe Hand,
Schreibt ein Brieflein mir in ferne Land'.

In die Lüfte hoch ein Reiher steigt,
Dahin weder Pfeil noch Kugel fleugt:
Tausendmal so hoch und so geschwind
Die Gedanken treuer Liebe sind.

(1837)

AUF EINE LAMPE

Noch unverrückt, o schöne Lampe, schmückest du,
An leichten Ketten zierlich aufgehangen hier,
Die Decke des nun fast vergeßnen Lustgemachs.
Auf deiner weißen Marmorschale, deren Rand   5
Der Efeukranz von goldengrünem Erz umflicht,
Schlingt fröhlich eine Kinderschar den Ringelreihn.
Wie reizend alles! lachend, und ein sanfter Geist
Des Ernstes doch ergossen um die ganze Form —
Ein Kunstgebild der echten Art. Wer achtet sein?   10
Was aber schön ist, selig scheint es in ihm selbst.

(1846)

DENK ES, O SEELE!

Ein Tännlein grünet wo,
Wer weiß, im Walde,
Ein Rosenstrauch, wer sagt,
In welchem Garten?
Sie sind erlesen schon,   5
Denk es, o Seele,
Auf deinem Grab zu wurzeln
Und zu wachsen.

Zwei schwarze Rößlein weiden   10
Auf der Wiese,
Sie kehren heim zur Stadt
In muntern Sprüngen.
Sie werden schrittweis gehn
Mit deiner Leiche;   15
Vielleicht, vielleicht noch eh
An ihren Hufen
Das Eisen los wird,
Das ich blitzen sehe!

(1851)

FERDINAND FREILIGRATH
(1810-1876)

VON UNTEN AUF!

Ein Dämpfer kam von Biberich: – stolz war die Furche, die er
zog!
Er qualmt' und räderte zu Tal, daß rechts und links die Brandung
flog!
Von Wimpeln und von Flaggen voll, schoß er hinab keck und
erfreut:
5 Den König, der in Preußen herrscht, nach seiner Rheinburg trug
er heut!

Die Sonne schien wie lauter Gold! Auf tauchte schimmernd Stadt
um Stadt!
Der Rhein war wie ein Spiegel schier, und das Verdeck war blank
und glatt!
Die Dielen blitzten frisch gebohnt, und auf den schmalen her und
hin,
Vergnügten Auges wandelten der König und die Königin!

10 Nach allen Seiten schaut' umher und winkte das erhabne Paar;
Des Rheingaus Reben grüßten sie und auch dein Nußlaub, Sankt
Goar!
Sie sahn zu Rhein, sie sahn zu Berg, – wie war das Schifflein doch
so nett!
Es ging sich auf den Dielen fast, als wie auf Sanssoucis Parkett!

Doch unter all der Nettigkeit und unter all der schwimmenden
Pracht,
15 Da frißt und flammt das Element, das sie von dannen schießen
macht;
Da schafft in Ruß und Feuersglut, der dieses Glanzes Seele ist;
Da steht und schürt und ordnet er – der Proletarier-Maschinist!

Da draußen lacht und grünt die Welt, da draußen blitzt und
rauscht der Rhein –

Er stiert den lieben langen Tag in seine Flammen nur hinein!
Im wollnen Hemde, halbernackt, vor seiner Esse muß er stehn!   20
Derweil ein König über ihm einschlürft der Berge freies Wehn!

Jetzt ist der Ofen zugekeilt, und alles geht und alles paßt;
So gönnt er auf Minuten denn sich eine kurze Sklavenrast.
Mit halbem Leibe taucht er auf aus seinem lodernden Versteck;
In seiner Falltür steht er da, und überschaut sich das Verdeck.   25

Das glühnde Eisen in der Hand, Antlitz und Arme rot erhitzt,
Mit der gewölbten, haar'gen Brust auf das Geländer breit
                                        gestützt —
So läßt er schweifen seinen Blick, so murrt er leis dem Fürsten zu:
»Wie mahnt dies Boot mich an den Staat! Licht auf den Höhen
                                        wandelst *du*!

Tief unten aber, in der Nacht und in der Arbeit dunkelm Schoß,   30
Tief unten, von der Not gespornt, da schür und schmied *ich* mir
                                        mein Los!
Nicht meines nur, auch deines, Herr! Wer hält die Räder dir im
                                        Takt,
Wenn nicht mit schwielenharter Faust der Heizer seine Eisen
                                        packt?

Du bist viel weniger ein Zeus, als ich, o König, ein Titan!
Beherrsch ich nicht, auf dem du gehst, den allzeit kochenden   35
                                        Vulkan?
Es liegt an mir: — ein Ruck von mir, ein Schlag von mir zu dieser
                                        Frist,
Und siehe, das Gebäude stürzt, von welchem du die Spitze bist!

Der Boden birst, auf schlägt die Glut und sprengt dich krachend
                                        in die Luft!
Wir aber steigen feuerfest aufwärts ans Licht aus unsrer Gruft!
Wir sind die Kraft! Wir hämmern jung das alte morsche Ding,   40
                                        den Staat,
Die wir von Gottes Zorne sind bis jetzt das Proletariat!

Dann schrei ich jauchzend durch die Welt! Auf meinen
Schultern, stark und breit,
Ein neuer Sankt Christophorus, trag ich den Christ der neuen
Zeit!
Ich bin der Riese, der nicht wankt! Ich bin's, durch den zum
Siegesfest
45 Über den tosenden Strom der Zeit der Heiland Geist sich tragen
läßt!«

So hat in seinen krausen Bart der grollende Zyklop gemurrt;
Dann geht er wieder an sein Werk, nimmt sein Geschirr und
stocht und purrt.
Die Hebel knirschen auf und ab, die Flamme strahlt ihm ins
Gesicht,
Der Dampf rumort; – er aber sagt: »Heut, zornig Element, noch
nicht!«

50 Der bunte Dämpfer unterdes legt vor Kapellen zischend an,
Sechsspännig fährt die Majestät den jungen Stolzenfels hinan.
Der Heizer blickt auch auf zur Burg; von seinen Flammen nur
behorcht,
Lacht er: »Ei, wie man immer doch für künftige Ruinen sorgt!«

(1846)

_____

*Der preußische König Friedrich Wilhelm IV. fuhr im August 1845 auf dem
Rhein zu der von ihm erworbenen Burg Stolzenfels.*

FRIEDRICH HEBBEL
(1813-1863)

SOMMERBILD

Ich sah des Sommers letzte Rose stehn,
  Sie war, als ob sie bluten könne, rot;
Da sprach ich schauernd im Vorübergehn:
  So weit im Leben, ist zu nah am Tod!   5

Es regte sich kein Hauch am heißen Tag,
  Nur leise strich ein weißer Schmetterling;
Doch, ob auch kaum die Luft sein Flügelschlag
  Bewegte, sie empfand es und verging.

(1848)

HERBSTBILD

Dies ist ein Herbsttag, wie ich keinen sah!
  Die Luft ist still, als atmete man kaum,
Und dennoch fallen raschelnd, fern und nah,
  Die schönsten Früchte ab von jedem Baum.   5

O stört sie nicht, die Feier der Natur!
  Dies ist die Lese, die sie selber hält,
Denn heute löst sich von den Zweigen nur,
  Was vor dem milden Strahl der Sonne fällt.

(1852)

GEORG HERWEGH
(1817-1875)

BUNDESLIED FÜR DEN ALLGEMEINEN DEUTSCHEN ARBEITERVEREIN

> You are many, they are few.
> (Eurer sind viele, ihrer sind wenige.)

Bet' und arbeit'! ruft die Welt,
Bete kurz! denn Zeit ist Geld.
An die Türe pocht die Not –
Bete kurz! denn Zeit ist Brot.

Und du ackerst und du säst,
Und du nietest und du nähst,
Und du hämmerst und du spinnst –
Sag, o Volk, was du gewinnst!

Wirkst am Webstuhl Tag und Nacht,
Schürfst im Erz- und Kohlenschacht,
Füllst des Überflusses Horn,
Füllst es hoch mit Wein und Korn.

Doch wo ist *dein* Mahl bereit?
Doch wo ist *dein* Feierkleid?
Doch wo ist *dein* warmer Herd?
Doch wo ist *dein* scharfes Schwert?

Alles ist dein Werk! o sprich,
Alles, aber nichts für dich!
Und von allem nur allein,
Die du schmiedst, die Kette, dein?

Kette, die den Leib umstrickt,
Die dem Geist die Flügel knickt,
Die am Fuß des Kindes schon
Klirrt – o Volk, das ist dein Lohn.

Was ihr hebt ans Sonnenlicht,
Schätze sind es für den Wicht;
Was ihr webt, es ist der Fluch   30
Für euch selbst – ins bunte Tuch.

Was ihr baut, kein schützend Dach
Hat's für euch und kein Gemach;
Was ihr kleidet und beschuht,
Tritt auf euch voll Übermut.   35

Menschenbienen, die Natur,
Gab sie euch den Honig nur?
Seht die Drohnen um euch her!
Habt ihr keinen Stachel mehr?

Mann der Arbeit, aufgewacht!   40
Und erkenne deine Macht!
Alle Räder stehen still,
Wenn dein starker Arm es will.

Deiner Dränger Schar erblaßt,
Wenn du, müde deiner Last,   45
In die Ecke lehnst den Pflug,
Wenn du rufst: Es ist genug!

Brecht das Doppeljoch entzwei!
Brecht die Not der Sklaverei!
Brecht die Sklaverei der Not!   50
Brot ist Freiheit, Freiheit Brot!

(1863)

*Ferdinand Lassalle gründete im Mai
1863 in Leipzig im Beisein von Hunder-
ten von Arbeitern den Allgemeinen Deutschen Arbeiterverein.*

THEODOR STORM
(1817-1888)

DIE STADT

Am grauen Strand, am grauen Meer,
Und seitab liegt die Stadt;
Der Nebel deckt die Dächer schwer,
5   Und durch die Stille braust das Meer
Eintönig um die Stadt.

Es rauscht kein Wald, es schlägt im Mai
Kein Vogel ohn' Unterlaß;
Die Wandergans mit hartem Schrei
10   Nur fliegt in Herbstesnacht vorbei,
Am Strande weht das Gras.

Doch hängt mein ganzes Herz an dir,
Du graue Stadt am Meer;
Der Jugend Zauber für und für
15   Ruht lächelnd doch auf dir, auf dir,
Du graue Stadt am Meer.

(1851)

HYAZINTHEN

Fern hallt Musik; doch hier ist stille Nacht,
Mit Schlummerduft anhauchen mich die Pflanzen:
Ich habe immer, immer dein gedacht;
5   Ich möchte schlafen, aber du mußt tanzen.

Es hört nicht auf, es rast ohn Unterlaß;
Die Kerzen brennen und die Geigen schreien,
Es teilen und es schließen sich die Reihen,
Und alle glühen; aber du bist blaß.

Und du mußt tanzen; fremde Arme schmiegen   10
Sich an dein Herz; o leide nicht Gewalt!
Ich seh dein weißes Kleid vorüberfliegen
Und deine leichte, zärtliche Gestalt. ——

Und süßer strömend quillt der Duft der Nacht
Und träumerischer aus dem Kelch der Pflanzen.   15
Ich habe immer, immer dein gedacht;
Ich möchte schlafen, aber du mußt tanzen.

                                        (1851)

HERBST

I

Schon ins Land der Pyramiden
Flohn die Störche übers Meer;
Schwalbenflug ist längst geschieden,
Auch die Lerche singt nicht mehr.   5

Seufzend in geheimer Klage
Streift der Wind das letzte Grün;
Und die süßen Sommertage,
Ach, sie sind dahin, dahin!

Nebel hat den Wald verschlungen,   10
Der dein stillstes Glück gesehn;
Ganz in Duft und Dämmerungen
Will die schöne Welt vergehn.

Nur noch einmal bricht die Sonne
Unaufhaltsam durch den Duft,   15
Und ein Strahl der alten Wonne
Rieselt über Tal und Kluft.

Und es leuchten Wald und Heide,
Daß man sicher glauben mag,

20   Hinter allem Winterleide
        Lieg' ein ferner Frühlingstag.

                        (1845)

                    2

        Die Sense rauscht, die Ähre fällt,
        Die Tiere räumen scheu das Feld,
        Der Mensch begehrt die ganze Welt.

                        (1847)

                    3

25   Und sind die Blumen abgeblüht,
        So brecht der Äpfel goldne Bälle;
        Hin ist die Zeit der Schwärmerei,
        So schätzt nun endlich das Reelle!

                        (1851)

GOTTFRIED KELLER
(1819-1890)

AUS DEM LEBEN
1849

I

Ich hab in kalten Wintertagen,
In dunkler, hoffnungsarmer Zeit
Ganz aus dem Sinne dich geschlagen,   5
O Trugbild der Unsterblichkeit.

Nun, da der Sommer glüht und glänzet,
Nun seh ich, daß ich wohlgetan!
Aufs neu hab ich das Haupt bekränzet,   10
Im Grabe aber ruht der Wahn.

Ich fahre auf dem klaren Strome,
Er rinnt mir kühlend durch die Hand,
Ich schau hinauf zum blauen Dome
Und such – kein beßres Vaterland.   15

Nun erst versteh ich, die da blühet,
O Lilie, deinen stillen Gruß:
Ich weiß, wie sehr das Herz auch glühet,
Daß ich wie du vergehen muß!

Seid mir gegrüßt ihr holden Rosen   20
In eures Daseins flüchtgem Glück!
Ich wende mich vom Schrankenlosen
Zu eurer Anmut froh zurück!

Zu glühn, zu blühn und ganz zu leben,
Das lehret euer Duft und Schein,   25
Und willig dann sich hinzugeben
Dem ewigen Nimmerwiedersein!

2

Die Zeit geht nicht, sie stehet still,
Wir ziehen durch sie hin;
Sie ist ein Karawanserei,
Wir sind die Pilger drin.

Ein Etwas, form- und farbenlos,
Das nur Gestalt gewinnt,
Wo ihr drin auf und nieder taucht,
Bis wieder ihr zerrinnt.

Es blitzt ein Tropfen Morgentau
Im Strahl des Sonnenlichts –
Ein Tag kann eine Perle sein
Und hundert Jahre – Nichts!

Es ist ein weißes Pergament
Die Zeit, und jeder schreibt
Mit seinem besten Blut darauf,
Bis ihn der Strom vertreibt.

An dich, du wunderbare Welt,
Du Schönheit ohne End,
Schreib ich 'nen kurzen Liebesbrief
Auf dieses Pergament.

Froh bin ich, daß ich aufgetaucht
In deinem runden Kranz;
Zum Dank trüb ich die Quelle nicht
Und lobe deinen Glanz!

(1849)

---

*Keller hörte 1848/49 in Heidelberg Vorle-
sungen bei Ludwig Feuerbach. Er wandte
sich unter diesem Eindruck von christlichen
Jenseitsvorstellungen ab.*

ROT

»Blut ist ein ganz besondrer Saft!«

»Ich bin rot und habs erwogen
Und verkünd es unverweilt!
Und geköpft sei jeder, welcher
Das Prinzip nicht mit mir teilt!«   5

Also in des Baders Stube
Hört ich einen, der dies sprach,
Eben als 'nem feisten Bäcker
Jener in die Ader stach.   10

Und des Blutes muntrer Bogen
Aus dem dicken drallen Arm
Fiel dem Sprecher auf die Nase,
Sie begrüßend freundlich warm!

Bleich entsetzt fuhr er zusammen,   15
Wusch darauf sich sieben Mal;
Doch noch lang rümpft sich die Nase,
Fühlt noch lang den warmen Strahl.

Eine Ros im Wetterscheine
Sah ich blühen brennend rot;   20
Einen Becher sah ich glühen,
Der noch tiefre Röte bot!

Aber rief etwa die Knospe
Vorher, daß sie rot wollt sein?
Schrie der junge grüne Weinstock: 25
Ich will geben roten Wein?

Nein, der ewig goldengrüne
Baum des Lebens tut das nie,
Das tut nur die ewig graue,
Graue Eselstheorie!   30

Manches Brünnlein mag noch springen
In das Gras mit rotem Schein;
Doch der Freiheit echter, rechter
Letzter Sieg wird trocken sein.

(1853)

ABENDLIED

Augen, meine lieben Fensterlein,
Gebt mir schon so lange holden Schein,
Lasset freundlich Bild um Bild herein:
5　Einmal werdet ihr verdunkelt sein!

Fallen einst die müden Lider zu,
Löscht ihr aus, dann hat die Seele Ruh;
Tastend streift sie ab die Wanderschuh,
Legt sich auch in ihre finstre Truh.

10　Noch zwei Fünklein sieht sie glimmend stehn,
Wie zwei Sternlein innerlich zu sehn,
Bis sie schwanken und dann auch vergehn,
Wie von eines Falters Flügelwehn.

Doch noch wandl ich auf dem Abendfeld,
15　Nur dem sinkenden Gestirn gesellt;
Trinkt, o Augen, was die Wimper hält,
Von dem goldnen Überfluß der Welt!

(1872)

THEODOR FONTANE
(1819-1898)

DIE BRÜCK' AM TAY
(28. Dezember 1879)

> When shall we three meet again?
> *Macbeth*.

»Wann treffen wir drei wieder zusamm?«
  »Um die siebente Stund', am Brückendamm.«   5
    »Am Mittelpfeiler.«
           »Ich lösche die Flamm.«
»Ich mit.«
    »Ich komme vom Norden her.«
»Und ich vom Süden.«   10
       »Und ich vom Meer.«

»Hei, das gibt einen Ringelreihn,
Und die Brücke muß in den Grund hinein.«

»Und der Zug, der in die Brücke tritt
Um die siebente Stund'?«   15
        »Ei, der muß mit.«
»Muß mit.«
    »Tand, Tand
Ist das Gebilde von Menschenhand!«

*

Auf der *Norder*seite, das Brückenhaus –   20
Alle Fenster sehen nach Süden aus,
Und die Brücknersleut' ohne Rast und Ruh
Und in Bangen sehen nach Süden zu,
Sehen und warten, ob nicht ein Licht
Übers Wasser hin »Ich komme« spricht,   25
»Ich komme, trotz Nacht und Sturmesflug,
Ich, der Edinburger Zug.«

Und der Brückner jetzt: »Ich seh' einen Schein
Am anderen Ufer. Das muß er sein.
30   Nun, Mutter, weg mit dem bangen Traum,
Unser Johnie kommt und will seinen Baum,
Und was noch am Baume von Lichtern ist,
Zünd alles an wie zum Heiligen Christ,
Der will heuer *zweimal* mit uns sein –
35   Und in elf Minuten ist er herein.«

Und es war der Zug. Am *Süder*turm
Keucht er vorbei jetzt gegen den Sturm,
Und Johnie spricht: »Die Brücke noch!
Aber was tut es, wir zwingen es doch.
40   Ein fester Kessel, ein doppelter Dampf,
Die bleiben Sieger in solchem Kampf.
Und wie's auch rast und ringt und rennt,
Wir kriegen es unter, das Element.

Und unser Stolz ist unsre Brück';
45   Ich lache, denk' ich an früher zurück,
An all den Jammer und all die Not
Mit dem elend alten Schifferboot;
Wie manche liebe Christfestnacht
Hab' ich im Fährhaus zugebracht
50   Und sah unsrer Fenster lichten Schein
Und zählte und konnte nicht drüben sein.«

Auf der Norderseite, das Brückenhaus –
Alle Fenster sehen nach Süden aus,
Und die Brücknersleut' ohne Rast und Ruh'
55   Und in Bangen sehen nach Süden zu;
Denn wütender wurde der Winde Spiel,
Und jetzt, als ob Feuer vom Himmel fiel',
Erglüht es in niederschießender Pracht
Überm Wasser unten . . . Und wieder ist Nacht.

*

60   »Wann treffen wir drei wieder zusamm?«
     »Um Mitternacht, am Bergeskamm.«
          »Auf dem hohen Moor, am Erlenstamm.«

»Ich komme.«
　　　　»Ich mit.«
　　　　　　　　»Ich nenn' euch die Zahl.«　　65

»Und ich die Namen.«
　　　　　　　　»Und ich die Qual.«
»Hei!
　　　Wie Splitter brach das Gebälk entzwei.«
　　　　　　　　»Tand, Tand
Ist das Gebilde von Menschenhand.«　　　70

　　　　　　　　　　　(1880)

---

*Im Dezember 1879 hatte sich ein schweres Eisenbahnun-
glück ereignet. Die Brücke über den Firth of Tay, Schott-
land, damals die längste der Welt, war infolge von Sturm
und Hochwasser eingestürzt.*

MEINE GRÄBER

Kein Erbbegräbnis mich stolz erfreut,
Meine Gräber liegen weit zerstreut,
Weit zerstreut über Stadt und Land,
Aber all in märkischem Sand.　　　　　　　5

Verfallene Hügel, die Schwalben ziehn,
Vorüber schlängelt sich der Rhin,
Über weiße Steine, zerbröckelt all,
Blickt der alte Ruppiner Wall,
Die Buchen stehn, die Eichen rauschen,　　　10
Die Gräberbüsche Zwiesprach tauschen,
Und Haferfelder weit auf und ab –
Da ist meiner Mutter Grab.

Und ein andrer Platz, dem verbunden ich bin:
Berglehnen, die Oder fließt dran hin,　　　　15
Zieht vorüber in trägem Lauf,

Gelbe Mummeln schwimmen darauf;
Am Ufer Werft und Schilf und Rohr,
Und am Abhange schimmern Kreuze hervor,
20 Auf eines fällt heller Sonnenschein –
Da hat mein Vater seinen Stein.

Der dritte, seines Todes froh,
Liegt auf dem weiten Teltow-Plateau,
Dächer von Ziegel, Dächer von Schiefer,
25 Dann und wann eine Krüppelkiefer,
Ein stiller Graben die Wasserscheide,
Birken hier, und da eine Weide,
Zuletzt eine Pappel am Horizont,
Im Abendstrahle sie sich sonnt.
30 Auf den Gräbern Blumen und Aschenkrüge,
Vorüber in Ferne rasseln die Züge,
Still bleibt das Grab und der Schläfer drin –
Der Wind, der Wind geht drüber hin.

(*1888*)

---

22 Der dritte: *Fontanes Sohn George, 1887 mit 36 Jahren ge-*
storben.

WÜRD' ES MIR FEHLEN, WÜRD' ICH'S VERMISSEN?

Heute früh, nach gut durchschlafener Nacht,
Bin ich wieder aufgewacht.
Ich setzte mich an den Frühstückstisch,
5 Der Kaffee war warm, die Semmel war frisch,
Ich habe die Morgenzeitung gelesen
(Es sind wieder Avancements gewesen).
Ich trat ans Fenster, ich sah hinunter,
Es trabte wieder, es klingelte munter,
10 Eine Schürze (beim Schlächter) hing über dem Stuhle,
Kleine Mädchen gingen nach der Schule –
Alles war freundlich, alles war nett,
Aber wenn ich weiter geschlafen hätt'

Und tät' von alledem nichts wissen,
Würd' es mir fehlen, würd' ich's vermissen? 15

(1888)

HERR VON RIBBECK AUF RIBBECK IM HAVELLAND

Herr von Ribbeck auf Ribbeck im Havelland,
Ein Birnbaum in seinem Garten stand,
Und kam die goldene Herbsteszeit
Und die Birnen leuchteten weit und breit, 5
Da stopfte, wenn's Mittag vom Turme scholl,
Der von Ribbeck sich beide Taschen voll,
Und kam in Pantinen ein Junge daher,
So rief er: »Junge, wiste 'ne Beer?«
Und kam ein Mädel, so rief er: »Lütt Dirn, 10
Kumm man röwer, ick hebb 'ne Birn.«

So ging es viel Jahre, bis lobesam
Der von Ribbeck auf Ribbeck zu sterben kam.
Er fühlte sein Ende. 's war Herbsteszeit,
Wieder lachten die Birnen weit und breit; 15
Da sagte von Ribbeck: »Ich scheide nun ab.
Legt mir eine Birne mit ins Grab.«
Und drei Tage drauf, aus dem Doppeldachhaus,
Trugen von Ribbeck sie hinaus,
Alle Bauern und Büdner mit Feiergesicht 20
Sangen »Jesus meine Zuversicht«,
Und die Kinder klagten, das Herze schwer:
»He is dod nu. Wer giwt uns nu 'ne Beer?«

So klagten die Kinder. Das war nicht recht –
Ach, sie kannten den alten Ribbeck schlecht; 25
Der *neue* freilich, der knausert und spart,
Hält Park und Birnbaum strenge verwahrt.
Aber der *alte*, vorahnend schon
Und voll Mißtraun gegen den eigenen Sohn,
Der wußte genau, was damals er tat, 30

Als um eine Birn' ins Grab er bat,
Und im dritten Jahr aus dem stillen Haus
Ein Birnbaumsprößling sproßt heraus.

Und die Jahre gehen wohl auf und ab,
35   Längst wölbt sich ein Birnbaum über dem Grab,
Und in der goldenen Herbsteszeit
Leuchtet's wieder weit und breit.
Und kommt ein Jung' übern Kirchhof her,
So flüstert's im Baume: »Wiste 'ne Beer?«
40   Und kommt ein Mädel, so flüstert's: »Lütt Dirn,
Kumm man röwer, ick gew' di 'ne Birn.«

So spendet Segen noch immer die Hand
Des von Ribbeck auf Ribbeck im Havelland.

(1889)

GEORG WEERTH
(1822-1856)

DIE HUNDERT MÄNNER VON HASWELL

Die hundert Männer von Haswell,
Die starben an einem Tag;
Die starben zu einer Stunde;
Die starben auf einen Schlag.   5

Und als sie still begraben,
Da kamen wohl hundert Fraun;
Wohl hundert Fraun von Haswell,
Gar kläglich anzuschaun.

Sie kamen mit ihren Kindern,   10
Sie kamen mit Tochter und Sohn:
»Du reicher Herr von Haswell,
Nun gib uns unsern Lohn!«

Der reiche Herr von Haswell,
Der stand nicht lange an;   15
Er zahlte wohl den Wochenlohn
Für jeden gestorbnen Mann.

Und als der Lohn bezahlet,
Da schloß er die Kiste zu.
Die eisernen Riegel klangen,   20
Die Weiber weinten dazu.

(1845)

In den Kohlegruben von Haswell kamen
1844 hundert Bergleute ums Leben. Das Unglück entstand durch Nachlässigkeit der
Grubenbesitzer.

DAS HUNGERLIED

Verehrter Herr und König,
Weißt du die schlimme Geschicht?
Am Montag aßen wir wenig,
Und am Dienstag aßen wir nicht.

Und am Mittwoch mußten wir darben,
Und am Donnerstag litten wir Not;
Und ach, am Freitag starben
Wir fast den Hungertod!

Drum laß am Samstag backen
Das Brot, fein säuberlich –
Sonst werden wir sonntags packen
Und fressen, o König, dich!

(1845)

CONRAD FERDINAND MEYER
(1825-1898)

SCHWARZSCHATTENDE KASTANIE

Schwarzschattende Kastanie,
Mein windgeregtes Sommerzelt,
Du senkst zur Flut dein weit Geäst,
Dein Laub, es durstet und es trinkt,   5
Schwarzschattende Kastanie!
Im Porte badet junge Brut
Mit Hader oder Lustgeschrei,
Und Kinder schwimmen leuchtend weiß
Im Gitter deines Blätterwerks,   10
Schwarzschattende Kastanie!
Und dämmern See und Ufer ein
Und rauscht vorbei das Abendboot,
So zuckt aus roter Schiffslatern
Ein Blitz und wandert auf dem Schwung   15
Der Flut, gebrochnen Lettern gleich,
Bis unter deinem Laub erlischt
Die rätselhafte Flammenschrift,
Schwarzschattende Kastanie!

                              (1881)

BEMESST den Schritt! Bemeßt den Schwung!
Die Erde bleibt noch lange jung!
Dort fällt ein Korn, das stirbt und ruht.
Die Ruh ist süß. Es hat es gut.
Hier eins, das durch die Scholle bricht.   5
Es hat es gut. Süß ist das Licht.
Und keines fällt aus dieser Welt
Und jedes fällt, wie's Gott gefällt.

                              (1882)

DER RÖMISCHE BRUNNEN

Aufsteigt der Strahl und fallend gießt
Er voll der Marmorschale Rund,
Die, sich verschleiernd, überfließt
In einer zweiten Schale Grund;
Die zweite gibt, sie wird zu reich,
Der dritten wallend ihre Flut,
Und jede nimmt und gibt zugleich
    Und strömt und ruht.

(1882)

ZWEI SEGEL

Zwei Segel erhellend
Die tiefblaue Bucht!
Zwei Segel sich schwellend
Zu ruhiger Flucht!

Wie eins in den Winden
Sich wölbt und bewegt,
Wird auch das Empfinden
Des andern erregt.

Begehrt eins zu hasten,
Das andre geht schnell,
Verlangt eins zu rasten,
Ruht auch sein Gesell.

(1882)

STAPFEN

In jungen Jahren war's. Ich brachte dich
Zurück ins Nachbarhaus, wo du zu Gast,
Durch das Gehölz. Der Nebel rieselte,
Du zogst des Reisekleids Kapuze vor   5
Und blicktest traulich mit verhüllter Stirn.
Naß ward der Pfad. Die Sohlen prägten sich
Dem feuchten Waldesboden deutlich ein,
Die wandernden. Du schrittest auf dem Bord,
Von deiner Reise sprechend. Eine noch,   10
Die längre, folge drauf, so sagtest du.
Dann scherzten wir, der nahen Trennung klug
Das Angesicht verhüllend, und du schiedst,
Dort wo der First sich über Ulmen hebt.
Ich ging denselben Pfad gemach zurück,   15
Leis schwelgend noch in deiner Lieblichkeit,
In deiner wilden Scheu, und wohlgemut
Vertrauend auf ein baldig Wiedersehn.
Vergnüglich schlendernd, sah ich auf dem Rain
Den Umriß deiner Sohlen deutlich noch   20
Dem feuchten Waldesboden eingeprägt,
Die kleinste Spur von dir, die flüchtigste,
Und doch dein Wesen: wandernd, reisehaft,
Schlank, rein, walddunkel, aber o wie süß!
Die Stapfen schritten jetzt entgegen dem   25
Zurück dieselbe Strecke Wandernden:
Aus deinen Stapfen hobst du dich empor
Vor meinem innern Auge. Deinen Wuchs
Erblickt' ich mit des Busens zartem Bug.
Vorüber gingst du, eine Traumgestalt.   30
Die Stapfen wurden jetzt undeutlicher,
Vom Regen halb gelöscht, der stärker fiel.
Da überschlich mich eine Traurigkeit:
Fast unter meinem Blick verwischten sich
Die Spuren deines letzten Gangs mit mir.   35

(1882)

AUF DEM CANAL GRANDE

Auf dem Canal grande betten
Tief sich ein die Abendschatten,
Hundert dunkle Gondeln gleiten
Als ein flüsterndes Geheimnis.

Aber zwischen zwei Palästen
Glüht herein die Abendsonne,
Flammend wirft sie einen grellen
Breiten Streifen auf die Gondeln.

In dem purpurroten Lichte
Laute Stimmen, hell Gelächter,
Überredende Gebärden
Und das frevle Spiel der Augen.

Eine kurze kleine Strecke
Treibt das Leben leidenschaftlich
Und erlischt im Schatten drüben
Als ein unverständlich Murmeln.

(1889)

WILHELM BUSCH
(1832-1908)

Die Liebe war nicht geringe.
Sie wurden ordentlich blaß;
Sie sagten sich tausend Dinge
Und wußten noch immer was.

Sie mußten sich lange quälen.   5
Doch schließlich kam's dazu,
Daß sie sich konnten vermählen.
Jetzt haben die Seelen Ruh.

Bei eines Strumpfes Bereitung
Sitzt sie im Morgenhabit;   10
Er liest in der Kölnischen Zeitung
Und teilt ihr das Nötige mit.

(1874)

Es sitzt ein Vogel auf dem Leim,
Er flattert sehr und kann nicht heim.
Ein schwarzer Kater schleicht herzu,
Die Krallen scharf, die Augen gluh.
Am Baum hinauf und immer höher   5
Kommt er dem armen Vogel näher.
Der Vogel denkt: Weil das so ist
Und weil mich doch der Kater frißt,
So will ich keine Zeit verlieren,
Will noch ein wenig quinquilieren   10
Und lustig pfeifen wie zuvor.
Der Vogel, scheint mir, hat Humor.

(1874)

BEWAFFNETER FRIEDE

Ganz unverhofft, an einem Hügel,
Sind sich begegnet Fuchs und Igel.
»Halt«, rief der Fuchs, »du Bösewicht!
Kennst du des Königs Ordre nicht?
Ist nicht der Friede längst verkündigt,
Und weißt du nicht, daß jeder sündigt,
Der immer noch gerüstet geht? –
Im Namen Seiner Majestät,
Geh her und übergib dein Fell!«
Der Igel sprach: »Nur nicht so schnell!
Laß dir erst deine Zähne brechen,
Dann wollen wir uns weitersprechen.«
Und alsogleich macht er sich rund,
Schließt seinen dichten Stachelbund
Und trotzt getrost der ganzen Welt,
Bewaffnet, doch als Friedensheld.

(1900)

FRIEDRICH NIETZSCHE
(1844-1900)

ECCE HOMO

Ja! Ich weiß, woher ich stamme!
Ungesättigt gleich der Flamme
Glühe und verzehr' ich mich.
Licht wird Alles, was ich fasse,   5
Kohle Alles, was ich lasse:
Flamme bin ich sicherlich.

(1882)

DER FREIGEIST

ABSCHIED

»Die Krähen schrein
Und ziehen schwirren Flugs zur Stadt:
Bald wird es schnein –   5
Wohl dem, der jetzt noch – Heimat hat!

Nun stehst du starr,
Schaust rückwärts ach! wie lange schon!
Was bist du Narr
Vor Winters in die Welt – entflohn?   10

Die Welt – ein Tor
Zu tausend Wüsten stumm und kalt!
Wer Das verlor,
Was du verlorst, macht nirgends Halt.

Nun stehst du bleich,   15
Zur Winter-Wanderschaft verflucht,
Dem Rauche gleich,
Der stets nach kältern Himmeln sucht.

Flieg', Vogel, schnarr'
20 Dein Lied im Wüsten-Vogel-Ton! –
Versteck', du Narr,
Dein blutend Herz in Eis und
Hohn!

Die Krähen schrein
Und ziehen schwirren Flugs zur
Stadt:
25 Bald wird es schnein,
Weh dem, der keine Heimat hat!«

(1884)

NACH NEUEN MEEREN

Dorthin – will ich; und ich traue
Mir fortan und meinem Griff.
Offen liegt das Meer, ins Blaue
5 Treibt mein Genueser Schiff.

Alles glänzt mir neu und neuer,
Mittag schläft auf Raum und Zeit –:
Nur dein Auge – ungeheuer
Blickt mich's an, Unendlichkeit!

(1887)

AN der Brücke stand
jüngst ich in brauner Nacht.
Fernher kam Gesang:
goldener Tropfen quoll's
über die zitternde Fläche weg.   5
Gondeln, Lichter, Musik –
trunken schwamm's in die Dämmrung hinaus . . .

Meine Seele, ein Saitenspiel,
sang sich, unsichtbar berührt,
heimlich ein Gondellied dazu,   10
zitternd vor bunter Seligkeit.
– Hörte Jemand ihr zu? . . .

(1888)

ARNO HOLZ
(1863-1929)

AUS: PHANTASUS

Lachend in die Siegesallee
schwenkt ein Mädchenpensionat.

Donnerwetter, sind die chic!

Wippende, grünblau schillernde Changeantschirme,
lange, buttergelbe schwedische Handschuhe,
sich bauschende, silbergraue, von roten Tulpen durchflammte
Velvetblousen.

Drei junge Leutnants drehn ihre Schnurrbärte

Monocles.

Die Kavalkade amüsiert sich.

Fünfzig braune, trappelnde Strandschuhe
fünfundzwanzig klingelnde Bettelarmbänder.

Links
hinter ihnen drein,
die Blicke kohlschwarz,
ihr Drache.

Wehe!

Wie die Sonne durch die Bäume goldne Kringel wirft . . .

Ach was!

Und ich kriege die Schönste, die sich nicht sträubt, um die Taille,
– die ganze Gesellschaft stiebt kreischend auseinander,   20
Huuch! die alte Anstandsglucke fällt in Ohnmacht –
                     und rufe:

Mädchen, entgürtet euch und tanzt nackt zwischen den
                     Schwertern!

                                              (*1897*)

                     ———————

Im Hause, wo die bunten Ampeln brennen,
        glänzen auf demselben Bücherspind,
        über George Ohnet, Stinde und Dante,
        Schiller und Goethe:
beide beteiligt an ein und demselben Gypskranz!   5

Im Hause, wo die bunten Ampeln brennen,
hängt an derselben Wedgwoodtapete, über demselben
                     Rokokoschirm,
        zwischen Klinger und Hokusai,
        Anton von Werner.   10

Im Hause, wo die bunten Ampeln brennen,
spielen dieselben schlanken Hände, auf demselben
                     Ebenholzflügel,
        mit demselben Charm und Chic
Frédéric François Chopin und Ludolf Waldmann.   15

Im Hause, wo die bunten Ampeln brennen,
        auf vergoldeten Stühlchen sitzend,
        trinkt man Chablis, Pilsner und Sect,
        kommt dann peu-à-peu auf Nietzsche,
        zuletzt wird getanzt.   20

Ich küsse entzückt der Hausfrau die Hand,
enttäusche einen älteren, glattrasirten Herrn
mit baumwollnen Handschuhen und Wadenstrümpfen
durch eine Mark Trinkgeld
und verschwinde.

(1899)

LUDWIG THOMA
(1867-1921)

IM LOUVRE

Laßt ehrfurchtsvoll uns wandeln durch die Säle
Und tiefer als in Kirchen uns verneigen!
Denn feierlicher klingt als Festchoräle
Der Marmorbilder traumverlornes Schweigen.   5
Was sie uns sagen, kann in unsern Herzen
Ach! so viel länger als Gebete währen!
Sie leuchten heller als die tausend Kerzen
Auf überbunt geschmückten Hochaltären.
Ihr mildes Lächeln in den Marmorzügen,   10
Es ist geblieben in den tausend Jahren,
Als wenn sie Mitleid mit den Menschen trügen,
Die immer klein und immer elend waren.
Wie sind sie schön! Laßt sie uns schweigend grüßen
Und mit erhobnen Herzen vor sie treten!   15
Als sie die Welt beherrschten, galt kein Büßen,
Kein Psalmenplärren und auf Knien beten.
Sie tragen in den Händen keine Waffen
Wie die in Stein gehaunen Menschenwürger,
Die in Berlin wir Tag für Tag begaffen,   20
Die zweiunddreißig dicken Brandenbürger.

(1902)

---

18 ff. *Kaiser Wilhelm II. hatte von 1898 bis 1901 in Berlin
eine »Siegesallee« mit 32 Standbildern brandenburgisch-
preußischer Herrscher errichten lassen.*

OSTELBISCHER ADEL IM ZIRKUS BUSCH

Er spricht von Gott, indes sein Magen
Noch etwas säuert von Bordeaux,
Er weiß von Jesus was zu sagen, –
Allein der Heiland roch nicht so.   5

Er stochert dann aus seinen Zähnen
Die letzten Reste Kaviar
Und spricht mit unterdrückten Tränen
Von seines Vaterlands Gefahr.

10   Von Leuten, die das Volk betrogen
Um seinen kindlich treuen Sinn, –
Da blitzt es in den Karpfenoogen,
Da zittert manches Doppelkinn.

Um seinen Kaiser tiefe Schmerzen,
15   Ums Vaterland ein arges Weh,
Sie brennen in des Adels Herzen.
Im Maule brennt die Henry Clay.

Und seht nur die Gesichter blühen
In Rot und Blau und Violett,
20   Und sehet jedes Antlitz glühen
Von Pathos und von Schweinefett.

(1909)

STEFAN GEORGE
(1868-1933)

DER HERR DER INSEL

Die fischer überliefern dass im süden
Auf einer insel reich an zimmt und öl
Und edlen steinen die im sande glitzern
Ein vogel war der wenn am boden fussend   5
Mit seinem schnabel hoher stämme krone
Zerpflücken konnte · wenn er seine flügel
Gefärbt wie mit dem saft der Tyrer-schnecke
Zu schwerem niedrem flug erhoben: habe
Er einer dunklen wolke gleichgesehn.   10
Des tages sei er im gehölz verschwunden ·
Des abends aber an den strand gekommen ·
Im kühlen windeshauch von salz und tang
Die süsse stimme hebend dass delfine
Die freunde des gesanges näher schwammen   15
Im meer voll goldner federn goldner funken.
So habe er seit urbeginn gelebt ·
Gescheiterte nur hätten ihn erblickt.
Denn als zum erstenmal die weissen segel
Der menschen sich mit günstigem geleit   20
Dem eiland zugedreht sei er zum hügel
Die ganze teure stätte zu beschaun gestiegen ·
Verbreitet habe er die grossen schwingen
Verscheidend in gedämpften schmerzeslauten.

(1894)

KOMM in den totgesagten park und schau:
Der schimmer ferner lächelnder gestade ·
Der reinen wolken unverhofftes blau
Erhellt die weiher und die bunten pfade.

5   Dort nimm das tiefe gelb · das weiche grau
Von birken und von buchs · der wind ist lau ·
Die späten rosen welkten noch nicht ganz ·
Erlese küsse sie und flicht den kranz ·

Vergiss auch diese lezten astern nicht ·
10   Den purpur um die ranken wilder reben ·
Und auch was übrig blieb von grünem leben
Verwinde leicht im herbstlichen gesicht.

(1895)

––––––––––

Es lacht in dem steigenden jahr dir
Der duft aus dem garten noch leis.
Flicht in dem flatternden haar dir
Eppich und ehrenpreis.

5   Die wehende saat ist wie gold noch ·
Vielleicht nicht so hoch mehr und reich ·
Rosen begrüssen dich hold noch ·
Ward auch ihr glanz etwas bleich.

Verschweigen wir was uns verwehrt ist ·
10   Geloben wir glücklich zu sein ·
Wenn auch nicht mehr uns beschert ist
Als noch ein rundgang zu zwein.

(1896)

––––––––––

GEMAHNT dich noch das schöne bildnis dessen
Der nach den schluchten-rosen kühn gehascht ·
Der über seiner jagd den tag vergessen ·
Der von der dolden vollem seim genascht?

Der nach dem parke sich zur ruhe wandte ·   5
Trieb ihn ein flügelschillern allzuweit ·
Der sinnend sass an jenes weihers kante
Und lauschte in die tiefe heimlichkeit . .

Und von der insel moosgekrönter steine
Verliess der schwan das spiel des wasserfalls   10
Und legte in die kinderhand die feine
Die schmeichelnde den schlanken hals.

                    (1896)

ENTRÜCKUNG

Ich fühle luft von anderem planeten.
Mir blassen durch das dunkel die gesichter
Die freundlich eben noch sich zu mir drehten.

Und bäum und wege die ich liebte fahlen   5
Dass ich sie kaum mehr kenne und Du lichter
Geliebter schatten – rufer meiner qualen –

Bist nun erloschen ganz in tiefern gluten
Um nach dem taumel streitenden getobes
Mit einem frommen schauer anzumuten.   10

Ich löse mich in tönen · kreisend · webend ·
Ungründigen danks und unbenamten lobes
Dem grossen atem wunschlos mich ergebend.

Mich überfährt ein ungestümes wehen
Im rausch der weihe wo inbrünstige schreie   15
In staub geworfner beterinnen flehen:

Dann seh ich wie sich duftige nebel lüpfen
In einer sonnerfüllten klaren freie
Die nur umfängt auf fernsten bergesschlüpfen.

20   Der boden schüttert weiss und weich wie molke . .
Ich steige über schluchten ungeheuer ·
Ich fühle wie ich über lezter wolke

In einem meer kristallnen glanzes schwimme –
25 Ich bin ein funke nur vom heiligen feuer
Ich bin ein dröhnen nur der heiligen stimme.

(1907)

ELSE LASKER-SCHÜLER
(1869-1945)

WELTENDE

Es ist ein Weinen in der Welt,
Als ob der liebe Gott gestorben wär,
Und der bleierne Schatten, der niederfällt,
Lastet grabesschwer.   5

Komm, wir wollen uns näher verbergen . . .
Das Leben liegt in aller Herzen
Wie in Särgen.

Du! wir wollen uns tief küssen —
Es pocht eine Sehnsucht an die Welt,   10
An der wir sterben müssen.

(1905)

EIN ALTER TIBETTEPPICH

Deine Seele, die die meine liebet,
Ist verwirkt mit ihr im Teppichtibet.

Strahl in Strahl, verliebte Farben,
Sterne, die sich himmellang umwarben.   5

Unsere Füße ruhen auf der Kostbarkeit,
Maschentausendabertausendweit.

Süßer Lamasohn auf Moschuspflanzenthron,
Wie lange küßt dein Mund den meinen wohl
Und Wang die Wange buntgeknüpfte Zeiten schon?   10

(1910)

EIN LIEBESLIED

Komm zu mir in der Nacht – wir schlafen engverschlungen.
Müde bin ich sehr, vom Wachen einsam.
Ein fremder Vogel hat in dunkler Frühe schon gesungen,
Als noch mein Traum mit sich und mir gerungen.

Es öffnen Blumen sich vor allen Quellen
Und färben sich mit deiner Augen Immortellen . . .

Komm zu mir in der Nacht auf Siebensternenschuhen
Und Liebe eingehüllt spät in mein Zelt.
Es steigen Monde aus verstaubten Himmelstruhen.

Wir wollen wie zwei seltene Tiere liebesruhen
Im hohen Rohre hinter dieser Welt.

(1943)

CHRISTIAN MORGENSTERN
(1871-1914)

DAS GROSSE LALULĀ

Kroklokwafzi? Semememi!
Seiokronto – prafriplo;
Bifzi, bafzi; hulalemi:
quasti basti bo . . .   5
Lalu, lalu lalu lalu la!

Hontraruru miromente
zasku zes rü rü?
Entepente, leiolente
klekwapufzi lü?   10
Lalu lalu lalu lalu la!

Simarar kos malzipempu
silzuzankunkrei (;)!
Marjomar dos: Quempu Lempu
Siri Suri Sei []!   15
Lalu lalu lalu lalu la!

(1905)

DIE TRICHTER

Zwei Trichter wandeln durch die Nacht.
Durch ihres Rumpfs verengten Schacht
fließt weißes Mondlicht
still und heiter   5
auf ihren
Waldweg
u. s.
w.

(1905)

FISCHES
NACHTGESANG

(1905)

DAS NASOBĒM

Auf seinen Nasen schreitet
einher das Nasobēm,
von seinem Kind begleitet.
Es steht noch nicht im Brehm.

Es steht noch nicht im Meyer.
Und auch im Brockhaus nicht.
Es trat aus meiner Leyer
zum ersten Mal ans Licht.

Auf seinen Nasen schreitet
(wie schon gesagt) seitdem,
von seinem Kind begleitet,
einher das Nasobēm.

(1905)

DIE UNMÖGLICHE TATSACHE

Palmström, etwas schon an Jahren,
wird an einer Straßenbeuge
und von einem Kraftfahrzeuge
überfahren.   5

›Wie war‹ (spricht er, sich erhebend
und entschlossen weiterlebend)
›möglich, wie dies Unglück, ja –:
daß es überhaupt geschah?

›Ist die Staatskunst anzuklagen   10
in Bezug auf Kraftfahrwagen?
Gab die Polizeivorschrift
hier dem Fahrer freie Trift?

›Oder war vielmehr verboten,
hier Lebendige zu Toten   15
umzuwandeln, – kurz und schlicht:
Durfte hier der Kutscher nicht –?‹

Eingehüllt in feuchte Tücher,
prüft er die Gesetzesbücher
und ist alsobald im Klaren: 20
Wagen durften dort nicht fahren!

Und er kommt zu dem Ergebnis:
Nur ein Traum war das Erlebnis.
Weil, so schließt er messerscharf,
nicht sein *kann*, was nicht sein *darf*.   25

(*1910*)

HUGO VON HOFMANNSTHAL
(1874-1929)

I
ÜBER VERGÄNGLICHKEIT

Noch spür ich ihren Atem auf den Wangen:
Wie kann das sein, daß diese nahen Tage
Fort sind, für immer fort, und ganz vergangen?

Dies ist ein Ding, das keiner voll aussinnt,
Und viel zu grauenvoll, als daß man klage:
Daß alles gleitet und vorüberrinnt.

Und daß mein eignes Ich, durch nichts gehemmt,
Herüberglitt aus einem kleinen Kind
Mir wie ein Hund unheimlich stumm und fremd.

Dann: daß ich auch vor hundert Jahren war
Und meine Ahnen, die im Totenhemd,
Mit mir verwandt sind wie mein eignes Haar,

So eins mit mir als wie mein eignes Haar.

(1894)

MANCHE FREILICH . . .

Manche freilich müssen drunten sterben,
Wo die schweren Ruder der Schiffe streifen,
Andre wohnen bei dem Steuer droben,
Kennen Vogelflug und die Länder der Sterne.

Manche liegen immer mit schweren Gliedern
Bei den Wurzeln des verworrenen Lebens,

Andern sind die Stühle gerichtet
Bei den Sibyllen, den Königinnen,
Und da sitzen sie wie zu Hause,   10
Leichten Hauptes und leichter Hände.

Doch ein Schatten fällt von jenen Leben
In die anderen Leben hinüber,
Und die leichten sind an die schweren
Wie an Luft und Erde gebunden: 15

Ganz vergessener Völker Müdigkeiten
Kann ich nicht abtun von meinen Lidern,
Noch weghalten von der erschrockenen Seele
Stummes Niederfallen ferner Sterne.

Viele Geschicke weben neben dem meinen,   20
Durcheinander spielt sie alle das Dasein,
Und mein Teil ist mehr als dieses Lebens
Schlanke Flamme oder schmale Leier.

(1895)

DIE BEIDEN

Sie trug den Becher in der Hand
– Ihr Kinn und Mund glich seinem Rand –,
So leicht und sicher war ihr Gang,
Kein Tropfen aus dem Becher sprang.   5

So leicht und fest war seine Hand:
Er ritt auf einem jungen Pferde,
Und mit nachlässiger Gebärde
Erzwang er, daß es zitternd stand.

Jedoch, wenn er aus ihrer Hand   10
Den leichten Becher nehmen sollte,
So war es beiden allzu schwer:

Denn beide bebten sie so sehr,
Daß keine Hand die andre fand
15   Und dunkler Wein am Boden rollte.

(1895)

REISELIED

Wasser stürzt, uns zu verschlingen,
Rollt der Fels, uns zu erschlagen,
Kommen schon auf starken Schwingen
5   Vögel her, uns fortzutragen.

Aber unten liegt ein Land,
Früchte spiegelnd ohne Ende
In den alterslosen Seen.

Marmorstirn und Brunnenrand
10   Steigt aus blumigem Gelände,
Und die leichten Winde wehn.

(1898)

AUGUST STRAMM
(1874-1915)

UNTREU

Dein Lächeln weint in meiner Brust
Die glutverbissnen Lippen eisen
Im Atem wittert Laubwelk!
Dein Blick versargt   5
Und
Hastet polternd Worte drauf.
Vergessen
Bröckeln nach die Hände!
Frei   10
Buhlt dein Kleidsaum
Schlenkrig
Drüber rüber!

                                        (1914)

PATROUILLE

Die Steine feinden
Fenster grinst Verrat
Äste würgen
Berge Sträucher blättern raschlig   5
Gellen
Tod.

                                        (1915)

RAINER MARIA RILKE
(1875-1926)

Werkleute sind wir: Knappen, Jünger, Meister,
und bauen dich, du hohes Mittelschiff.
Und manchmal kommt ein ernster Hergereister,
geht wie ein Glanz durch unsre hundert Geister
und zeigt uns zitternd einen neuen Griff.

Wir steigen in die wiegenden Gerüste,
in unsern Händen hängt der Hammer schwer,
bis eine Stunde uns die Stirnen küßte,
die strahlend und als ob sie Alles wüßte
von dir kommt, wie der Wind vom Meer.

Dann ist ein Hallen von dem vielen Hämmern
und durch die Berge geht es Stoß um Stoß.
Erst wenn es dunkelt lassen wir dich los:
Und deine kommenden Konturen dämmern.

Gott, du bist groß.

(1899)

HERBSTTAG

Herr: es ist Zeit. Der Sommer war sehr groß.
Leg deinen Schatten auf die Sonnenuhren,
und auf den Fluren laß die Winde los.

Befiehl den letzten Früchten voll zu sein;
gieb ihnen noch zwei südlichere Tage,
dränge sie zur Vollendung hin und jage
die letzte Süße in den schweren Wein.

Wer jetzt kein Haus hat, baut sich keines mehr.
Wer jetzt allein ist, wird es lange bleiben,

wird wachen, lesen, lange Briefe schreiben
und wird in den Alleen hin und her
unruhig wandern, wenn die Blätter treiben.

(1902)

DER PANTHER
Im Jardin des Plantes, Paris

Sein Blick ist vom Vorübergehn der Stäbe
so müd geworden, daß er nichts mehr hält.
Ihm ist, als ob es tausend Stäbe gäbe   5
und hinter tausend Stäben keine Welt.

Der weiche Gang geschmeidig starker Schritte,
der sich im allerkleinsten Kreise dreht,
ist wie ein Tanz von Kraft um eine Mitte,
in der betäubt ein großer Wille steht.   10

Nur manchmal schiebt der Vorhang der Pupille
sich lautlos auf –. Dann geht ein Bild hinein,
geht durch der Glieder angespannte Stille –
und hört im Herzen auf zu sein.

(1903)

RÖMISCHE FONTÄNE
Borghese

Zwei Becken, eins das andre übersteigend
aus einem alten runden Marmorrand,
und aus dem oberen Wasser leis sich neigend
zum Wasser, welches unten wartend stand,   5

dem leise redenden entgegenschweigend
und heimlich, gleichsam in der hohlen Hand,
ihm Himmel hinter Grün und Dunkel zeigend
wie einen unbekannten Gegenstand;   10

sich selber ruhig in der schönen Schale
verbreitend ohne Heimweh, Kreis aus Kreis,
nur manchmal träumerisch und tropfenweis

sich niederlassend an den Moosbehängen
zum letzten Spiegel, der sein Becken leis
von unten lächeln macht mit Übergängen.

(1906)

DAS KARUSSELL
Jardin du Luxembourg

Mit einem Dach und seinem Schatten dreht
sich eine kleine Weile der Bestand
von bunten Pferden, alle aus dem Land,
das lange zögert, eh es untergeht.
Zwar manche sind an Wagen angespannt,
doch alle haben Mut in ihren Mienen;
ein böser roter Löwe geht mit ihnen
und dann und wann ein weißer Elefant.

Sogar ein Hirsch ist da, ganz wie im Wald,
nur daß er einen Sattel trägt und drüber
ein kleines blaues Mädchen aufgeschnallt.

Und auf dem Löwen reitet weiß ein Junge
und hält sich mit der kleinen heißen Hand,
dieweil der Löwe Zähne zeigt und Zunge.

Und dann und wann ein weißer Elefant.

Und auf den Pferden kommen sie vorüber,
auch Mädchen, helle, diesem Pferdesprunge
fast schon entwachsen; mitten in dem Schwunge
schauen sie auf, irgendwohin, herüber –

Und dann und wann ein weißer Elefant.

Und das geht hin und eilt sich, daß es endet,
und kreist und dreht sich nur und hat kein Ziel.
Ein Rot, ein Grün, ein Grau vorbeigesendet,   25
ein kleines kaum begonnenes Profil —.
Und manchesmal ein Lächeln, hergewendet,
ein seliges, das blendet und verschwendet
an dieses atemlose blinde Spiel . . .

                                        (1906)

LIEBES-LIED

Wie soll ich meine Seele halten, daß
sie nicht an deine rührt? Wie soll ich sie
hinheben über dich zu andern Dingen?
Ach gerne möcht ich sie bei irgendwas   5
Verlorenem im Dunkel unterbringen
an einer fremden stillen Stelle, die
nicht weiterschwingt, wenn deine Tiefen schwingen.
Doch alles, was uns anrührt, dich und mich,
nimmt uns zusammen wie ein Bogenstrich,   10
der aus zwei Saiten *eine* Stimme zieht.
Auf welches Instrument sind wir gespannt?
Und welcher Geiger hat uns in der Hand?
O süßes Lied.

                                        (1907)

ARCHAÏSCHER TORSO APOLLOS

Wir kannten nicht sein unerhörtes Haupt,
darin die Augenäpfel reiften. Aber
sein Torso glüht noch wie ein Kandelaber,
in dem sein Schauen, nur zurückgeschraubt,   5

sich hält und glänzt. Sonst könnte nicht der Bug
der Brust dich blenden, und im leisen Drehen
der Lenden könnte nicht ein Lächeln gehen
zu jener Mitte, die die Zeugung trug.

10   Sonst stünde dieser Stein entstellt und kurz
unter der Schultern durchsichtigem Sturz
und flimmerte nicht so wie Raubtierfelle;

und bräche nicht aus allen seinen Rändern
aus wie ein Stern: denn da ist keine Stelle,
15   die dich nicht sieht. Du mußt dein Leben ändern.

(1908)

AUS: DUINESER ELEGIEN

Die dritte Elegie

Eines ist, die Geliebte zu singen. Ein anderes, wehe,
jenen verborgenen schuldigen Fluß-Gott des Bluts.
Den sie von weitem erkennt, ihren Jüngling, was weiß er
5   selbst von dem Herren der Lust, der aus dem Einsamen oft,
ehe das Mädchen noch linderte, oft auch als wäre sie nicht,
ach, von welchem Unkenntlichen triefend, das Gotthaupt
aufhob, aufrufend die Nacht zu unendlichem Aufruhr.
O des Blutes Neptun, o sein furchtbarer Dreizack.
10   O der dunkele Wind seiner Brust aus gewundener Muschel.
Horch, wie die Nacht sich muldet und höhlt. Ihr Sterne,
stammt nicht von euch des Liebenden Lust zu dem Antlitz
seiner Geliebten? Hat er die innige Einsicht
in ihr reines Gesicht nicht aus dem reinen Gestirn?

15   Du nicht hast ihm, wehe, nicht seine Mutter
hat ihm die Bogen der Brau'n so zur Erwartung gespannt.
Nicht an dir, ihn fühlendes Mädchen, an dir nicht
bog seine Lippe sich zum fruchtbarern Ausdruck.

Meinst du wirklich, ihn hätte dein leichter Auftritt
also erschüttert, du, die wandelt wie Frühwind?   20
Zwar du erschrakst ihm das Herz; doch ältere Schrecken
stürzten in ihn bei dem berührenden Anstoß.
Ruf ihn . . . du rufst ihn nicht ganz aus dunkelem Umgang.
Freilich, er *will,* er entspringt; erleichtert gewöhnt er
sich in dein heimliches Herz und nimmt und beginnt sich.   25
Aber begann er sich je?
Mutter, du machtest ihn klein, du warsts, die ihn anfing;
dir war er neu, du beugtest über die neuen
Augen die freundliche Welt und wehrtest der fremden.
Wo, ach, hin sind die Jahre, da du ihm einfach   30
mit der schlanken Gestalt wallendes Chaos vertratst?
Vieles verbargst du ihm so; das nächtlich verdächtige Zimmer
machtest du harmlos, aus deinem Herzen voll Zuflucht
mischtest du menschlichern Raum seinem Nacht-Raum
hinzu.
Nicht in die Finsternis, nein, in dein näheres Dasein   35
hast du das Nachtlicht gestellt, und es schien wie aus
                                        Freundschaft.
Nirgends ein Knistern, das du nicht lächelnd erklärtest,
so als wüßtest du längst, *wann* sich die Diele benimmt . . .
Und er horchte und linderte sich. So vieles vermochte
zärtlich dein Aufstehn; hinter den Schrank trat   40
hoch im Mantel sein Schicksal, und in die Falten des Vorhangs
paßte, die leicht sich verschob, seine unruhige Zukunft.

Und er selbst, wie er lag, der Erleichterte, unter
schläfernden Lidern deiner leichten Gestaltung
Süße lösend in den gekosteten Vorschlaf –:   45
schien ein Gehüteter . . . Aber innen: wer wehrte,
hinderte innen in ihm die Fluten der Herkunft?
Ach, da war keine Vorsicht im Schlafenden; schlafend,
aber träumend, aber in Fiebern: wie er sich einließ.
Er, der Neue, Scheuende, wie er verstrickt war,   50
mit des innern Geschehns weiterschlagenden Ranken
schon zu Mustern verschlungen, zu würgendem Wachstum,
                                        zu tierhaft
jagenden Formen. Wie er sich hingab –. Liebte.

Liebte sein Inneres, seines Inneren Wildnis,
55 diesen Urwald in ihm, auf dessen stummem Gestürztsein
lichtgrün sein Herz stand. Liebte. Verließ es, ging die
eigenen Wurzeln hinaus in gewaltigen Ursprung,
wo seine kleine Geburt schon überlebt war. Liebend
stieg er hinab in das ältere Blut, in die Schluchten,
60 wo das Furchtbare lag, noch satt von den Vätern. Und jedes
Schreckliche kannte ihn, blinzelte, war wie verständigt.
Ja, das Entsetzliche lächelte . . . Selten
hast du so zärtlich gelächelt, Mutter. Wie sollte
er es nicht lieben, da es ihm lächelte. Vor dir
65 hat ers geliebt, denn, da du ihn trugst schon,
war es im Wasser gelöst, das den Keimenden leicht macht.
Siehe, wir lieben nicht, wie die Blumen, aus einem
einzigen Jahr; uns steigt, wo wir lieben,
unvordenklicher Saft in die Arme. O Mädchen,
70 dies: daß wir liebten *in* uns, nicht Eines, ein Künftiges,
                                             sondern
das zahllos Brauende; nicht ein einzelnes Kind,
sondern die Väter, die wie Trümmer Gebirgs
uns im Grunde beruhn; sondern das trockene Flußbett
einstiger Mütter —; sondern die ganze
75 lautlose Landschaft unter dem wolkigen oder
reinen Verhängnis —: *dies* kam dir, Mädchen, zuvor.

Und du selber, was weißt du —, du locktest
Vorzeit empor in dem Liebenden. Welche Gefühle
wühlten herauf aus entwandelten Wesen. Welche
80 Frauen haßten dich da. Was für finstere Männer
regtest du auf im Geäder des Jünglings? Tote
Kinder wollten zu dir . . . O leise, leise,
tu ein liebes vor ihm, ein verläßliches Tagwerk, — führ ihn
nah an den Garten heran, gib ihm der Nächte
85 Übergewicht . . .
                    Verhalt ihn . . .

                                          (*1912/13*)

AUS: SONETTE AN ORPHEUS
(ZWEITER TEIL)

XV

O Brunnen-Mund, du gebender, du Mund,
der unerschöpflich Eines, Reines, spricht, –
du, vor des Wassers fließendem Gesicht,
marmorne Maske. Und im Hintergrund

der Aquädukte Herkunft. Weither an   5
Gräbern vorbei, vom Hang des Apennins
tragen sie dir dein Sagen zu, das dann
am schwarzen Altern deines Kinns

vorüberfällt in das Gefäß davor.
Dies ist das schlafend hingelegte Ohr,   10
das Marmorohr, in das du immer sprichst.

Ein Ohr der Erde. Nur mit sich allein
redet sie also. Schiebt ein Krug sich ein,
so scheint es ihr, daß du sie unterbrichst.

(1922)

Komm du, du letzter, den ich anerkenne,
heilloser Schmerz im leiblichen Geweb:
wie ich im Geiste brannte, sieh, ich brenne
in dir; das Holz hat lange widerstrebt,
der Flamme, die du loderst, zuzustimmen,   5
nun aber nähr' ich dich und brenn in dir.
Mein hiesig Mildsein wird in deinem Grimmen
ein Grimm der Hölle nicht von hier.
Ganz rein, ganz planlos frei von Zukunft stieg
ich auf des Leidens wirren Scheiterhaufen,   10
so sicher nirgend Künftiges zu kaufen

um dieses Herz, darin der Vorrat schwieg.
Bin ich es noch, der da unkenntlich brennt?
Erinnerungen reiß ich nicht herein.
O Leben, Leben: Draußensein.
Und ich in Lohe. Niemand der mich kennt.

(Dezember 1926)

HERMANN HESSE
(1877-1962)

EINER SENTIMENTALEN DAME

Gehört' ich zu den Veilchen, Rosen, Nelken,
So wär' es Wonne mir und höchste Pflicht,
An deinem schönen Busen zu verwelken.
Doch eine Blume bin ich leider nicht.   5

Wir haben hier auf Erden andre Pflichten,
Und was Verwelken und so fort betrifft,
So mußt du eben dies allein verrichten.
Stirb wohl, mein Kind, nimm Dolch, Revolver, Gift.

Mir liegt es ob, beschäftigt zu erscheinen,   10
Harnsäure sondr' ich ab in Form von Gicht.
Vielleicht werd' ich an deinem Grabe weinen.
Doch eine Blume bin ich leider nicht.

(1928)

STUFEN

Wie jede Blüte welkt und jede Jugend
Dem Alter weicht, blüht jede Lebensstufe,
Blüht jede Weisheit auch und jede Tugend
Zu ihrer Zeit und darf nicht ewig dauern.   5
Es muß das Herz bei jedem Lebensrufe
Bereit zum Abschied sein und Neubeginne,
Um sich in Tapferkeit und ohne Trauern
In andre, neue Bindungen zu geben.
Und jedem Anfang wohnt ein Zauber inne,   10
Der uns beschützt und der uns hilft zu leben.

Wir sollen heiter Raum um Raum durchschreiten,
An keinem wie an einer Heimat hängen,

Der Weltgeist will nicht fesseln uns und engen,
15   Er will uns Stuf' um Stufe heben, weiten.
Kaum sind wir heimisch einem Lebenskreise
Und traulich eingewohnt, so droht Erschlaffen,
Nur wer bereit zu Aufbruch ist und Reise,
Mag lähmender Gewöhnung sich entraffen.
20   Es wird vielleicht auch noch die Todesstunde
Uns neuen Räumen jung entgegensenden,
Des Lebens Ruf an uns wird niemals enden . . .
Wohlan denn, Herz, nimm Abschied und gesunde!

(1940)

ERICH MÜHSAM
(1878-1934)

DER REVOLUZZER
Der deutschen Sozialdemokratie gewidmet

War einmal ein Revoluzzer,
im Zivilstand Lampenputzer;
ging im Revoluzzerschritt   5
mit den Revoluzzern mit.

Und er schrie: »Ich revolüzze!«
Und die Revoluzzermütze
schob er auf das linke Ohr,
kam sich höchst gefährlich vor.   10

Doch die Revoluzzer schritten
mitten in der Straßen Mitten,
wo er sonsten unverdrutzt
alle Gaslaternen putzt.

Sie vom Boden zu entfernen,   15
rupfte man die Gaslaternen
aus dem Straßenpflaster aus,
zwecks des Barrikadenbaus.

Aber unser Revoluzzer
schrie: »Ich bin der Lampenputzer   20
dieses guten Leuchtelichts.
Bitte, bitte, tut ihm nichts!

Wenn wir ihn' das Licht ausdrehen,
kann kein Bürger nichts mehr sehen.
Laßt die Lampen stehn, ich bitt! –   25
Denn sonst spiel ich nicht mehr mit.«

Doch die Revoluzzer lachten,
und die Gaslaternen krachten,
und der Lampenputzer schlich
fort und weinte bitterlich.

Dann ist er zu Haus geblieben
und hat dort ein Buch geschrieben:
nämlich, wie man revoluzzt
und dabei doch Lampen putzt.

(1907)

WILHELM LEHMANN
(1882-1968)

AUF SOMMERLICHEM FRIEDHOF (1944)
In memoriam Oskar Loerke

Der Fliegenschnäpper steinauf, steinab.
Der Rosenduft begräbt dein Grab.
Es könnte nirgend stiller sein.
Der darin liegt, erschein, erschein!   5

Der Eisenhut blitzt blaues Licht.
Komm, wisch den Schweiß mir vom Gesicht.
Der Tag ist süß und ladet ein,
Noch einmal säßen wir zu zwein.   10

Sirene heult, Geschützmaul bellt.
Sie morden sich: es ist die Welt.
Komm nicht! Komm nicht! Laß mich allein,
Der Erdentag lädt nicht mehr ein.
Ins Qualenlose flohest du,   15
O Grab, halt deine Tür fest zu!

(1944)

ERNST STADLER
(1883-1914)

FAHRT ÜBER DIE KÖLNER RHEINBRÜCKE BEI NACHT

Der Schnellzug tastet sich
    und stößt die Dunkelheit entlang.
Kein Stern will vor. Die ganze Welt ist nur ein enger,
5   nachtumschienter Minengang,
darein zuweilen Förderstellen
    blauen Lichtes jähe Horizonte reißen: Feuerkreis
von Kugellampen, Dächern, Schloten,
    dampfend, strömend . . nur sekundenweis . .
10 und wieder alles schwarz.
    Als führen wir ins Eingeweid der Nacht zur Schicht.
Nun taumeln Lichter her . . verirrt, trostlos vereinsamt . .
    mehr . . und sammeln sich . . und werden dicht.
Gerippe grauer Häuserfronten liegen bloß,
15   im Zwielicht bleichend, tot –
    etwas muß kommen . . o, ich fühl es schwer
im Hirn. Eine Beklemmung singt im Blut.
    Dann dröhnt der Boden plötzlich wie ein Meer:
Wir fliegen, aufgehoben,
20   königlich durch nachtentrissne Luft, hoch übern Strom.
    O Biegung der Millionen Lichter, stumme Wacht,
vor deren blitzender Parade
    schwer die Wasser abwärts rollen.
    Endloses Spalier, zum Gruß gestellt bei Nacht!
25 Wie Fackeln stürmend! Freudiges!
    Salut von Schiffen über blauer See! Bestirntes Fest!
Wimmelnd, mit hellen Augen hingedrängt!
    Bis wo die Stadt
    mit letzten Häusern ihren Gast entläßt.
30 Und dann die langen Einsamkeiten. Nackte Ufer.
    Stille. Nacht. Besinnung. Einkehr. Kommunion.
    Und Glut und Drang
zum Letzten, Segnenden. Zum Zeugungsfest.
    Zur Wollust. Zum Gebet. Zum Meer.
35   Zum Untergang.

(1913)

DER SPRUCH

In einem alten Buche
   stieß ich auf ein Wort,
Das traf mich wie ein Schlag
   und brennt durch meine Tage fort: 5
Und wenn ich mich
   an trübe Lust vergebe,
Schein, Lug und Spiel zu mir
   anstatt des Wesens hebe,
Wenn ich gefällig mich   10
   mit raschem Sinn belüge,
Als wäre Dunkles klar, als wenn nicht Leben
   tausend wild verschlossne Tore trüge,
Und Worte wiederspreche,
   deren Weite nie ich ausgefühlt,   15
Und Dinge fasse,
   deren Sein mich niemals aufgewühlt,
Wenn mich willkommner Traum
   mit Sammethänden streicht,
Und Tag und Wirklichkeit   20
   von mir entweicht,
Der Welt entfremdet,
   fremd dem tiefsten Ich,
Dann steht das Wort mir auf:
   Mensch, werde wesentlich!   25

(1914)

25: *Zitat aus* Angelus Silesius: »Zufall und Wesen«.

JOACHIM RINGELNATZ
(1883-1934)

ABENDGEBET EINER ERKÄLTETEN NEGERIN

Ich suche Sternengefunkel.
Sonne brennet mich dunkel.
Sonne drohet mit Stich.

5   Warum brennt mich die Sonne im Zorn?
Warum brennt sie gerade mich?
Warum nicht Korn?

Ich folge weißen Mannes Spur.
Der Mann war weiß und roch so gut.
10   Mir ist in meiner Muschelschnur
So négligé zu Mut.

Kam in mein Wigwam
Weit über das Meer,
Seit er zurückschwamm,
15   Das Wigwam
Blieb leer.

Drüben am Walde
Kängt ein Guruh — —

Warte nur balde
20   Kängurst auch du.

(1920)

ÜBERALL

Überall ist Wunderland.
Überall ist Leben.
Bei meiner Tante im Strumpfenband.

Wie irgendwo daneben.   5
Überall ist Dunkelheit.
Kinder werden Väter.
Fünf Minuten später
Stirbt sich was für einige Zeit.
Überall ist Ewigkeit.   10

Wenn du einen Schneck behauchst,
Schrumpft er ins Gehäuse,
Wenn du ihn in Kognak tauchst,
Sieht er weiße Mäuse.

                              (1927)

ICH HABE DICH SO LIEB

Ich habe dich so lieb!
Ich würde dir ohne Bedenken
Eine Kachel aus meinem Ofen
Schenken.   5

Ich habe dir nichts getan.
Nun ist mir traurig zumut.
An den Hängen der Eisenbahn
Leuchtet der Ginster so gut.

Vorbei – verjährt –   10
Doch nimmer vergessen.
Ich reise.
Alles, was lange währt,
Ist leise.

Die Zeit entstellt   15
Alle Lebewesen.
Ein Hund bellt.
Er kann nicht lesen.
Er kann nicht schreiben.
Wir können nicht bleiben.   20

Ich lache.
Die Löcher sind die Hauptsache
An einem Sieb.

Ich habe dich so lieb.

(1928)

OSKAR LOERKE
(1884-1941)

PANSMUSIK

Ein Floß schwimmt aus dem fernen Himmelsrande,
Drauf tönt es dünn und blaß
Wie eine alte süße Sarabande.
Das Auge wird mir naß.   5

Es ist, wie wenn den weiten Horizonten
Die Seele übergeht,
Der Himmel auf den Ebnen, den besonnten,
Aufhorcht wie ein Prophet

Und eine arme Weise in die Ohren   10
Der höhern Himmel spricht:
Das Spielen wankt, im Spielen unverloren,
Das Licht wankt durch das Licht.

Heut fährt der Gott der Welt auf einem Floße,
Er sitzt auf Schilf und Rohr,   15
Und spielt die sanfte, abendliche, große,
Und spielt die Welt sich vor.

Er spielt das große Licht der Welt zur Neige,
Tief aus sich her den Strom
Durch Ebnen mit der Schwermut langer Steige   20
Und Ewigkeitsarom.

Er baut die Ebenen und ihre Städte
Mit weichen Mundes Ton
Und alles Werden bis in dieses späte
Verspieltsein und Verlohn: 25

Doch alles wie zu stillendem Genusse
Den Augen bloß, dem Ohr.
So fährt er selig auf dem großen Flusse
Und spielt die Welt sich vor.

30 So fährt sein Licht und ist bald bei den größern,
Orion, Schwan und Bär:
Sie alle scheinen Flöße schon mit Flößern
Der Welt ins leere Meer.

35 Bald wird die Grundharmonika verhallen,
Die Seele schläft mir ein,
Bald wird der Wind aus seiner Höhe fallen,
Die Tiefe nicht mehr sein.

(1916)

GEBETSFRAGE

Warum hast du uns zugedacht
Ein Geistesfeuer, Vater,
Um das dein böser Feind sich müht
5 Und Pfähle für das Fleisch uns glüht,
Eh wir uns strecken in die tiefe Nacht?

Von deinem Atem duftet warm
Die alte Tanne, Vater.
Und wenn an ihrem Fuß die Säge
10 Schon zischt, noch rauscht der Wipfel träge,
Eh er ins Nichtsein zuckt – ein Rabenschwarm.

Um Kälber hab ich oft geweint,
Die wir dir stahlen, Vater.
Ihr Fuß hüpft heute aus der Hütte,
15 Ihr Blut hüpft morgen in die Bütte.
Du strafst uns nicht. Ist denn dein Herz versteint?

Dein Wohnsitz schweigt. Du hast genug gelehrt.
Wir konnten selten, Vater,
Die Schriften deines Griffels lesen,
20 Sind deine Kinder nie gewesen.
Dein Feuer hat uns Glück und Glied verzehrt.

(um 1940)

GOTTFRIED BENN
(1886-1956)

KLEINE ASTER

Ein ersoffener Bierfahrer wurde auf den Tisch gestemmt.
Irgendeiner hatte ihm eine dunkelhellila Aster
zwischen die Zähne geklemmt.
Als ich von der Brust aus   5
unter der Haut
mit einem langen Messer
Zunge und Gaumen herausschnitt,
muß ich sie angestoßen haben, denn sie glitt
in das nebenliegende Gehirn.   10
Ich packte sie ihm in die Bauchhöhle
zwischen die Holzwolle,
als man zunähte.
Trinke dich satt in deiner Vase!
Ruhe sanft,   15
kleine Aster!

(1912)

Dieses und das folgende Gedicht stammen aus dem Zyklus »Morgue«
(= Leichenschauhaus).

SCHÖNE JUGEND

Der Mund eines Mädchens, das lange im Schilf gelegen hatte,
sah so angeknabbert aus.
Als man die Brust aufbrach, war die Speiseröhre so löcherig.
Schließlich in einer Laube unter dem Zwerchfell   5
fand man ein Nest von jungen Ratten.
Ein kleines Schwesterchen lag tot.
Die andern lebten von Leber und Niere,
tranken das kalte Blut und hatten
hier eine schöne Jugend verlebt.   10
Und schön und schnell kam auch ihr Tod:

Man warf sie allesamt ins Wasser.
Ach, wie die kleinen Schnauzen quietschten!

(1912)

PROLOG

Verlauste Schieber, Rixdorf, Lichtenrade
Sind Göttersöhne und ins Licht gebeugt,
Freibier für Luden und Spionfassade –
Der warme Tag ist's, der die Natter zeugt:
Am Tauentzien und dann die Prunkparade
Der Villenwälder, wo die Chuzpe seucht:
Fortschritt, Zylinderglanz und Westenweiße
Des Bürgermastdarms und der Bauchgeschmeiße.

Jungdeutschland, hoch die Aufbauschiebefahne!
Refrains per Saldo! Zeitstrom, jeder Preis!
Der Genius und die sterblichen Organe
Vereint beschmunzeln ihm den fetten Steiß.
Los, gebt ihm Lustmord, Sodomitensahne
Und schäkert ihm den Blasenausgang heiß
Und singt dem Aasgestrüpp und Hurentorte
Empor! (zu Caviar). Sursum! (zur Importe.)

Vergeßt auch nicht die vielbesungne Fose
Mit leichter Venerologie bedeckt,
Bei Gasglühlicht und Saint-Lazare die Pose
Das kitzelt ihn, Gott, wie der Chablis schmeckt.
Und amüsiert das Vieh und Frau Mimose
Will auch was haben, was ein bißchen neckt –
Gott, gebt ihr doch, Gott, steckt ihr doch ein Licht
In die – ein Licht des Geistes ins Gesicht.

Die Massenjauche in den Massenkuhlen
Die stinkt nicht mehr, die ist schon fortgetaut.
Die Börsenbullen und die Bänkeljulen
Die haben Deutschland wieder aufgebaut.

Der Jobber und die liederreichen Thulen,   30
Zwei Ferkel, aus demselben Stall gesaut –
Streik? Dowe Bande! Eignes Licht im Haus!
Wer fixt per Saldo kessen Schlager raus?

Avant! Die Hosen runter, smarte Geister,
An Spree und Jordan großer Samenfang!
Und dann das Onanat mit Demos-Kleister   35
Versalbt zu flottem Nebbich mit Gesang.
Hoch der Familientisch! Und mixt auch dreister
Den ganzen süßen Westen mitten mang –
Und aller Fluch der ganzen Kreatur
Gequälten Seins in Eure Appretur.   40

                              (1922)

―――――――
Abrechnung Benns mit Nachkriegswohlstand und allzu ange-
paßten Schriftstellern. Die Zeitschrift »Aktion« begleitete die
Veröffentlichung des Gedichtes mit folgendem Hinweis: »Da-
mit nun das Völkchen der ›Dichter‹ wisse, welch ›echte‹,
wahre Kulturwerte‹ im deutschen Liede zu feiern sind,
schrieb Gottfried Benn für die AKTION diesen PROLOG.«

DER SÄNGER

Keime, Begriffsgenesen,
Broadways, Azimuth,
Turf- und Nebelwesen
mischt der Sänger im Blut,   5
immer in Gestaltung,
immer dem Worte zu
nach Vergessen der Spaltung
zwischen ich und du.

neurogene Leier,   10
fahle Hyperämien,
Blutdruckschleier
mittels Coffein,
keiner kann ermessen

15   dies: dem einen zu,
ewig dem Vergessen
zwischen ich und du.

einstmals sang der Sänger
über die Lerchen lieb,
20   heute ist er Zersprenger
mittels Gehirnprinzip,
stündlich webt er im Ganzen
drängend zum Traum des Gedichts
seine schweren Substanzen
25   selten und langsam ins Nichts.

(1925)

STAATSBIBLIOTHEK

Staatsbibliothek, Kaschemme,
Resultatverließ,
Satzbordell, Maremme,
5   Fieberparadies:
wenn die Katakomben
glühn im Wortvibrier,
und die Hekatomben
sein ein weißer Stier –

10   wenn Vergang der Zeiten,
wenn die Stunde stockt,
weil im Satz der Seiten
eine Silbe lockt,
die den Zweckgewalten,
15   reinem Lustgewinn
rauscht in Sturzgestalten
löwenhaft den Sinn –:

wenn das Säculare,
tausendstimmig Blut
20   auferlebt im Aare

neuer Himmel ruht:
Opfer, Beil und Wunde,
Hades, Mutterhort
für der Schöpfungsstunde
traumbeladenes Wort.   25

(1925)

———————

*Benn arbeitete oft im Lesesaal der
Berliner Staatsbibliothek, um sich
durch die Fülle unterschiedlichster
Bücher dichterisch inspirieren zu
lassen.*

TAG, DER DEN SOMMER ENDET

Tag, der den Sommer endet
Herz, dem das Zeichen fiel:
die Flammen sind versendet,
die Fluten und das Spiel.   5

Die Bilder werden blasser,
entrücken sich der Zeit,
wohl spiegelt sie noch ein Wasser,
doch auch dies Wasser ist weit.

Du hast eine Schlacht erfahren,   10
trägst noch ihr Stürmen, ihr Fliehn,
indessen die Schwärme, die Scharen,
die Heere weiter ziehn.

Rosen- und Waffenspanner,
Pfeile und Flammen weit —:   15
die Zeichen sinken, die Banner —:
Unwiederbringlichkeit.

(1935)

ASTERN

Astern –, schwälende Tage,
alte Beschwörung, Bann,
die Götter halten die Waage
eine zögernde Stunde an.

Noch einmal die goldenen Herden
der Himmel, das Licht, der Flor,
was brütet das alte Werden
unter den sterbenden Flügeln vor?

Noch einmal das Ersehnte,
den Rausch, der Rosen Du –,
der Sommer stand und lehnte
und sah den Schwalben zu,

noch einmal ein Vermuten,
wo längst Gewißheit wacht:
die Schwalben streifen die Fluten
und trinken Fahrt und Nacht.

(1935)

EINSAMER NIE –

Einsamer nie als im August:
Erfüllungsstunde –, im Gelände
die roten und die goldenen Brände,
doch wo ist deiner Gärten Lust?

Die Seen hell, die Himmel weich,
die Äcker rein und glänzen leise,
doch wo sind Sieg und Siegsbeweise
aus dem von dir vertretenen Reich?

Wo alles sich durch Glück beweist   10
und tauscht den Blick und tauscht die Ringe
im Weingeruch, im Rausch der Dinge, –:
dienst du dem Gegenglück, dem Geist.

(1936)

EIN WORT

Ein Wort, ein Satz –: aus Chiffern steigen
erkanntes Leben, jäher Sinn,
die Sonne steht, die Sphären schweigen
und alles ballt sich zu ihm hin.   5

Ein Wort –, ein Glanz, ein Flug, ein Feuer,
ein Flammenwurf, ein Sternenstrich –,
und wieder Dunkel, ungeheuer,
im leeren Raum um Welt und Ich.

(1941)

STATISCHE GEDICHTE

Entwicklungsfremdheit
ist die Tiefe des Weisen,
Kinder und Kindeskinder
beunruhigen ihn nicht,   5
dringen nicht in ihn ein.

Richtungen vertreten,
Handeln,
Zu- und Abreisen
ist das Zeichen einer Welt,   10
die nicht klar sieht.
Vor meinem Fenster,
– sagt der Weise, –
liegt ein Tal,

15   darin sammeln sich die Schatten,
        zwei Pappeln säumen einen Weg,
        du weißt, – wohin.

        Perspektivismus
        ist ein anderes Wort für seine Statik:
20   Linien anlegen,
        sie weiterführen
        nach Rankengesetz, –
        Ranken sprühen, –
        auch Schwärme, Krähen,
25   auswerfen in Winterrot von Frühhimmeln,

        dann sinkenlassen –,

        Du weißt – für wen.

                                              (1944)

CHOPIN

        Nicht sehr ergiebig im Gespräch,
        Ansichten waren nicht seine Stärke,
        Ansichten reden drum herum,
5   wenn Delacroix Theorien entwickelte,
        wurde er unruhig, er seinerseits konnte
        die Notturnos nicht begründen.

        Schwacher Liebhaber;
        Schatten in Nohant,
10   wo George Sands Kinder
        keine erzieherischen Ratschläge
        von ihm annahmen.

        Brustkrank in jener Form
        mit Blutungen und Narbenbildung,
15   die sich lange hinzieht;
        stiller Tod

im Gegensatz zu einem
mit Schmerzparoxysmen
oder durch Gewehrsalven:
man rückte den Flügel (Erard) an die Tür   20
und Delphine Potocka
sang ihm in der letzten Stunde
ein Veilchenlied.

Nach England reiste er mit drei Flügeln:
Pleyel, Erard, Broadwood,   25
spielte für 20 Guineen abends
eine Viertelstunde
bei Rothschilds, Wellingtons, im Strafford House
und vor zahllosen Hosenbändern;
verdunkelt von Müdigkeit und Todesnähe   30
kehrte er heim
auf den Square d'Orléans.

Dann verbrennt er seine Skizzen
und Manuskripte,
nur keine Restbestände, Fragmente, Notizen,   35
diese verräterischen Einblicke –,
sagte zum Schluß:
»meine Versuche sind nach Maßgabe dessen vollendet,
was mir zu erreichen möglich war.«

Spielen sollte jeder Finger   40
mit der seinem Bau entsprechenden Kraft,
der vierte ist der schwächste
(nur siamesisch zum Mittelfinger).
Wenn er begann, lagen sie
auf e, fis, gis, h, c.   45

Wer je bestimmte Präludien
von ihm hörte,
sei es in Landhäusern oder
in einem Höhengelände
oder aus offenen Terrassentüren   50
beispielsweise aus einem Sanatorium,

wird es schwer vergessen.
Nie eine Oper komponiert,
keine Symphonie,
55   nur diese tragischen Progressionen
aus artistischer Überzeugung
und mit einer kleinen Hand.

                                    (1944)

KANN KEINE TRAUER SEIN

In jenem kleinen Bett, fast Kinderbett, starb die Droste
(zu sehn in ihrem Museum in Meersburg),
auf diesem Sofa Hölderlin im Turm bei einem Schreiner
5   Rilke, George wohl in Schweizer Hospitalbetten,
in Weimar lagen die großen schwarzen Augen
Nietzsches auf einem weißen Kissen
bis zum letzten Blick –
alles Gerümpel jetzt oder gar nicht mehr vorhanden,
10   unbestimmbar, wesenlos,
im schmerzlos ewigen Zerfall.

Wir tragen in uns Keime aller Götter,
das Gen des Todes und das Gen der Lust,
wer trennte sie: die Worte und die Dinge,
15   wer mischte sie: die Qualen und die Statt,
auf der sie enden, Holz mit Tränenbächen –
für kurze Stunden ein erbärmlich Heim.

Kann keine Trauer sein. Zu fern, zu weit,
zu unberührbar Bett und Tränen,
20   kein Nein, kein Ja,
Geburt und Körperschmerz und Glauben,
ein Wallen, namenlos, ein Huschen,
ein Überirdisches, im Schlaf sich regend,
bewegte Bett und Tränen –
25   schlafe ein!

                                    6. 1. 1956

HUGO BALL
(1886-1927)

KARAWANE

jolifanto bambla ô falli bambla
grossiga m'pfa habla horem
égiga goramen
higo bloiko russula huju   5
hollaka hollala
anlogo bung
blago bung
blago bung
bosso fataka   10
ü üü ü
schampa wulla wussa ólobo
hej tatta gôrem
eschige zunbada
wulubu ssubudu uluw ssubudu   15
tumba ba- umf
kusagauma
ba - umf

(1917)

Beispiel für eine dadaistische Wortcollage.

JAKOB VON HODDIS
(1887-1942)

WELTENDE

Dem Bürger fliegt vom spitzen Kopf der Hut,
In allen Lüften hallt es wie Geschrei.
Dachdecker stürzen ab und gehn entzwei
Und an den Küsten – liest man – steigt die Flut.

Der Sturm ist da, die wilden Meere hupfen
An Land, um dicke Dämme zu zerdrücken.
Die meisten Menschen haben einen Schnupfen.
Die Eisenbahnen fallen von den Brücken.

(1911)

GEORG HEYM
(1887-1912)

DIE VORSTADT

In ihrem Viertel, in dem Gassenkot,
Wo sich der große Mond durch Dünste drängt,
Und sinkend an dem niedern Himmel hängt,
Ein ungeheurer Schädel, weiß und tot,   5

Da sitzen sie die warme Sommernacht
Vor ihrer Höhlen schwarzer Unterwelt,
Im Lumpenzeuge, das vor Staub zerfällt
Und aufgeblähte Leiber sehen macht.

Hier klafft ein Maul, das zahnlos auf sich reißt.   10
Hier hebt sich zweier Arme schwarzer Stumpf.
Ein Irrer lallt die hohlen Lieder dumpf,
Wo hockt ein Greis, des Schädel Aussatz weißt.

Es spielen Kinder, denen früh man brach
Die Gliederchen. Sie springen an den Krücken   15
Wie Flöhe weit und humpeln voll Entzücken
Um einen Pfennig einem Fremden nach.

Aus einem Keller kommt ein Fischgeruch,
Wo Bettler starren auf die Gräten böse.
Sie füttern einen Blinden mit Gekröse.   20
Er speit es auf das schwarze Hemdentuch.

Bei alten Weibern löschen ihre Lust
Die Greise unten, trüb im Lampenschimmer,
Aus morschen Wiegen schallt das Schreien immer
Der magren Kinder nach der welken Brust.   25

Ein Blinder dreht auf schwarzem, großem Bette
Den Leierkasten zu der Carmagnole,
Die tanzt ein Lahmer mit verbundener Sohle.
Hell klappert in der Hand die Kastagnette.

30   Uraltes Volk schwankt aus den tiefen Löchern,
An ihre Stirn Laternen vorgebunden.
Bergmännern gleich, die alten Vagabunden.
Um einen Stock die Hände, dürr und knöchern.

Auf Morgen geht's. Die hellen Glöckchen wimmern
35 Zur Armesündermette durch die Nacht.
Ein Tor geht auf. In seinem Dunkel schimmern
Eunuchenköpfe, faltig und verwacht.

Vor steilen Stufen schwankt des Wirtes Fahne,
Ein Totenkopf mit zwei gekreuzten Knochen.
40 Man sieht die Schläfer ruhn, wo sie gebrochen
Um sich herum die höllischen Arkane.

Am Mauertor, in Krüppeleitelkeit
Bläht sich ein Zwerg in rotem Seidenrocke,
Er schaut hinauf zur grünen Himmelsglocke,
45 Wo lautlos ziehn die Meteore weit.

(1910)

DER GOTT DER STADT

Auf einem Häuserblocke sitzt er breit.
Die Winde lagern schwarz um seine Stirn.
Er schaut voll Wut, wo fern in Einsamkeit
5 Die letzten Häuser in das Land verirrn.

Vom Abend glänzt der rote Bauch dem Baal,
Die großen Städte knien um ihn her.
Der Kirchenglocken ungeheure Zahl
Wogt auf zu ihm aus schwarzer Türme Meer.

10 Wie Korybanten-Tanz dröhnt die Musik
Der Millionen durch die Straßen laut.
Der Schlote Rauch, die Wolken der Fabrik
Ziehn auf zu ihm, wie Duft von Weihrauch blaut.

Das Wetter schwelt in seinen Augenbrauen.
Der dunkle Abend wird in Nacht betäubt.   15
Die Stürme flattern, die wie Geier schauen
Von seinem Haupthaar, das im Zorne sträubt.

Er streckt ins Dunkel seine Fleischerfaust.
Er schüttelt sie. Ein Meer von Feuer jagt
Durch eine Straße. Und der Glutqualm braust   20
Und frißt sie auf, bis spät der Morgen tagt.

(1910)

DEINE WIMPERN, DIE LANGEN . . .
An Hildegard K.

Deine Wimpern, die langen,
Deiner Augen dunkele Wasser,
Laß mich tauchen darein,
Laß mich zur Tiefe gehn.   5

Steigt der Bergmann zum Schacht
Und schwankt seine trübe Lampe
Über der Erze Tor,
Hoch an der Schattenwand,   10

Sieh, ich steige hinab,
In deinem Schoß zu vergessen,
Fern, was von oben dröhnt,
Helle und Qual und Tag.

An den Feldern verwächst,   15
Wo der Wind steht, trunken vom Korn,
Hoher Dorn, hoch und krank
Gegen das Himmelsblau.

Gib mir die Hand,
Wir wollen einander verwachsen,   20
Einem Wind Beute,
Einsamer Vögel Flug,

Hören im Sommer
Die Orgel der matten Gewitter,
Baden in Herbsteslicht,
Am Ufer des blauen Tags.

Manchmal wollen wir stehn
Am Rand des dunkelen Brunnens,
Tief in die Stille zu sehn,
Unsere Liebe zu suchen.

Oder wir treten hinaus
Vom Schatten der goldenen Wälder,
Groß in ein Abendrot,
Das dir berührt sanft die Stirn.

Göttliche Trauer,
Schweige der ewigen Liebe.
Hebe den Krug herauf,
Trinke den Schlaf.

Einmal am Ende zu stehen,
Wo Meer in gelblichen Flecken
Leise schwimmt schon herein
Zu der September Bucht.

Oben zu ruhn
Im Hause der durstigen Blumen,
Über die Felsen hinab
Singt und zittert der Wind.

Doch von der Pappel,
Die ragt im Ewigen Blauen,
Fällt schon ein braunes Blatt,
Ruht auf dem Nacken dir aus.

(1911)

DER KRIEG

Aufgestanden ist er, welcher lange schlief,
Aufgestanden unten aus Gewölben tief.
In der Dämmrung steht er, groß und unerkannt,
Und den Mond zerdrückt er in der schwarzen Hand.   5

In den Abendlärm der Städte fällt es weit,
Frost und Schatten einer fremden Dunkelheit,
Und der Märkte runder Wirbel stockt zu Eis.
Es wird still. Sie sehn sich um. Und keiner weiß.

In den Gassen faßt es ihre Schulter leicht.   10
Eine Frage. Keine Antwort. Ein Gesicht erbleicht.
In der Ferne wimmert ein Geläute dünn
Und die Bärte zittern um ihr spitzes Kinn.

Auf den Bergen hebt er schon zu tanzen an
Und er schreit: Ihr Krieger alle, auf und an.   15
Und es schallet, wenn das schwarze Haupt er schwenkt,
Drum von tausend Schädeln laute Kette hängt.

Einem Turm gleich tritt er aus die letzte Glut,
Wo der Tag flieht, sind die Ströme schon voll Blut.
Zahllos sind die Leichen schon im Schilf gestreckt,   20
Von des Todes starken Vögeln weiß bedeckt.

Über runder Mauern blauem Flammenschwall
Steht er, über schwarzer Gassen Waffenschall.
Über Toren, wo die Wächter liegen quer,
Über Brücken, die von Bergen Toter schwer.   25

In die Nacht er jagt das Feuer querfeldein
Einen roten Hund mit wilder Mäuler Schrein.
Aus dem Dunkel springt der Nächte schwarze Welt,
Von Vulkanen furchtbar ist ihr Rand erhellt.

30   Und mit tausend roten Zipfelmützen weit
Sind die finstren Ebnen flackend überstreut,
Und was unten auf den Straßen wimmelt hin und her,
Fegt er in die Feuerhaufen, daß die Flamme brenne mehr.

Und die Flammen fressen brennend Wald um Wald,
35   Gelbe Fledermäuse zackig in das Laub gekrallt.
Seine Stange haut er wie ein Köhlerknecht
In die Bäume, daß das Feuer brause recht.

Eine große Stadt versank in gelbem Rauch,
Warf sich lautlos in des Abgrunds Bauch.
40   Aber riesig über glühnden Trümmern steht
Der in wilde Himmel dreimal seine Fackel dreht,

Über sturmzerfetzter Wolken Widerschein,
In des toten Dunkels kalte Wüstenein,
Daß er mit dem Brande weit die Nacht verdorr,
45   Pech und Feuer träufet unten auf Gomorrh.

(1911)

COLUMBUS
12. Oktober 1492

Nicht mehr die Salzluft, nicht die öden Meere,
Drauf Winde stürmen hin mit schwarzem Schall.
5   Nicht mehr der großen Horizonte Leere,
Draus langsam kroch des runden Mondes Ball.

Schon fliegen große Vögel auf den Wassern
Mit wunderbarem Fittich blau beschwingt.
Und weiße Riesenschwäne mit dem blassern
10   Gefieder sanft, das süß wie Harfen klingt.

Schon tauchen andre Sterne auf in Chören,
Die stumm wie Fische an dem Himmel ziehn.
Die müden Schiffer schlafen, die betören
Die Winde, schwer von brennendem Jasmin.

Am Bugspriet vorne träumt der Genueser   15
In Nacht hinaus, wo ihm zu Füßen blähn
Im grünen Wasser Blumen, dünn wie Gläser,
Und tief im Grund die weißen Orchideen.

Im Nachtgewölke spiegeln große Städte,
Fern, weit, in goldnen Himmeln wolkenlos,   20
Und wie ein Traum versunkner Abendröte
Die goldnen Tempeldächer Mexikos.

Das Wolkenspiel versinkt im Meer. Doch ferne
Zittert ein Licht im Wasser weiß empor.
Ein kleines Feuer, zart gleich einem Sterne.   25
Dort schlummert noch in Frieden Salvador.

(1911)

KURT SCHWITTERS
(1887-1948)

AN ANNA BLUME

O, du Geliebte meiner siebenundzwanzig Sinne, ich liebe dir!
Du deiner dich dir, ich dir, du mir. – Wir?
Das gehört (beiläufig) nicht hierher.
5 Wer bist du, ungezähltes Frauenzimmer? Du bist – bist du?
Die Leute sagen, du wärest – laß sie sagen, sie sie wissen nicht,
    wie der Kirchturm steht.
Du trägst den Hut auf deinen Füßen und wanderst auf die
    Hände, auf den Händen wanderst du.
10 Hallo deine roten Kleider, in weiße Falten zersägt. Rot liebe
    ich Anna Blume, rot liebe ich dir! – Du deiner dich dir,
    ich dir, du mir. – Wir?
Das gehört (beiläufig) in die kalte Glut.
Rote Blume, rote Anna Blume, wie sagen die Leute?
15 Preisfrage: 1. Anna Blume hat ein Vogel.
              2. Anna Blume ist rot.
              3. Welche Farbe hat der Vogel?
Blau ist die Farbe deines gelben Haares.
Rot ist das Girren deines grünen Vogels.
20 Du schlichtes Mädchen im Alltagskleid, du liebes grünes Tier,
    ich liebe dir! – Du deiner dich dir, ich dir, du mir. – Wir?
Das gehört (beiläufig) in die Glutenkiste.
Anna Blume! Anna, a-n-n-a ich träufle deinen Namen. Dein
    Name tropft wie weiches Rindertalg.
25 Weißt du es Anna, weißt du es schon?
Man kann dich auch von hinten lesen, und du, du Herrlichste
    von allen, du bist von hinten wie von vorne: »a-n-n-a«.
Rindertalg träufelt streicheln über meinen Rücken.
Anna Blume, du tropfes Tier, ich liebe dir!

(1919)

GEORG TRAKL
(1887-1914)

VERKLÄRTER HERBST

Gewaltig endet so das Jahr
Mit goldnem Wein und Frucht der Gärten.
Rund schweigen Wälder wunderbar
Und sind des Einsamen Gefährten.   5

Da sagt der Landmann: Es ist gut.
Ihr Abendglocken lang und leise
Gebt noch zum Ende frohen Mut.
Ein Vogelzug grüßt auf der Reise.

Es ist der Liebe milde Zeit.   10
Im Kahn den blauen Fluß hinunter
Wie schön sich Bild an Bildchen reiht –
Das geht in Ruh und Schweigen unter.

(1912)

DE PROFUNDIS

Es ist ein Stoppelfeld, in das ein schwarzer Regen fällt.
Es ist ein brauner Baum, der einsam dasteht.
Es ist ein Zischelwind, der leere Hütten umkreist.
Wie traurig dieser Abend.   5

Am Weiler vorbei
Sammelt die sanfte Waise noch spärliche Ähren ein.
Ihre Augen weiden rund und goldig in der Dämmerung
Und ihr Schoß harrt des himmlischen Bräutigams.

Bei der Heimkehr   10
Fanden die Hirten den süßen Leib
Verwest im Dornenbusch.

Ein Schatten bin ich ferne finsteren Dörfern.
Gottes Schweigen
Trank ich aus dem Brunnen des Hains.

Auf meine Stirne tritt kaltes Metall
Spinnen suchen mein Herz.
Es ist ein Licht, das in meinem Mund erlöscht.

Nachts fand ich mich auf einer Heide,
Starrend von Unrat und Staub der Sterne.
Im Haselgebüsch
Klangen wieder kristallne Engel.

(1912)

EIN WINTERABEND

Wenn der Schnee ans Fenster fällt,
Lang die Abendglocke läutet,
Vielen ist der Tisch bereitet
Und das Haus ist wohlbestellt.

Mancher auf der Wanderschaft
Kommt ans Tor auf dunklen Pfaden.
Golden blüht der Baum der Gnaden
Aus der Erde kühlem Saft.

Wanderer tritt still herein;
Schmerz versteinerte die Schwelle.
Da erglänzt in reiner Helle
Auf dem Tische Brot und Wein.

(1913)

GRODEK

Am Abend tönen die herbstlichen Wälder
Von tödlichen Waffen, die goldnen Ebenen
Und blauen Seen, darüber die Sonne
Düstrer hinrollt; umfängt die Nacht   5
Sterbende Krieger, die wilde Klage
Ihrer zerbrochenen Münder.
Doch stille sammelt im Weidengrund
Rotes Gewölk, darin ein zürnender Gott wohnt
Das vergoßne Blut sich, mondne Kühle;   10
Alle Straßen münden in schwarze Verwesung.
Unter goldnem Gezweig der Nacht und Sternen
Es schwankt der Schwester Schatten durch den schweigenden
                                                    Hain,
Zu grüßen die Geister der Helden, die blutenden Häupter;
Und leise tönen im Rohr die dunkeln Flöten des Herbstes.   15
O stolzere Trauer! ihr ehernen Altäre
Die heiße Flamme des Geistes nährt heute ein gewaltiger
                                                    Schmerz,
Die ungebornen Enkel.

                                                    (1914)

_____

Trakl erlebte im September 1914 als Sanitäter die Schlacht von Grodek/
Rawa-Raska (Galizien).

FRANZ WERFEL
(1890-1945)

AN DEN LESER

Mein einziger Wunsch ist, Dir, o Mensch, verwandt zu sein!
Bist du Neger, Akrobat, oder ruhst Du noch in tiefer Mutterhut,
Klingt Dein Mädchenlied über den Hof, lenkst Du Dein Floß im
                                                    Abendschein,
5 Bist Du Soldat oder Aviatiker voll Ausdauer und Mut.

Trugst Du als Kind auch ein Gewehr in grüner Armschlinge?
Wenn es losging, entflog ein angebundener Stöpsel dem Lauf.
Mein Mensch, wenn ich Erinnerung singe,
Sei nicht hart, und löse Dich mit mir in Tränen auf!

10 Denn ich habe alle Schicksale durchgemacht. Ich weiß
Das Gefühl von einsamen Harfenistinnen in Kurkapellen,
Das Gefühl von schüchternen Gouvernanten im fremden
                                                    Familienkreis,
Das Gefühl von Debutanten, die sich zitternd vor den
                                                    Souffleurkasten stellen.

Ich lebte im Walde, hatte ein Bahnhofsamt,
15 Saß gebeugt über Kassabücher und bediente ungeduldige Gäste.
Als Heizer stand ich vor Kesseln, das Antlitz grell überflammt,
Und als Kuli aß ich Abfall und Küchenreste.

So gehöre ich Dir und allen!
Wolle mir, bitte, nicht widerstehn!
20 Oh, könnte es einmal geschehn,
Daß wir uns, Bruder, in die Arme fallen!

(1911)

DIE WORTEMACHER DES KRIEGES

Erhabene Zeit! Des Geistes Haus zerschossen
Mit spitzem Jammer in die Lüfte sticht.
Doch aus den Rinnen, Ritzen, Kellern, Gossen,
Befreit und jauchzend das Geziefer bricht. 5

Das Einzige, wofür wir einig lebten,
Des Brudertums in uns das tiefe Fest,
Wenn wir vor tausend Himmeln niederbebten,
Ist nun der Raub für eine Rattenpest.

Die Tröpfe lallen, und die Streber krächzen, 10
Und nennen Mannheit ihren alten Kot.
Daß nur die fetten Weiber ihnen lechzen,
Wölbt sich die Ordensbrust ins Morgenrot.

Die Dummheit hat sich der Gewalt geliehen,
Die Bestie hassen darf, und sie singt. 15
Ach, der Geruch der Lüge ist gediehen,
Daß er den Duft des Blutes überstinkt.

Das alte Lied! Die Unschuld muß verbluten,
Indes die Frechheit einen Sinn erschwitzt.
Und eh nicht die Gerichts-Posaunen tuten, 20
Ist nur Verzweiflung, was der Mensch besitzt.

(August 1914)

KLABUND (ALFRED HENSCHKE)
(1890-1928)

DEUTSCHES VOLKSLIED

Es braust ein Ruf wie Donnerhall,
Daß ich so traurig bin.
Und Friede, Friede überall,
Das kommt mir nicht aus dem Sinn.

Kaiser Rotbart im Kyffhäuser saß
An der Wand entlang, an der Wand.
Wer nie sein Brot mit Tränen aß,
Bist du, mein Bayerland!

Wer reitet so spät durch Nacht und Wind?
Ich rate dir gut, mein Sohn!
Urahne, Großmutter, Mutter und Kind
Vom Roßbachbataillon.

O selig, o selig, ein Kind noch zu sein,
Von der Wiege bis zur Bahr!
Mariechen saß auf einem Stein,
Sie kämmte ihr goldenes Haar.

Sie kämmt's mit goldnem Kamme,
Wie Zieten aus dem Busch.
Sonne, du klagende Flamme:
Husch! Husch!

Der liebe Gott geht durch den Wald,
Von der Etsch bis an den Belt,
Daß lustig es zum Himmel schallt:
Fahr wohl, du schöne Welt!

Der schnellste Reiter ist der Tod,
Mit Juppheidi und Juppheida.
Stolz weht die Flagge Schwarzweißrot.
Hurra, Germania!

(1920)

KURT TUCHOLSKY
(1890-1935)

MONOLOG MIT CHÖREN

Ich bin so menschenmüde und wie ohne Haut.
Die andern mag ich nicht – sie tun mir wehe.
Wenn ich nur fremde Menschen sehe,
lauf ich davon – wie sind sie derb und laut!
Ich bin so müde und wie ohne Haut!
(Chor der Arbeitslosen): Das ist ja hervorragend interessant,
Herr Tiger!

Ich spinn mich selig in die Schönheit ein.
Schönheit ist Einsamkeit. Ein stiller Morgen
im feuchten Park, allein und ohne Sorgen,
durchs Blattgrün schimmert eine Mauer, grau im Stein.
Ich spinn mich selig in die Schönheit ein . . .
(Chor der Proletariermütter): Wir wüßten nicht, was uns mehr
zu Herzen ginge, Herr Tiger!

Ich dichte leis und sachte vor mich hin.
Wie fein analysier ich Seelenfäden,
zart psychologisch schildere ich jeden
und leg in die Nuance letzten Sinn . . .
(Chor der Tuberkulösen): Sie glauben nicht, wie wohl Sie uns
damit tun, Herr Tiger!

Ich dichte leis und sachte vor mich hin . . .

(Alle Chöre): Wir haben keine Zeit, Nuancen zu betrachten!
Wir müssen in muffigen Löchern und Gasröhren übernachten!
Wir haben keine Lust, zu warten und immer zu warten!
Unsre Not schafft erst deine Einsamkeit, deine Stille und deinen
Garten!
Wir: Arbeitslose, welke Mütter, Tuberkelkranke wollen heraus
aus euerm Dreck in unser neues Haus!
Wir singen auch ein Lied. Das ist nicht fein.

Darauf kommts auch gar nicht an. Und wir stampfen es euch in
                                          die Ohren hinein:
  Völker, hört die Signale!
  Auf zum letzten Gefecht!
30 Die Internationale
  Erkämpft das Menschenrecht –!

               (1925)

7, 13, 18: *Tucholsky schrieb unter dem Pseudonym Theobald Tiger.*

DIE MÄULER AUF!

  Heilgebrüll und völksche Heilung,
  schnittig, zackig, forsch und päng!
  Staffelführer, Sturmabteilung,
5 Blechkapellen, schnädderädäng!
    Judenfresser, Straßenmeute . . .
    Kleine Leute. Kleine Leute.

  Arme Luder brülln sich heiser,
  tausend Hände fuchteln wild.
10 Hitler als der selige Kaiser,
  wie ein schlechtes Abziehbild.
    Jedes dicken Schlagworts Beute:
    Kleine Leute! Kleine Leute!

  Tun sich mit dem teutschen Land dick,
15 grunzen wie das liebe Vieh.
  Allerbilligste Romantik –
  hinten zahlt die Industrie.
    Hinten zahlt die Landwirtschaft.
    Toben sie auch fieberhaft:
20   Sind doch schlechte deutsche Barden,
    bunte Unternehmergarden!
    Bleiben gestern, morgen, heute
    kleine Leute! kleine Leute!

               (1930)

ERNST WILHELM LOTZ
(1890-1914)

AUFBRUCH DER JUGEND

Die flammenden Gärten des Sommers, Winde, tief und voll
                                        Samen,
Wolken, dunkel gebogen, und Häuser, zerschnitten vom Licht.
Müdigkeiten, die aus verwüsteten Nächten über uns kamen,
Köstlich gepflegte, verwelkten wie Blumen, die man sich bricht.   5

Also zu neuen Tagen erstarkt, wir spannen die Arme,
Unbegreiflichen Lachens erschüttert, wie Kraft, die sich staut,
Wie Truppenkolonnen, unruhig nach Ruf der Alarme,
Wenn hoch und erwartet der Tag überm Osten blaut.

Grell wehen die Fahnen, wir haben uns heftig entschlossen,   10
Ein Stoß ging durch uns, Not schrie, wir rollen geschwellt,
Wie Sturmflut haben wir uns in die Straßen der Städte ergossen
Und spülen vorüber die Trümmer zerborstener Welt.

Wir fegen die Macht und stürzen die Throne der Alten,
Vermoderte Kronen bieten wir lachend zu Kauf,   15
Wir haben die Türen zu wimmernden Kasematten zerspalten
Und stoßen die Tore verruchter Gefängnisse auf.

Nun kommen die Scharen Verbannter, sie strammen die Rücken,
Wir pflanzen Waffen in ihre Hand, die sich fürchterlich krampft,
Von roten Tribünen lodert erzürntes Entzücken   20
Und türmt Barrikaden, von glühenden Rufen umdampft.

Beglänzt von Morgen, wir sind die verheißnen Erhellten,
Von jungen Messiaskronen das Haupthaar umzackt,
Aus unsern Stirnen springen leuchtende neue Welten,
Erfüllung und Künftiges, Tage, sturm-überflaggt!   25

(1914)

JOHANNES ROBERT BECHER
(1891-1958)

VORBEREITUNG

Der Dichter meidet strahlende Akkorde.
Er stößt durch Tuben, peitscht die Trommel schrill.
Er reißt das Volk auf mit gehackten Sätzen.

5 Ich lerne. Ich bereite vor. Ich übe mich.
Wie arbeite ich – hah leidenschaftlichst! –
Gegen mein noch unplastisches Gesicht –:
Falten spanne ich.
Die Neue Welt
10 (– eine solche: die alte, die mystische, die Welt der Qual
                                    austilgend –)
Zeichne ich, möglichst korrekt, darin ein.
Eine besonnte, eine äußerst gegliederte, eine *geschliffene*
                        Landschaft schwebt mir vor,
Eine Insel glückseliger Menschheit.
Dazu bedarf es viel. (Das weiß er auch längst sehr wohl.)

15 O Trinität des Werks: Erlebnis Formulierung Tat.

Ich lerne. Bereite vor. Ich übe mich.

. . . bald werden sich die Sturzwellen meiner Sätze zu einer
                            unerhörten Figur verfügen.
Reden. Manifeste. Parlament. Das sprühende politische
                        Schauspiel. Der Experimentalroman.
Gesänge von Tribünen herab vorzutragen.

20 Menschheit! Freiheit! Liebe!

Der neue, der Heilige Staat
Sei gepredigt, dem Blut der Völker, Blut von ihrem Blut,
                                    eingeimpft.
Restlos sei er gestaltet.

Paradies setzt ein.
– Laßt uns die Schlagwetter-Atmosphäre verbreiten! –   25
Lernt! Vorbereitet! Übt euch!

(1916)

WERNER BERGENGRUEN
(1892-1964)

DIE LÜGE

Wo ist das Volk, das dies schadlos an seiner Seele ertrüge?
Jahre und Jahre war unsre tägliche Nahrung die Lüge.
Festlich hoben sie an, bekränzten Maschinen und Pflüge,
5 sprachen von Freiheit und Brot, und alles, alles war Lüge.
Borgten von heldischer Vorzeit aufrauschende Adlerflüge,
rühmten in Vätern sich selbst, und alles, alles war Lüge.
Durch die Straßen marschierten die endlosen Fahnenzüge,
Glocken dröhnten dazu, und alles, alles war Lüge.
10 Nicht nach totem Gesetz bemaßen sie Lobspruch und Rüge,
Leben riefen sie an, und alles, alles war Lüge.
Dürres sollte erblühn! Sie wußten sich keine Genüge
in der Verheißung des Heils, und alles, alles war Lüge.
Noch das Blut an den Händen, umflorten sie Aschenkrüge,
15 sangen der Toten Ruhm, und alles, alles war Lüge.
Lüge atmeten wir. Bis ins innerste Herzgefüge
sickerte, Tropfen für Tropfen, der giftige Nebel der Lüge.
Und wir schrieen zur Hölle, gewürgt, erstickt von der Lüge,
daß im Strahl der Vernichtung die Wahrheit herniederschlüge.

(1945)

DIE LETZTE EPIPHANIE

Ich hatte dies Land in mein Herz genommen.
Ich habe ihm Boten um Boten gesandt.
In vielen Gestalten bin ich gekommen.
5 Ihr aber habt mich in keiner erkannt.

Ich klopfte bei Nacht, ein bleicher Hebräer,
ein Flüchtling, gejagt, mit zerrissenen Schuhn.
Ihr riefet dem Schergen, ihr winktet dem Späher
und meintet noch Gott einen Dienst zu tun.

Ich kam als zitternde geistesgeschwächte   10
Greisin mit stummem Angstgeschrei.
Ihr aber spracht vom Zukunftsgeschlechte
und nur meine Asche gabt ihr frei.

Verwaister Knabe auf östlichen Flächen,
ich fiel euch zu Füßen und flehte um Brot.   15
Ihr aber scheutet ein künftiges Rächen,
ihr zucktet die Achseln und gabt mir den Tod.

Ich kam als Gefangner, als Tagelöhner,
verschleppt und verkauft, von der Peitsche zerfetzt.
Ihr wandtet den Blick von dem struppigen Fröner.   20
Nun komm ich als Richter. Erkennt ihr mich jetzt?

                                        (1945)

DIE HEILE WELT

Wisse, wenn in Schmerzensstunden
dir das Blut vom Herzen spritzt:
Niemand kann die Welt verwunden,
nur die Schale wird geritzt.   5

Tief im innersten der Ringe
ruht ihr Kern getrost und heil.
Und mit jedem Schöpfungsdinge
hast du immer an ihm teil.

Ewig eine strenge Güte   10
wirket unverbrüchlich fort.
Ewig wechselt Frucht und Blüte,
Vogelzug nach Süd und Nord.

Felsen wachsen, Ströme gleiten,
und der Tau fällt unverletzt.   15
Und dir ist von Ewigkeiten
Rast und Wanderbahn gesetzt.

Neue Wolken glühn im Fernen,
neue Gipfel stehn gehäuft,
bis von nie erblickten Sternen
dir die süße Labung träuft.

(1950)

BERTOLT BRECHT
(1898-1956)

ERINNERUNG AN DIE MARIE A.

1

An jenem Tag im blauen Mond September
Still unter einem jungen Pflaumenbaum
Da hielt ich sie, die stille bleiche Liebe
In meinem Arm wie einen holden Traum.   5
Und über uns im schönen Sommerhimmel
War eine Wolke, die ich lange sah
Sie war sehr weiß und ungeheuer oben
Und als ich aufsah, war sie nimmer da.

2

Seit jenem Tag sind viele, viele Monde   10
Geschwommen still hinunter und vorbei.
Die Pflaumenbäume sind wohl abgehauen
Und fragst du mich, was mit der Liebe sei?
So sag ich dir: ich kann mich nicht erinnern
Und doch, gewiß, ich weiß schon, was du meinst.   15
Doch ihr Gesicht, das weiß ich wirklich nimmer
Ich weiß nur mehr: ich küßte es dereinst.

3

Und auch den Kuß, ich hätt ihn längst vergessen
Wenn nicht die Wolke dagewesen wär
Die weiß ich noch und werd ich immer wissen   20
Sie war sehr weiß und kam von oben her.
Die Pflaumenbäume blühn vielleicht noch immer
Und jene Frau hat jetzt vielleicht das siebte Kind
Doch jene Wolke blühte nur Minuten
Und als ich aufsah, schwand sie schon im Wind.   25

(1920)

VOM ARMEN B. B.

1

Ich, Bertolt Brecht, bin aus den schwarzen Wäldern.
Meine Mutter trug mich in die Städte hinein
Als ich in ihrem Leibe lag. Und die Kälte der Wälder
Wird in mir bis zu meinem Absterben sein.

2

In der Asphaltstadt bin ich daheim. Von allem Anfang
Versehen mit jedem Sterbsakrament:
Mit Zeitungen. Und Tabak. Und Branntwein.
Mißtrauisch und faul und zufrieden am End.

3

Ich bin zu den Leuten freundlich. Ich setze
Einen steifen Hut auf nach ihrem Brauch.
Ich sage: Es sind ganz besonders riechende Tiere
Und ich sage: Es macht nichts, ich bin es auch.

4

In meine leeren Schaukelstühle vormittags
Setze ich mir mitunter ein paar Frauen
Und ich betrachte sie sorglos und sage ihnen:
In mir habt ihr einen, auf den könnt ihr nicht bauen.

5

Gegen Abend versammle ich um mich Männer
Wir reden uns da mit »Gentlemen« an.
Sie haben ihre Füße auf meinen Tischen
Und sagen: Es wird besser mit uns. Und ich frage nicht: Wann?

6

Gegen Morgen in der grauen Frühe pissen die Tannen
Und ihr Ungeziefer, die Vögel, fängt an zu schrein.
Um die Stunde trink ich mein Glas in der Stadt aus und schmeiße
Den Tabakstummel weg und schlafe beunruhigt ein.

7

Wir sind gesessen, ein leichtes Geschlechte
In Häusern, die für unzerstörbare galten
(So haben wir gebaut die langen Gehäuse des Eilands Manhattan
Und die dünnen Antennen, die das Atlantische Meer
                                              unterhalten).

8

Von diesen Städten wird bleiben: der durch sie hindurchging, der   30
                                              Wind!
Fröhlich machet das Haus den Esser: er leert es.
Wir wissen, daß wir Vorläufige sind
Und nach uns wird kommen: nichts Nennenswertes.

9

Bei den Erdbeben, die kommen werden, werde ich hoffentlich
Meine Virginia nicht ausgehen lassen durch Bitterkeit   35
Ich, Bertolt Brecht, in die Asphaltstädte verschlagen
Aus den schwarzen Wäldern in meiner Mutter in früher Zeit.

(1922)

DIE LIEBENDEN

Sieh jene Kraniche in großem Bogen!
Die Wolken, welche ihnen beigegeben
Zogen mit ihnen schon, als sie entflogen
Aus einem Leben in ein andres Leben.   5
In gleicher Höhe und mit gleicher Eile
Scheinen sie alle beide nur daneben.
Daß so der Kranich mit der Wolke teile
Den schönen Himmel, den sie kurz beflogen
Daß also keines länger hier verweile   10
Und keines andres sehe als das Wiegen
Des andern in dem Wind, den beide spüren
Die jetzt im Fluge beieinander liegen
So mag der Wind sie in das Nichts entführen
Wenn sie nur nicht vergehen und sich bleiben   15

So lange kann sie beide nichts berühren
So lange kann man sie von jedem Ort vertreiben
Wo Regen drohen oder Schüsse schallen.
So unter Sonn und Monds wenig verschiedenen Scheiben
20   Fliegen sie hin, einander ganz verfallen.
Wohin, ihr? – Nirgend hin. – Von wem davon? – Von allen.
Ihr fragt, wie lange sind sie schon beisammen?
Seit kurzem. – Und wann werden sie sich trennen? – Bald.
So scheint die Liebe Liebenden ein Halt.

                                                    (1928/29)

DIE AUSWANDERUNG DER DICHTER

Homer hatte kein Heim
Und Dante mußte das seine verlassen.
Li-Po und Tu-Fu irrten durch Bürgerkriege
5   Die 30 Millionen Menschen verschlangen
Dem Euripides drohte man mit Prozessen
Und dem sterbenden Shakespeare hielt man den Mund zu.
Den François Villon suchte nicht nur die Muse
Sondern auch die Polizei.
10 »Der Geliebte« genannt
Ging Lukrez in die Verbannung
So Heine, und so auch floh
Brecht unter das dänische Strohdach.

                                                    (1933)

LOB DER DIALEKTIK

Das Unrecht geht heute einher mit sicherem Schritt.
Die Unterdrücker richten sich ein auf zehntausend Jahre.
Die Gewalt versichert: So, wie es ist, bleibt es.
5   Keine Stimme ertönt außer der Stimme der Herrschenden
Und auf den Märkten sagt die Ausbeutung laut: Jetzt beginne ich
                                                              erst.
Aber von den Unterdrückten sagen viele jetzt:
Was wir wollen, geht niemals.

Wer noch lebt, sage nicht: niemals!
Das Sichere ist nicht sicher. 10
So, wie es ist, bleibt es nicht.
Wenn die Herrschenden gesprochen haben
Werden die Beherrschten sprechen.
Wer wagt zu sagen: niemals?
An wem liegt es, wenn die Unterdrückung bleibt? An uns. 15
An wem liegt es, wenn sie zerbrochen wird? Ebenfalls an uns.
Wer niedergeschlagen wird, der erhebe sich!
Wer verloren ist, kämpfe!
Wer seine Lage erkannt hat, wie soll der aufzuhalten sein?
Denn die Besiegten von heute sind die Sieger von morgen 20
Und aus Niemals wird: Heute noch!

(1934)

DER PFLAUMENBAUM

Im Hofe steht ein Pflaumenbaum
Der ist klein, man glaubt es kaum.
Er hat ein Gitter drum
So tritt ihn keiner um. 5

Der Kleine kann nicht größer wer'n.
Ja größer wer'n, das möcht er gern.
's ist keine Red davon
Er hat zu wenig Sonn.

Den Pflaumenbaum glaubt man ihm kaum 10
Weil er nie eine Pflaume hat
Doch er ist ein Pflaumenbaum
Man kennt es an dem Blatt.

(1934)

FRAGEN EINES LESENDEN ARBEITERS

Wer baute das siebentorige Theben?
In den Büchern stehen die Namen von Königen.
Haben die Könige die Felsbrocken herbeigeschleppt?
5 Und das mehrmals zerstörte Babylon –
Wer baute es so viele Male auf? In welchen Häusern
Des goldstrahlenden Lima wohnten die Bauleute?
Wohin gingen an dem Abend, wo die Chinesische Mauer fertig
                                                        war
Die Maurer? Das große Rom
10 Ist voll von Triumphbögen. Wer errichtete sie? Über wen
Triumphierten die Cäsaren? Hatte das vielbesungene Byzanz
Nur Paläste für seine Bewohner? Selbst in dem sagenhaften
                                                        Atlantis
Brüllten in der Nacht, wo das Meer es verschlang
Die Ersaufenden nach ihren Sklaven.

15 Der junge Alexander eroberte Indien.
Er allein?
Cäsar schlug die Gallier.
Hatte er nicht wenigstens einen Koch bei sich?
Philipp von Spanien weinte, als seine Flotte
20 Untergegangen war. Weinte sonst niemand?
Friedrich der Zweite siegte im Siebenjährigen Krieg. Wer
Siegte außer ihm?

Jede Seite ein Sieg.
Wer kochte den Siegesschmaus?
25 Alle zehn Jahre ein großer Mann.
Wer bezahlte die Spesen?

So viele Berichte.
So viele Fragen.

                                                (1935)

BEI DER GEBURT EINES SOHNES
(Nach dem Chinesischen des Su Tung-p'o, 1036-1101)

Familien, wenn ihnen ein Kind geboren ist
Wünschen es sich intelligent.
Ich, der ich durch Intelligenz   5
Mein ganzes Leben ruiniert habe
Kann nur hoffen, mein Sohn
Möge sich erweisen als
Unwissend und denkfaul.
Dann wird er ein ruhiges Leben haben   10
Als Minister im Kabinett.

(1938)

AN DIE NACHGEBORENEN

I

Wirklich, ich lebe in finsteren Zeiten!
Das arglose Wort ist töricht. Eine glatte Stirn
Deutet auf Unempfindlichkeit hin. Der Lachende
Hat die furchtbare Nachricht   5
Nur noch nicht empfangen.

Was sind das für Zeiten, wo
Ein Gespräch über Bäume fast ein Verbrechen ist
Weil es ein Schweigen über so viele Untaten einschließt!
Der dort ruhig über die Straße geht   10
Ist wohl nicht mehr erreichbar für seine Freunde
Die in Not sind?

Es ist wahr: ich verdiene noch meinen Unterhalt
Aber glaubt mir: das ist nur ein Zufall. Nichts
Von dem, was ich tue, berechtigt mich dazu, mich sattzuessen.   15
Zufällig bin ich verschont. (Wenn mein Glück aussetzt, bin ich
                                                verloren.)

    Man sagt mir: Iß und trink du! Sei froh, daß du hast!
Aber wie kann ich essen und trinken, wenn
Ich dem Hungernden entreiße, was ich esse, und
20　Mein Glas Wasser einem Verdurstenden fehlt?
Und doch esse und trinke ich.

Ich wäre gerne auch weise.
In den alten Büchern steht, was weise ist:
Sich aus dem Streit der Welt halten und die kurze Zeit
25　Ohne Furcht verbringen
Auch ohne Gewalt auskommen
Böses mit Gutem vergelten
Seine Wünsche nicht erfüllen, sondern vergessen
Gilt für weise.
30　Alles das kann ich nicht:
Wirklich, ich lebe in finsteren Zeiten!

II

In die Städte kam ich zur Zeit der Unordnung
Als da Hunger herrschte.
Unter die Menschen kam ich zu der Zeit des Aufruhrs
35　Und ich empörte mich mit ihnen.
So verging meine Zeit
Die auf Erden mir gegeben war.

Mein Essen aß ich zwischen den Schlachten
Schlafen legte ich mich unter die Mörder
40　Der Liebe pflegte ich achtlos
Und die Natur sah ich ohne Geduld.
So verging meine Zeit
Die auf Erden mir gegeben war.

Die Straßen führten in den Sumpf zu meiner Zeit.
45　Die Sprache verriet mich dem Schlächter.
Ich vermochte nur wenig. Aber die Herrschenden
Saßen ohne mich sicherer, das hoffte ich.
So verging meine Zeit
Die auf Erden mir gegeben war.

Die Kräfte waren gering. Das Ziel   50
Lag in großer Ferne
Es war deutlich sichtbar, wenn auch für mich
Kaum zu erreichen.
So verging meine Zeit
Die auf Erden mir gegeben war.   55

III

Ihr, die ihr auftauchen werdet aus der Flut
In der wir untergegangen sind
Gedenkt
Wenn ihr von unseren Schwächen sprecht
Auch der finsteren Zeit   60
Der ihr entronnen seid.
Gingen wir doch, öfter als die Schuhe die Länder wechselnd
Durch die Kriege der Klassen, verzweifelt
Wenn da nur Unrecht war und keine Empörung.

Dabei wissen wir doch: 65
Auch der Haß gegen die Niedrigkeit
Verzerrt die Züge.
Auch der Zorn über das Unrecht
Macht die Stimme heiser. Ach, wir
Die wir den Boden bereiten wollten für Freundlichkeit   70
Konnten selber nicht freundlich sein.

Ihr aber, wenn es so weit sein wird
Daß der Mensch dem Menschen ein Helfer ist
Gedenkt unsrer
Mit Nachsicht.   75

(1938)

VERJAGT MIT GUTEM GRUND

Ich bin aufgewachsen als Sohn
Wohlhabender Leute. Meine Eltern haben mir
Einen Kragen umgebunden und mich erzogen
5 In den Gewohnheiten des Bedientwerdens
Und unterrichtet in der Kunst des Befehlens. Aber
Als ich erwachsen war und um mich sah
Gefielen mir die Leute meiner Klasse nicht
Nicht das Befehlen und nicht das Bedientwerden
10 Und ich verließ meine Klasse und gesellte mich
Zu den geringen Leuten.

So
Haben sie einen Verräter aufgezogen, ihn unterrichtet
In ihren Künsten, und er
15 Verrät sie dem Feind.

Ja, ich plaudere ihre Geheimnisse aus. Unter dem Volk
Stehe ich und erkläre
Wie sie betrügen, und sage voraus, was kommen wird, denn ich
Bin in ihre Pläne eingeweiht.
20 Das Lateinisch ihrer bestochenen Pfaffen
Übersetze ich Wort für Wort in die gewöhnliche Sprache, da
Erweist es sich als Humbug. Die Waage ihrer Gerechtigkeit
Nehme ich herab und zeige
Die falschen Gewichte. Und ihre Angeber berichten ihnen
25 Daß ich mit den Bestohlenen sitze, wenn sie
Den Aufstand beraten.

Sie haben mich verwarnt und mir weggenommen
Was ich durch meine Arbeit verdiente. Und als ich mich nicht
                        besserte
Haben sie Jagd auf mich gemacht, aber
30 Da waren
Nur noch Schriften in meinem Haus, die ihre Anschläge
Gegen das Volk aufdeckten. So
Haben sie einen Steckbrief hinter mir hergesandt

Der mich niedriger Gesinnung beschuldigt, das ist:
Der Gesinnung der Niedrigen. 35

Wo ich hinkomme, bin ich so gebrandmarkt
Vor allen Besitzenden, aber die Besitzlosen
Lesen den Steckbrief und
Gewähren mir Unterschlupf. Dich, höre ich da
Haben sie verjagt mit 40
Gutem Grund.

(1938)

SCHLECHTE ZEIT FÜR LYRIK

Ich weiß doch: nur der Glückliche
Ist beliebt. Seine Stimme
Hört man gern. Sein Gesicht ist schön.

Der verkrüppelte Baum im Hof 5
Zeigt auf den schlechten Boden, aber
Die Vorübergehenden schimpfen ihn einen Krüppel
Doch mit Recht.

Die grünen Boote und die lustigen Segel des Sundes
Sehe ich nicht. Von allem 10
Sehe ich nur der Fischer rissiges Garnnetz.
Warum rede ich nur davon
Daß die vierzigjährige Häuslerin gekrümmt geht?
Die Brüste der Mädchen
Sind warm wie ehedem. 15

In meinem Lied ein Reim
Käme mir fast vor wie Übermut.

In mir streiten sich
Die Begeisterung über den blühenden Apfelbaum
Und das Entsetzen über die Reden des Anstreichers. 20
Aber nur das zweite
Drängt mich zum Schreibtisch.

(1939)

ÜBER DEUTSCHLAND

Ihr freundlichen bayrischen Wälder, ihr Mainstädte
Fichtenbestandene Rhön, du, schattiger Schwarzwald
Ihr sollt bleiben.
5 Thüringens rötliche Halde, sparsamer Strauch der Mark und
Ihr schwarzen Städte der Ruhr, von Eisenkähnen durchzogen,
                                                        warum
Sollt ihr nicht bleiben?
Auch du, vielstädtiges Berlin
Unter und über dem Asphalt geschäftig, kannst bleiben und ihr
10 Hanseatische Häfen bleibt und Sachsens
Wimmelnde Städte, ihr bleibt und ihr schlesischen Städte
Rauchüberzogene, nach Osten blickende, bleibt auch.
Nur der Abschaum der Generäle und Gauleiter
Nur die Fabrikherren und Börsenmakler
15 Nur die Junker und Statthalter sollen verschwinden.
Himmel und Erde und Wind und das von den Menschen
                                                Geschaffene
Kann bleiben, aber
Das Geschmeiß der Ausbeuter, das
Kann nicht bleiben.

(1939)

[BALLADE VOM FÖRSTER UND DER GRÄFIN]

Es lebt eine Gräfin in schwedischem Land
Die war ja so schön und so bleich.
»Herr Förster, Herr Förster, mein Strumpfband ist los
Es ist los, es ist los.
5 Förster, knie nieder und bind es mir gleich!«

»Frau Gräfin, Frau Gräfin, seht so mich nicht an
Ich diene Euch ja für mein Brot.
Eure Brüste sind weiß, doch das Handbeil ist kalt
Es ist kalt, es ist kalt.
10 Süß ist die Liebe, doch bitter der Tod.«

Der Förster, er floh in der selbigen Nacht.
Er ritt bis hinab zu der See.
»Herr Schiffer, Herr Schiffer, nimm mich auf in dein Boot
In dein Boot, in dein Boot
Schiffer, ich muß bis ans Ende der See.«   15

Es war eine Lieb zwischen Füchsin und Hahn
»Oh, Goldener, liebst du mich auch?«
Und fein war der Abend, doch dann kam die Früh
Kam die Früh, kam die Früh:
All seine Federn, sie hängen im Strauch.   20

(1940)

AN DIE DEUTSCHEN SOLDATEN IM OSTEN

I

Brüder, wenn ich bei euch wäre
Auf den östlichen Schneefeldern einer von euch wäre
Einer von euch Tausenden zwischen den Eisenkärren
Würde ich sagen, wie ihr sagt: Sicher   5
Muß da ein Weg nach Haus sein.

Aber, Brüder, liebe Brüder
Unter dem Stahlhelm, unter der Hirnschale
Würde ich wissen, was ihr wißt: Da
Ist kein Weg nach Haus mehr.   10

Auf der Landkarte im Schulatlas
Ist der Weg nach Smolensk nicht größer
Als der kleine Finger des Führers, aber
Auf den Schneefeldern ist er weiter
Sehr weit, zu weit.   15

Der Schnee hält nicht ewig, nur bis zum Frühjahr.
Aber auch der Mensch hält nicht ewig. Bis zum Frühjahr
Hält er nicht.

Also muß ich sterben, das weiß ich.
20 Im Rock des Räubers muß ich sterben
Sterbend im Hemd des Mordbrenners.
Als einer der vielen, als einer der Tausende
Gejagt als Räuber, erschlagen als Mordbrenner.

2

Brüder, wenn ich bei euch wäre
25 Mit euch trottete über die Eiswüsten
Würde ich fragen, wie ihr fragt: Warum
Bin ich hierhergekommen, von wo
Kein Weg mehr nach Haus führt?

Warum habe ich den Rock des Räubers angezogen?
30 Warum habe ich das Hemd des Mordbrenners angezogen?
Das war doch nicht aus Hunger
Das war doch aus Mordlust nicht.

Nur weil ich ein Knecht war
Und es mir geheißen wurd
35 Bin ich ausgezogen zu morden und zu brennen
Und muß jetzt gejagt werden
Und muß jetzt erschlagen werden.

3

Weil ich eingebrochen bin
In das friedliche Land der Bauern und Arbeiter
40 Der großen Ordnung, des unaufhörlichen Aufbaus
Niedertrampelnd und niederfahrend Saat und Gehöfte
Auszurauben die Werkstätten, die Mühlen und Dammbauten
Abzubrechen den Unterricht der tausend Schulen
Aufzustören die Sitzungen der unermüdlichen Räte:

45 Darum muß ich jetzt sterben wie eine Ratte
Die der Bauer ertappt hat.

4

Daß von mir gereinigt werde
Das Gesicht der Erde
Von mir Aussatz! Daß ein Exempel statuiert werde
An mir für alle Zeiten, wie verfahren werden soll   50
Mit Räubern und Mordbrennern
Und den Knechten von Räubern und Mordbrennern.

5

Daß da Mütter sagen, sie haben keine Kinder.
Daß da Kinder sagen, sie haben keine Väter.
Daß da Erdhügel sind, die keine Auskünfte geben.   55

6

Und ich werde nicht mehr sehen
Das Land, aus dem ich gekommen bin
Nicht die bayrischen Wälder, noch das Gebirge im Süden
Nicht das Meer, nicht die märkische Heide, die Föhre nicht
Noch den Weinhügel am Fluß im Frankenland.   60
Nicht in der grauen Frühe, nicht am Mittag
Und nicht, wenn der Abend herabsteigt.

Noch die Städte und die Stadt, wo ich geboren bin.
Nicht die Werkbänke, und auch die Stube nicht mehr
Und den Stuhl nicht.   65

All das werde ich nie mehr sehen.
Und keiner, der mit mir ging
Wird das alles noch einmal sehen.
Und ich nicht und du nicht
Werden die Stimme der Frauen und Mütter hören   70
Oder den Wind über dem Schornstein der Heimat
Oder den fröhlichen Lärm der Stadt oder den bitteren.

7

Sondern ich werde sterben in der Mitte der Jahre
Ungeliebt, unvermißt
75 Eines Kriegsgeräts törichter Fahrer.

Unbelehrt, außer durch die letzte Stunde
Unerprobt, außer beim Morden
Nicht vermißt, außer von den Schlächtern.

Und ich werde unter der Erde liegen
80 Die ich zerstört habe
Ein Schädling, um den es nicht schad ist.
Ein Aufatmen wird an meiner Grube sein.

Denn was wird da eingescharrt?
Ein Zentner Fleisch in einem Tank, das bald faul wurde.
85 Was kommt da weg?
Ein dürrer Strauch, der erfroren ist
Ein Dreck, der weggeschaufelt wurde
Ein Gestank, den der Wind wegwehte.

8

Brüder, wenn ich jetzt bei euch wäre
90 Auf dem Weg zurück nach Smolensk
Von Smolensk zurück nach nirgendwohin

Würde ich fühlen, was ihr fühlt: immer schon
Habe ich es gewußt unter dem Stahlhelm, unter der Hirnschale
Daß schlecht nicht gut ist
95 Daß zwei mal zwei vier ist
Und daß sterben wird, wer mit ihm ging
Dem blutigen Brüllenden
Dem blutigen Dummkopf.

Der nicht wußte, daß der Weg nach Moskau lang ist
100 Sehr lang, zu lang.

Daß der Winter in den östlichen Ländern kalt ist
Sehr kalt, zu kalt.
Daß die Bauern und Arbeiter des neuen Staates
Ihre Erde und ihre Städte verteidigen würden
So daß wir alle vertilgt werden.   105

9

Vor den Wäldern, hinter den Kanonen
In den Straßen und in den Häusern
Unter den Tanks, am Straßenrand
Durch die Männer, durch die Weiber, durch die Kinder
In der Kälte, in der Nacht, im Hunger   110

Daß wir alle vertilgt werden
Heute oder morgen oder am nächsten Tag
Ich und du und der General, alles
Was hier gekommen ist, zu verwüsten
Was von Menschenhand errichtet wurde.   115

10

Weil es eine solche Mühe ist, die Erde zu bebauen
Weil es soviel Schweiß gekostet, ein Haus aufzustellen
Die Balken zu fällen, den Plan zu zeichnen
Die Mauer aufzuschichten, das Dach zu decken.
Weil es so müde machte, weil die Hoffnung so groß war.   120

11

Tausend Jahre war da nur ein Gelächter
Wenn die Werke von Menschenhand angetastet wurden.
Aber jetzt wird es sich herumsprechen auf allen Kontinenten:
Der Fuß, der die Felder der neuen Traktorenfahrer zertrat
Ist verdorrt.   125
Die Hand, die sich gegen die Werke der neuen Städtebauer erhob
Ist abgehauen.

(1942)

ZEITUNGLESEN BEIM THEEKOCHEN

Frühmorgens lese ich in der Zeitung von epochalen Plänen
Des Papstes und der Könige, der Bankiers und der Ölbarone.
Mit dem anderen Auge bewach ich
5 Den Topf mit dem Theewasser
Wie es sich trübt und zu brodeln beginnt und sich wieder klärt
Und den Topf überflutend das Feuer erstickt.

(1942)

DIE MASKE DES BÖSEN

An meiner Wand hängt ein japanisches Holzwerk
Maske eines bösen Dämons, bemalt mit Goldlack.
Mitfühlend sehe ich
5 Die geschwollenen Stirnadern, andeutend
Wie anstrengend es ist, böse zu sein.

(1942)

AUF EINEN CHINESISCHEN THEEWURZELLÖWEN

Die Schlechten fürchten deine Klaue.
Die Guten freuen sich deiner Grazie.
Derlei
5 Hörte ich gern
Von meinem Vers.

(1951)

DER RADWECHSEL

Ich sitze am Straßenrand
Der Fahrer wechselt das Rad.
Ich bin nicht gern, wo ich herkomme.
Ich bin nicht gern, wo ich hinfahre. 5
Warum sehe ich den Radwechsel
Mit Ungeduld?

(1953)

DIE LÖSUNG

Nach dem Aufstand des 17. Juni
Ließ der Sekretär des Schriftstellerverbands
In der Stalinallee Flugblätter verteilen
Auf denen zu lesen war, daß das Volk 5
Das Vertrauen der Regierung verscherzt habe
Und es nur durch verdoppelte Arbeit
Zurückerobern könne. Wäre es da
Nicht doch einfacher, die Regierung
Löste das Volk auf und
Wählte ein anderes? 10

(1953)

ERICH KÄSTNER
(1899-1974)

KENNST DU DAS LAND, WO DIE KANONEN BLÜHN?

Kennst Du das Land, wo die Kanonen blühn?
Du kennst es nicht? Du wirst es kennenlernen!
Dort stehn die Prokuristen stolz und kühn
in den Büros, als wären es Kasernen.

Dort wachsen unterm Schlips Gefreitenknöpfe.
Und unsichtbare Helme trägt man dort.
Gesichter hat man dort, doch keine Köpfe.
Und wer zu Bett geht, pflanzt sich auch schon fort!

Wenn dort ein Vorgesetzter etwas will
– und es ist sein Beruf etwas zu wollen –
steht der Verstand erst stramm und zweitens still.
Die Augen rechts! Und mit dem Rückgrat rollen!

Die Kinder kommen dort mit kleinen Sporen
und mit gezognem Scheitel auf die Welt.
Dort wird man nicht als Zivilist geboren.
Dort wird befördert, wer die Schnauze hält.

Kennst Du das Land? Es könnte glücklich sein.
Es könnte glücklich sein und glücklich machen!
Dort gibt es Äcker, Kohle, Stahl und Stein
und Fleiß und Kraft und andre schöne Sachen.

Selbst Geist und Güte gibt's dort dann und wann!
Und wahres Heldentum. Doch nicht bei vielen.
Dort steckt ein Kind in jedem zweiten Mann.
Das will mit Bleisoldaten spielen.

Dort reift die Freiheit nicht. Dort bleibt sie grün.
Was man auch baut – es werden stets Kasernen.
Kennst Du das Land, wo die Kanonen blühn?
Du kennst es nicht? Du wirst es kennenlernen!

(1928)

SACHLICHE ROMANZE

Als sie einander acht Jahre kannten
(und man darf sagen: sie kannten sich gut),
kam ihre Liebe plötzlich abhanden.
Wie andern Leuten ein Stock oder Hut.   5

Sie waren traurig, betrugen sich heiter,
versuchten Küsse, als ob nichts sei,
und sahen sich an und wußten nicht weiter.
Da weinte sie schließlich. Und er stand dabei.

Vom Fenster aus konnte man Schiffen winken.   10
Er sagte, es wäre schon Viertel nach Vier
und Zeit, irgendwo Kaffee zu trinken.
Nebenan übte ein Mensch Klavier.

Sie gingen ins kleinste Café am Ort
und rührten in ihren Tassen.   15
Am Abend saßen sie immer noch dort.
Sie saßen allein, und sie sprachen kein Wort
und konnten es einfach nicht fassen.

(1929)

DIE JUGEND HAT DAS WORT

I

Ihr seid die Ält'ren. Wir sind jünger.
Ihr steht am Weg mit gutem Rat.
Mit scharfgespitztem Zeigefinger
weist ihr uns auf den neuen Pfad.

Ihr habt das wundervoll erledigt.
Vor einem Jahr schriet ihr noch »Heil!«
Man staunt, wenn ihr jetzt »Freiheit« predigt
wie kurz vorher das Gegenteil.

Wir sind die Jüng'ren. Ihr seid älter.
Doch das sieht auch das kleinste Kind:
Ihr sprecht von Zukunft, meint Gehälter
und hängt die Bärte nach dem Wind!

Nun kommt ihr gar, euch zu beschweren,
daß ihr bei uns nichts Recht's erreicht?
O, schweigt mit euren guten Lehren!
Es heißt: Das Alter soll man ehren . . .
Das ist mitunter, das ist mitunter,
das ist mitunter gar nicht leicht.

2

Wir wuchsen auf in eurem Zwinger.
Wir wurden groß mit eurem Kult.
Ihr seid die Ält'ren. Wir sind jünger.
Wer älter ist, hat länger schuld.

Wir hatten falsche Ideale?
Das mag schon stimmen, bitte sehr.
Doch was ist nun? Mit einem Male
besitzen wir selbst *die* nicht mehr!

Um unser Herz wird's kalt und kälter.
Wir sind so müd und ohn Entschluß.
Wir sind die Jüng'ren. Ihr seid älter.   30
Ob man euch wirklich – lieben muß?

Ihr wollt erklären und bekehren.
Wir aber denken ungefähr:
»Wenn wir doch nie geboren wären!«
Es heißt: Das Alter soll man ehren . . .   35
Das ist mitunter, das ist mitunter,
das ist mitunter furchtbar schwer.

(1946)

MORAL

Es gibt nichts Gutes
außer: Man tut es.

(1950)

MARIE LUISE KASCHNITZ
(1901-1974)

HIROSHIMA

Der den Tod auf Hiroshima warf
Ging ins Kloster, läutet dort die Glocken.
Der den Tod auf Hiroshima warf
Sprang vom Stuhl in die Schlinge, erwürgte sich.
Der den Tod auf Hiroshima warf
Fiel in Wahnsinn, wehrt Gespenster ab
Hunderttausend, die ihn angehen nächtlich
Auferstandene aus Staub für ihn.

Nichts von alledem ist wahr.
Erst vor kurzem sah ich ihn
Im Garten seines Hauses vor der Stadt.
Die Hecken waren noch jung und die Rosenbüsche zierlich.
Das wächst nicht so schnell, daß sich einer verbergen könnte
Im Wald des Vergessens. Gut zu sehen war
Das nackte Vorstadthaus, die junge Frau
Die neben ihm stand im Blumenkleid
Das kleine Mädchen an ihrer Hand
Der Knabe der auf seinem Rücken saß
Und über seinem Kopf die Peitsche schwang.
Sehr gut erkennbar war er selbst
Vierbeinig auf dem Grasplatz, das Gesicht
Verzerrt von Lachen, weil der Photograph
Hinter der Hecke stand, das Auge der Welt.

(1951)

OSTIA ANTICA

Durch die Tore: niemand
Treppen: fort ins Blau
Auf dem Estrich: Thymian

Auf den Tischen: Tau   5
Zwiegespräch aus Stille
Tod aus Käferzug
Abendrot im Teller
Asche im Krug.
Asphodeloswiese   10
Fledermäusekreis
Diesseits oder drüben
Wer das weiß –

        (1957)

GENAZZANO

Genazzano am Abend
Winterlich
Gläsernes Klappern
Der Eselshufe   5
Steilauf die Bergstadt.
Hier stand ich am Brunnen
Hier wusch ich mein Brauthemd
Hier wusch ich mein Totenhemd.
Mein Gesicht lag weiß   10
Im schwarzen Wasser
Im wehenden Laub der Platanen.
Meine Hände waren
Zwei Klumpen Eis
Fünf Zapfen an jeder   15
Die klirrten.

        (1957)

AUS: REQUIEM

III (. . .)
Ich wünschte zu sagen
Daß dein Wesen Gerechtigkeit war
Deine Bewegung Anmut

Dein Auge Feuer.
Ich wünschte zu sagen
Daß du die sterbenden Landhäuser liebtest
Und die verblichenen Königsmäntel
Und wie große Ahnung du hattest
Vor den Armen.
Ich wünschte zu sagen
Daß du deine Gedanken verfolgtest mit Leidenschaft
Wie den Hirsch der Jäger. Auch
Daß sie dir viele Wunden beibrachten
Tödliche endlich.
Ich wünschte zu sagen
Daß du jedem die Würde zurückgabst
Die jedermann hatte
Und ihn hochhieltest in der Ehre
Die jedermann zukommt.
Aber schweigen möchte ich über das
Was nur uns beide anging.
Über die Namen, die wir uns gaben
Täglich neue
Und wie wir beieinander ruhten ohne Furcht.

Denn du hast mich gebettet
Im Schoße Geheimnis
Zwischen Wände die sich auftun
Unter Sterne die schwanken
Im Nichtsmehrwichtig
Im Ohnedauer
Im Baldbeidir.

IV (ABGESANG)

Fährfrau mit dem runden Hut
Hast du ihn gesehen?
Ja, sagt die Fährfrau.

Hirte mit dem toten Lamm
Hast du ihn gesehen?
Ja, sagt der Hirte.

Bergmann mit dem weißen Licht
Hast du ihn gesehen?
Ja, sagt der Bergmann.   10

Welchen Weges ging er, Fährfrau?
Übers Wasser trocknen Fußes.

Welchen Weges ging er, Hirte?
Berghinüber leichten Atems.

Welchen Weges ging er, Bergmann?   15
In der Erde lag er still.

Was stand auf seinem Gesicht geschrieben?
Frieden, sagten alle. Frieden.

                                        (1961)

---

*1958 war der Ehemann der Dichterin, Guido Freiherr von
Kaschnitz-Weinberg, verstorben.*

AUS: ICH LEBTE

I

Ich lebte in einer Zeit,
Die hob sich in Wellen
Kriegauf und kriegab,
Und das Janusgesicht
Stieß mit der Panzerfaust   5
Ihr die bebänderten Wiegen.

Der Tausendfüßler, das Volk,
Zog sein grünfleckiges Tarnzeug
An und aus,
Schrie, haut auf den Lukas,   10
Biß ins Sommergras
Und bettelte um Gnade.

Viel Güte genossen
Die Kinder,
Einigen schenkte man
Kostbares Spielzeug,
Raketen,
Andern erlaubte man,
Sich ihr eigenes Grab zu graben
Und sich hinfallen zu lassen tot
Zu den stinkenden
Schwestern und Brüdern.

Schwellkopf und Schwellbauch
Tafelten, wenn es bergauf ging,
Zander und Perlwein.
Die Erdrosselten saßen
Die Erschossenen mit am Tisch
Höflich unsichtbar.

Um den Himmel flogen
Selbständig rechnende
Geräte, zeichneten auf
Den Grad unsrer Fühllosigkeit
Den Bogen unsrer Verzweiflung.

In den Sperrstunden spielten
Abgehackte Hände Klavier
Lieblichen Mozart.

V

Und doch in meiner Zeit
Kamen Kinder aus Mütterleibern,
Schleimige Lurche noch immer,
Und wurden, auch die späteren Ungeheuer,
Mit Weihwasser begrüßt
Und Schrei der Freude.

Mund auf Mund gepreßt
Der Liebenden bäumte sich auf

Gegen die Einsamkeit,
Und ein altes Entzücken   10
Überströmte noch immer
Glitzernd das Steinfeld.

Angst zu sterben
Und Angst zu leben
Hielten sich die Waage noch immer.   15
Natur trug unbekümmert ihr altes Gewand
Herzzerreißende Schönheit.
Das Leben war noch immer ein Geheimnis,
Der Tod ein andres.

(1961)

PETER HUCHEL
(1903-1981)

CHAUSSEEN, CHAUSSEEN
Chronik: Dezember 1942

Wie Wintergewitter ein rollender Hall.
Zerschossen die Lehmwand von Bethlehems Stall.

5   Es liegt Maria erschlagen vorm Tor,
Ihr blutig Haar an die Steine fror.

Drei Landser ziehen vermummt vorbei.
Nicht brennt ihr Ohr von des Kindes Schrei.

Im Beutel den letzten Sonnblumenkern,
10   Sie suchen den Weg und sehn keinen Stern.

Aurum, thus, myrrham offerunt . . .
Um kahles Gehöft streicht Krähe und Hund.

. . . quia natus est nobis Dominus.
Auf fahlem Gerippe glänzt Öl und Ruß.

15   Vor Stalingrad verweht die Chaussee.
Sie führt in die Totenkammer aus Schnee.

(1955)

CAPUTHER HEUWEG

Wo bin ich? Hier lag einst die Schoberstange.
Und schüttelnd die Mähne auf Leine und Kummet
Graste die Stute am wiesigen Hange.
Denn Mittag wars. Bei Steintopf und Krug
5   Ruhten die Mäher müde im Grummet.
Am Waldrand, wo schackernd die Elstern schrien,

Stand halb in der Erde ein Mann und schlug
Mit Axt und Keil aus Stubben den Kien.
Wann war dieser Sommer? Ich weiß es nicht mehr.   10
Doch fahren sie Grummet, der Sommer weht her
Vom Heuweg der Kindheit, wo ich einst saß,
Das Schicksal erwartend im hohen Gras,
Den alten Zigeuner, um mit ihm zu ziehn.

(1955)

DER GARTEN DES THEOPHRAST

Meinem Sohn

Wenn mittags das weiße Feuer
Der Verse über den Urnen tanzt,
Gedenke, mein Sohn. Gedenke derer,   5
Die einst Gespräche wie Bäume gepflanzt.
Tot ist der Garten, mein Atem wird schwerer,
Bewahre die Stunde, hier ging Theophrast,
Mit Eichenlohe zu düngen den Boden,
Die wunde Rinde zu binden mit Bast.   10
Ein Ölbaum spaltet das mürbe Gemäuer
Und ist noch Stimme im heißen Staub.
Sie gaben Befehl, die Wurzel zu roden.
Es sinkt dein Licht, schutzloses Laub.

(1962)

---

1 Theophrast: *griechischer Philosoph und Botaniker,
setzte nach dem Tod des Aristoteles dessen Schule
fort. Er traf sich mit den Schülern in seinem Garten
und bestimmte diesen testamentarisch als Ort freund-
schaftlichen Verkehrs.*

GÜNTER EICH
(1907-1972)

INVENTUR

Dies ist meine Mütze,
dies ist mein Mantel,
hier mein Rasierzeug
im Beutel aus Leinen.

Konservenbüchse:
Mein Teller, mein Becher,
ich hab in das Weißblech
den Namen geritzt.

Geritzt hier mit diesem
kostbaren Nagel,
den vor begehrlichen
Augen ich berge.

Im Brotbeutel sind
ein Paar wollene Socken
und einiges, was ich
niemand verrate,

so dient es als Kissen
nachts meinem Kopf.
Die Pappe hier liegt
zwischen mir und der Erde.

Die Bleistiftmine
lieb ich am meisten:
Tags schreibt sie mir Verse,
die nachts ich erdacht.

Dies ist mein Notizbuch,
dies meine Zeltbahn,
dies ist mein Handtuch,
dies ist mein Zwirn.

(1945/46)

Eich war von 1939 bis 1945
Soldat und anschließend in
amerikanischer Kriegsgefan-
genschaft.

WACHT auf, denn eure Träume sind schlecht!
Bleibt wach, weil das Entsetzliche näher kommt.

Auch zu dir kommt es, der weit entfernt wohnt von den Stätten,
                              wo Blut vergossen wird,
auch zu dir und deinem Nachmittagsschlaf,
worin du ungern gestört wirst.   5
Wenn es heute nicht kommt, kommt es morgen,
aber sei gewiß.

»Oh, angenehmer Schlaf
auf den Kissen mit roten Blumen,
einem Weihnachtsgeschenk von Anita, woran sie drei Wochen   10
                                            gestickt hat,
oh, angenehmer Schlaf,
wenn der Braten fett war und das Gemüse zart.
Man denkt im Einschlummern an die Wochenschau von
                              gestern abend:
Osterlämmer, erwachende Natur, Eröffnung der Spielbank in
                              Baden-Baden,
Cambridge siegte gegen Oxford mit zweieinhalb Längen, –   15
das genügt, das Gehirn zu beschäftigen.

Oh, dieses weiche Kissen, Daunen aus erster Wahl!
Auf ihm vergißt man das Ärgerliche der Welt, jene Nachricht
                              zum Beispiel:

Die wegen Abtreibung Angeklagte sagte zu ihrer Verteidigung:
20 Die Frau, Mutter von sieben Kindern, kam zu mir mit einem
                                                    Säugling,
für den sie keine Windeln hatte und der
in Zeitungspapier gewickelt war.
Nun, das sind Angelegenheiten des Gerichtes, nicht unsre.
Man kann dagegen nichts tun, wenn einer etwas härter liegt als
                                              der andere,
25 Und was kommen mag, unsere Enkel mögen es ausfechten.«

»Ah, du schläfst schon? Wache gut auf, mein Freund!
Schon läuft der Strom in den Umzäunungen, und die Posten sind
                                              aufgestellt.«

Nein, schlaft nicht, während die Ordner der Welt geschäftig
                                                    sind!
Seid mißtrauisch gegen ihre Macht, die sie vorgeben für euch
                                      erwerben zu müssen!
30 Wacht darüber, daß eure Herzen nicht leer sind, wenn mit der
                              Leere eurer Herzen gerechnet wird!
Tut das Unnütze, singt die Lieder, die man aus eurem Mund nicht
                                              erwartet!
Seid unbequem, seid Sand, nicht das Öl im Getriebe der Welt!

(1950)

JOHANNES BOBROWSKI
(1917-1965)

NORDRUSSISCHE STADT
(Pustoschka 1941)

Falb
an die Straße nach Norden
gefallen der Bergwall. Die Brücke,   5
das alte Holz,
im Ufergesträuch.

Da lebt der Fluß,
weiß im Geröll, über dem Sand
blind. Und Krähengeschrei   10
sagt deinen Namen: Wind
um ein Gebälk, ein Rauch
gegen den Abend.

Der kommt,
Geleucht inmitten   15
der Wolke, er folgt den Winden,
er späht nach dem Feuer aus.

Fern entbrennts
in der Ebene,
weit. Die an Wäldern   20
wohnen, auf Flüssen, im hölzernen
Glück der Dörfer, abends,
lauschen, legen
das Ohr an die Erd.

(1956)

---

*1941 überfiel Nazi-Deutschland die Sowjet-
union. Bobrowski erlebte die Kriegshand-
lungen als Mitglied eines Nachrichtenregi-
ments.*

DORFMUSIK

Letztes Boot darin ich fahr
keinen Hut mehr auf dem Haar
in vier Eichenbrettern weiß
5   mit der Handvoll Rautenreis
meine Freunde gehn umher
    einer bläst auf der Trompete
    einer bläst auf der Posaune
Boot werd mir nicht überschwer
10   hör die andern reden laut:
dieser hat auf Sand gebaut

Ruft vom Brunnenbaum die Krähe
von dem ästelosen: wehe
von dem kahlen ohne Rinde:
15   nehmt ihm ab das Angebinde
nehmt ihm fort den Rautenast
    doch es schallet die Trompete
    doch es schallet die Posaune
keiner hat mich angefaßt
20   alle sagen: aus der Zeit
fährt er und er hats nicht weit

Also weiß ichs und ich fahr
keinen Hut mehr auf dem Haar
Mondenlicht um Brau und Bart
25   abgelebt zuendgenarrt
lausch auch einmal in die Höhe
    denn es tönet die Trompete
    denn es tönet die Posaune
und von weitem ruft die Krähe
30   ich bin wo ich bin: im Sand
mit der Raute in der Hand

(1960)

PAUL CELAN
(1920-1970)

TODESFUGE

Schwarze Milch der Frühe wir trinken sie abends
wir trinken sie mittags und morgens wir trinken sie nachts
wir trinken und trinken
wir schaufeln ein Grab in den Lüften da liegt man nicht eng   5
Ein Mann wohnt im Haus der spielt mit den Schlangen der
                                                        schreibt
der schreibt wenn es dunkelt nach Deutschland dein goldenes
                                                Haar Margarete
er schreibt es und tritt vor das Haus und es blitzen die Sterne er
                                        pfeift seine Rüden herbei
er pfeift seine Juden hervor läßt schaufeln ein Grab in der Erde
er befiehlt uns spielt auf nun zum Tanz   10

Schwarze Milch der Frühe wir trinken dich nachts
wir trinken dich morgens und mittags wir trinken dich abends
wir trinken und trinken
Ein Mann wohnt im Haus der spielt mit den Schlangen der
                                                        schreibt
der schreibt wenn es dunkelt nach Deutschland dein goldenes   15
                                                Haar Margarete
Dein aschenes Haar Sulamith wir schaufeln ein Grab in den
                                Lüften da liegt man nicht eng

Er ruft stecht tiefer ins Erdreich ihr einen ihr andern singet und
                                                        spielt
er greift nach dem Eisen im Gurt er schwingts seine Augen sind
                                                        blau
stecht tiefer die Spaten ihr einen ihr andern spielt weiter zum
                                                Tanz auf

20 Schwarze Milch der Frühe wir trinken dich nachts
wir trinken dich mittags und morgens wir trinken dich abends
wir trinken und trinken
ein Mann wohnt im Haus dein goldenes Haar Margarete
dein aschenes Haar Sulamith er spielt mit den Schlangen

25 Er ruft spielt süßer den Tod der Tod ist ein Meister aus
Deutschland
er ruft streicht dunkler die Geigen dann steigt ihr als Rauch in
die Luft
dann habt ihr ein Grab in den Wolken da liegt man nicht eng

Schwarze Milch der Frühe wir trinken dich nachts
wir trinken dich mittags der Tod ist ein Meister aus Deutschland
30 wir trinken dich abends und morgens wir trinken und trinken
der Tod ist ein Meister aus Deutschland sein Aug ist blau
er trifft dich mit bleierner Kugel er trifft dich genau
ein Mann wohnt im Haus dein goldenes Haar Margarete
er hetzt seine Rüden auf uns er schenkt uns ein Grab in der Luft
35 er spielt mit den Schlangen und träumet der Tod ist ein Meister
aus Deutschland

dein goldenes Haar Margarete
dein aschenes Haar Sulamith

(1948)

SPRACHGITTER

Augenrund zwischen den Stäben.

Flimmertier Lid
rudert nach oben,
5 gibt einen Blick frei.

Iris, Schwimmerin, traumlos und trüb:
der Himmel, herzgrau, muß nah sein.

Schräg, in der eisernen Tülle,
der blakende Span.
Am Lichtsinn   10
errätst du die Seele.

(Wär ich wie du. Wärst du wie ich.
Standen wir nicht
unter *einem* Passat?
Wir sind Fremde.)   15

Die Fliesen. Darauf,
dicht beieinander, die beiden
herzgrauen Lachen:
zwei
Mundvoll Schweigen.   20

                              (1959)

            TÜBINGEN, JÄNNER

Zur Blindheit über-
redete Augen.
Ihre – »ein
Rätsel ist Rein-   5
entsprungenes« –, ihre
Erinnerung an
schwimmende Hölderlintürme, möwen-
umschwirrt.

Besuche ertrunkener Schreiner bei   10
diesen
tauchenden Worten:

Käme,
käme ein Mensch,
käme ein Mensch zur Welt, heute, mit   15
dem Lichtbart der
Patriarchen: er dürfte,

spräch er von dieser
Zeit, er
dürfte
nur lallen und lallen,
immer-, immer-
zuzu.

(»Pallaksch. Pallaksch.«)

(1963)

---

*Hölderlin lebte von 1807 bis 1843 in geistiger
Umnachtung in einem Turm am Neckar zu Tübingen. Er wurde von einem Tischlerehepaar be-
treut.*

EUGEN GOMRINGER
(geb. 1925)

3 VARIATIONEN ZU
»KEIN FEHLER IM SYSTEM«

1

kein fehler im system
kein efhler im system
kein ehfler im system
kein ehlfer im system   5
kein ehlefr im system
kein ehlerf im system
kein ehleri fm system
kein ehleri mf system
kein ehleri ms system   10
kein ehleri ms yfstem
kein ehleri ms ysftem
kein ehleri ms ystfem
kein ehleri ms ystefm
kein ehleri ms ystemf   15
fkei nehler im system
kfei nehler im system
kefi nehler im system
keif nehler im system
kein fehler im system   20

2

kein fehler im system
kein fehler imt sysem
kein fehler itm sysem
kein fehler tmi sysem
kein fehler tim sysem   25
kein fehler mti sysem
kein fehler mit sysem

3

kein system im fehler
kein system mir fehle
keiner fehl im system
keim in systemfehler
sein kystem im fehler
ein fehkler im system
seine kehl im fyrsten
ein symfehler im sekt
kein symmet is fehler
sey festh kleinr mime

(1960)

———

SCHWEIGEN schweigen schweigen
schweigen   schweigen   schweigen
schweigen   schweigen
schweigen   schweigen   schweigen
schweigen   schweigen   schweigen

(1960)

HEINZ PIONTEK
(geb. 1925)

UM 1800

Zierlich der Kratzfuß
der Landeskinder,

während wer fürstlich aufstampft.

Gedichtzeilen.   5
Stockschläge.

Viele träumen,
daß man sie verkauft.

Die Tinte leuchtet.

Deutschlands   10
klassische Zeit.

(1966)

AN DIE SCHÜLER HEISENBERGS

Spanisch
mag euch meine Arbeit
vorkommen.

Mit dem Gänsekiel.   5

Von den Ergebnissen eurer
unbegreiflichen Apparaturen
denke ich:

Überholbar.

10   Nichts wissend,
zeigen wir uns gegenseitig
die kalte Schulter.

Getrennt
nähern wir uns dem
15   übereinstimmenden Grund.

(1966)

ERNST JANDL
(geb. 1925)

schtzngrmm
schtzngrmm
t-t-t-t
t-t-t-t
grrrmmmmm   5
t-t-t-t
s------c------h
tzngrmm
tzngrmm
tzngrmm   10
grrrmmmmm
schtzn
schtzn
t-t-t-t
t-t-t-t   15
schtzngrmm
schtzngrmm
tsssssssssssssss
grrt
grrrrrt   20
grrrrrrrrrt
scht
scht
t-t-t-t-t-t-t-t-t
scht   25
tzngrmm
tzngrmm
t-t-t-t-t-t-t-t-t
scht
scht   30
scht
scht
scht
grrrrrrrrrrrrrrrrrrrr
t-tt   35

(1957)

>»Die Stimme imitiert Schlachtlärm. Das konsonanti-
sche Lautmaterial ist dem Grundwort ›Schützengraben‹
entnommen«. *Am Schluß* »die Pointe, die Lautfolge
t-tt, die das Wort ›tot‹ suggeriert« *(Jandl: Werke 3,
S. 487).*

WIEN: HELDENPLATZ

der glanze heldenplatz zirka
versaggerte in maschenhaftem männchenmeere
drunter auch frauen die ans maskelknie
zu heften heftig sich versuchten, hoffensdick.
und brüllzten wesentlich.

verwogener stirnscheitelunterschwang
nach nöten nördlich, kechelte
mit zu-nummernder aufs bluten feilzer stimme
hinsensend sämmertliche eigenwäscher.

pirsch!
döppelte der gottelbock von Sa-Atz zu Sa-Atz
mit hünig sprenkem stimmstummel.
balzerig würmelte es im männechensee
und den weibern ward so pfingstig ums heil
zumahn: wenn ein knie-ender sie hirschelte.

(1962)

Österreich wurde im März 1938 von den Nazis besetzt.
»Die Erinnerung an eine Begebenheit aus dem Frühjahr
1938 (. . .). Ich stand, 14jährig, auf der Wiener Ring-
straße, nahe dem Heldenplatz, eingezwängt in eine
Menge (. . .). Als Zentrum (. . .) steht, ohne Namens-
nennung, Hitler im Gedicht« *(Jandl: Werke 3, S. 470).*

LICHTUNG

manche meinen
lechts und rinks
kann man nicht
velwechsern.   5
werch ein illtum!

(1963)

OTTOS MOPS

ottos mops trotzt
otto: fort mops fort
ottos mops hopst fort
otto: soso   5

otto holt koks
otto holt obst
otto horcht
otto: mops mops
otto hofft   10

ottos mops klopft
otto: komm mops komm
ottos mops kommt
ottos mops kotzt
otto: ogottogott   15

(1963)

INGEBORG BACHMANN
(1926-1973)

DIE GESTUNDETE ZEIT

Es kommen härtere Tage.
Die auf Widerruf gestundete Zeit
wird sichtbar am Horizont.
Bald mußt du den Schuh schnüren
5   und die Hunde zurückjagen in die Marschhöfe.
Denn die Eingeweide der Fische
sind kalt geworden im Wind.
Ärmlich brennt das Licht der Lupinen.
Dein Blick spurt im Nebel:
10 die auf Widerruf gestundete Zeit
wird sichtbar am Horizont.

Drüben versinkt dir die Geliebte im Sand,
er steigt um ihr wehendes Haar,
er fällt ihr ins Wort,
15 er befiehlt ihr zu schweigen,
er findet sie sterblich
und willig dem Abschied
nach jeder Umarmung.

Sieh dich nicht um.
20 Schnür deinen Schuh.
Jag die Hunde zurück.
Wirf die Fische ins Meer.
Lösch die Lupinen!

Es kommen härtere Tage.
25

(1952)

NEBELLAND

Im Winter ist meine Geliebte
unter den Tieren des Waldes.
Daß ich vor Morgen zurückmuß,
weiß die Füchsin und lacht.
Wie die Wolken erzittern! Und mir   5
auf den Schneekragen fällt
eine Lage von brüchigem Eis.

Im Winter ist meine Geliebte
ein Baum unter Bäumen und lädt   10
die glückverlassenen Krähen
ein in ihr schönes Geäst. Sie weiß,
daß der Wind, wenn es dämmert,
ihr starres, mit Reif besetztes
Abendkleid hebt und mich heimjagt.   15

Im Winter ist meine Geliebte
unter den Fischen und stumm.
Hörig den Wassern, die der Strich
ihrer Flossen von innen bewegt,
steh ich am Ufer und seh,   20
bis mich Schollen vertreiben,
wie sie taucht und sich wendet.

Und wieder vom Jagdruf des Vogels
getroffen, der seine Schwingen
über mir steift, stürz ich   25
auf offenem Feld: sie entfiedert
die Hühner und wirft mir ein weißes
Schlüsselbein zu. Ich nehm's um den Hals
und geh fort durch den bitteren Flaum.
Treulos ist meine Geliebte,   30
ich weiß, sie schwebt manchmal
auf hohen Schuh'n nach der Stadt,
sie küßt in den Bars mit dem Strohhalm
die Gläser tief auf den Mund,

35   und es kommen ihr Worte für alle.
        Doch diese Sprache verstehe ich nicht.

        Nebelland hab ich gesehen,
        Nebelherz hab ich gegessen.

                                    (1954)

                ERKLÄR MIR, LIEBE

        Dein Hut lüftet sich leis, grüßt, schwebt im Wind,
        dein unbedeckter Kopf hat's Wolken angetan,
        dein Herz hat anderswo zu tun,
5   dein Mund verleibt sich neue Sprachen ein,
        das Zittergras im Land nimmt überhand,
        Sternblumen bläst der Sommer an und aus,
        von Flocken blind erhebst du dein Gesicht,
        du lachst und weinst und gehst an dir zugrund,
10   was soll dir noch geschehen –

        Erklär mir, Liebe!

        Der Pfau, in feierlichem Staunen, schlägt sein Rad,
        die Taube stellt den Federkragen hoch,
        vom Gurren überfüllt, dehnt sich die Luft,
15   der Entrich schreit, vom wilden Honig nimmt
        das ganze Land, auch im gesetzten Park
        hat jedes Beet ein goldner Staub umsäumt.

        Der Fisch errötet, überholt den Schwarm
        und stürzt durch Grotten ins Korallenbett.
20   Zur Silbersandmusik tanzt scheu der Skorpion.
        Der Käfer riecht die Herrlichste von weit;
        hätt ich nur seinen Sinn, ich fühlte auch,
        daß Flügel unter ihrem Panzer schimmern,
        und nähm den Weg zum fernen Erdbeerstrauch!

25   Erklär mir, Liebe!

                                    (1956)

Wasser weiß zu reden,
die Welle nimmt die Welle an der Hand,
im Weinberg schwillt die Traube, springt und fällt.
So arglos tritt die Schnecke aus dem Haus!

Ein Stein weiß einen andern zu erweichen!   30

Erklär mir, Liebe, was ich nicht erklären kann:
sollt ich die kurze schauerliche Zeit
nur mit Gedanken Umgang haben und allein
nichts Liebes kennen und nichts Liebes tun?
Muß einer denken? Wird er nicht vermißt?   35

Du sagst: es zählt ein andrer Geist auf ihn...
Erklär mir nichts. Ich seh den Salamander
durch jedes Feuer gehen.
Kein Schauer jagt ihn, und es schmerzt ihn nichts.

(1956)

GÜNTER GRASS
(geb. 1927)

HOCHWASSER

Wir warten den Regen ab,
obgleich wir uns daran gewöhnt haben,
hinter der Gardine zu stehen, unsichtbar zu sein.
5   Löffel ist Sieb geworden, niemand wagt mehr
die Hand auszustrecken.
Es schwimmt jetzt Vieles in den Straßen,
das man während der trockenen Zeit sorgfältig verbarg.
Wie peinlich des Nachbarn verbrauchte Betten zu sehen.
10 Oft stehen wir vor dem Pegel
und vergleichen unsere Besorgnis wie Uhren.
Manches läßt sich regulieren.
Doch wenn die Behälter überlaufen, das ererbte Maß voll ist,
werden wir beten müssen.
15 Der Keller steht unter Wasser,
wir haben die Kisten hochgetragen
und prüfen den Inhalt mit der Liste.
Noch ist nichts verloren gegangen. –
Weil das Wasser jetzt sicher bald fällt,
20 haben wir begonnen Sonnenschirmchen zu nähen.
Es wird sehr schwer sein, wieder über den Platz zu gehen,
deutlich, mit bleischwerem Schatten.
Wir werden den Vorhang am Anfang vermissen
und oft in den Keller steigen,
25 um den Strich zu betrachten,
den das Wasser uns hinterließ.

(1956)

KINDERLIED

Wer lacht hier, hat gelacht?
Hier hat sich's ausgelacht.
Wer hier lacht, macht Verdacht,
daß er aus Gründen lacht.
5

Wer weint hier, hat geweint?
Hier wird nicht mehr geweint.
Wer hier weint, der auch meint,
daß er aus Gründen weint.

Wer spricht hier, spricht und schweigt?   10
Wer schweigt , wird angezeigt.
Wer hier spricht, hat verschwiegen,
wo seine Gründe liegen.

Wer spielt hier, spielt im Sand?
Wer spielt muß an die Wand,   15
hat sich beim Spiel die Hand
gründlich verspielt, verbrannt.

Wer stirbt hier, ist gestorben?
Wer stirbt, ist abgeworben.
Wer hier stirbt, unverdorben   20
ist ohne Grund verstorben.

(1958)

HANS MAGNUS ENZENSBERGER
(geb. 1929)

BILDZEITUNG

Du wirst reich sein
Markenstecher Uhrenkleber:
wenn der Mittelstürmer will
wird um eine Mark geköpft
ein ganzes Heer beschmutzter Prinzen
Turandots Mitgift unfehlbarer Tip
Tischlein deck dich:
du wirst reich sein.

Manitypistin Stenoküre
du wirst schön sein:
wenn der Produzent will
wird die Druckerschwärze salben
zwischen Schenkeln grober Raster
mißgewählter Wechselbalg
Eselin streck dich:
du wirst schön sein.

Sozialvieh Stimmenpartner
du wirst stark sein:
wenn der Präsident will
Boxhandschuh am Innenlenker
Blitzlicht auf das Henkerlächeln
gib doch Zunder gib doch Gas
Knüppel aus dem Sack:
du wirst stark sein.

Auch du auch du auch du
wirst langsam eingehn
an Lohnstreifen und Lügen
reich, stark erniedrigt
durch Musterungen und Malz-
kaffee, schön besudelt mit Straf-

zetteln, Schweiß,
atomarem Dreck:

deine Lungen ein gelbes Riff
aus Nikotin und Verleumdung   35
möge die Erde dir leicht sein
wie das Leichentuch
aus Rotation und Betrug
das du dir täglich kaufst
in das du dich täglich wickelst.   40

                        (1957)

INS LESEBUCH FÜR DIE OBERSTUFE

Lies keine Oden, mein Sohn, lies die Fahrpläne:
sie sind genauer. Roll die Seekarten auf,
eh es zu spät ist. Sei wachsam, sing nicht.
Der Tag kommt, wo sie wieder Listen ans Tor   5
schlagen und malen den Neinsagern auf die Brust
Zinken. Lern unerkannt gehn, lern mehr als ich:
das Viertel wechseln, den Paß, das Gesicht.
Versteh dich auf den kleinen Verrat,
die tägliche schmutzige Rettung. Nützlich   10
sind die Enzykliken zum Feueranzünden,
die Manifeste: Butter einzuwickeln und Salz
für die Wehrlosen. Wut und Geduld sind nötig,
in die Lungen der Macht zu blasen
den feinen tödlichen Staub, gemahlen   15
von denen, die viel gelernt haben,
die genau sind, von dir.
                        (1957)

PETER RÜHMKORF
(geb. 1929)

AUF EINE WEISE DES
JOSEPH FREIHERRN VON EICHENDORFF

In meinem Knochenkopfe
da geht ein Kollergang,
der mahlet meine Gedanken
ganz außer Zusammenhang.

Mein Kopf ist voller Romantik,
meine Liebste nicht treu –
Ich treib in den Himmelsatlantik
und lasse Stirnenspreu.

Ach, wär ich der stolze Effendi,
der Gei- und Tiger hetzt,
wenn der Mond, in statu nascendi,
seine Klinge am Himmel wetzt! –

Ein Jahoo, möcht ich lallen
lieber als intro-vertiert
mit meinen Sütterlin-Krallen
im Kopf herumgerührt.

Ich möcht am liebsten sterben
im Schimmelmonat August –
Was klirren so muntere Scherben
in meiner Bessemer-Brust?!

(1962)

BLEIB ERSCHÜTTERBAR UND WIDERSTEH

Also heut: zum Ersten, Zweiten, Letzten:
Allen Durchgedrehten, Umgehetzten,
was ich, kaum erhoben, wanken seh,
gestern an und morgen abgeschaltet:
Eh dein Kopf zum Totenkopf erkaltet:
Bleib erschütterbar – doch widersteh!

Die uns Erde, Wasser, Luft versauen
– Fortschritt marsch! mit Gas und Gottvertrauen –
Ehe sie dich einvernehmen, eh
du im Strudel bist und schon im Solde,
wartend, daß die Kotze sich vergolde:
Bleib erschütterbar – und widersteh.

Schön, wie sich die Sterblichen berühren –
Knüppel zielen schon auf Hirn und Nieren,
daß der Liebe gleich der Mut vergeh . . .
Wer geduckt steht, will auch andre biegen.
(Sorgen brauchst du dir nicht selber zuzufügen;
alles, was gefürchtet wird, wird wahr!)
Bleib erschütterbar.
Bleib erschütterbar – doch widersteh.

Widersteht! im Siegen Ungeübte,
zwischen Scylla hier und dort Charybde
schwankt der Wechselkurs der Odyssee . . .
Finsternis kommt reichlich nachgeflossen;
aber du mit – such sie dir! – Genossen!
teilst das Dunkel, und es teilt sich die Gefahr,
leicht und jäh –––
Bleib erschütterbar!
Bleib erschütterbar – und widersteh.

(1979)

ROLF DIETER BRINKMANN
(1940-1975)

EINEN JENER KLASSISCHEN

schwarzen Tangos in Köln, Ende des
Monats August, da der Sommer schon

ganz verstaubt ist, kurz nach Laden
Schluß aus der offenen Tür einer

dunklen Wirtschaft, die einem
Griechen gehört, hören, ist beinahe

ein Wunder: für einen Moment eine
Überraschung, für einen Moment

Aufatmen, für einen Moment
eine Pause in dieser Straße,

die niemand liebt und atemlos
macht, beim Hindurchgehen. Ich

schrieb das schnell auf, bevor
der Moment in der verfluchten

dunstigen Abgestorbenheit Kölns
wieder erlosch.

(1975)

ANHANG

QUELLENVERZEICHNIS

ANTHOLOGIEN

A 1: Walter Killy (Hg.): Epochen der deutschen Lyrik. 13 Bände. Deutscher Taschenbuch Verlag, München 1978 ff.

A 2: Helmut de Boor (Hg.): Mittelalter. 2 Bände. Die Deutsche Literatur. Texte und Zeugnisse. Band I/1 und I/2. C. H. Beck'sche Verlagsbuchhandlung, München 1965

A 3: Albrecht Schöne (Hg.): Barock. Die Deutsche Literatur. Texte und Zeugnisse. Band III. C. H. Beck'sche Verlagsbuchhandlung, München 1968

A 4: Walter Killy (Hg.): 18. Jahrhundert. 2 Bände. Die Deutsche Literatur. Texte und Zeugnisse. Band IV/1 und IV/2. C. H. Beck'sche Verlagsbuchhandlung, München 1983

A 5: Ulrich Maché, Volker Meid (Hg.): Gedichte des Barock. Philipp Reclam jun. Verlag, Stuttgart 1980

A 6: Wolfgang Frühwald (Hg.): Gedichte der Romantik. Philipp Reclam jun. Verlag, Stuttgart 1984

AUTOREN

ANGELUS SILESIUS (Johannes Scheffler)
Man weiß nicht was man ist; *Gott lebt nicht ohne mich*; *Die Unruh kombt von dir*; *Der Mensch der macht die Zeit*; *Ohne warumb*; *Zufall und Wesen*; *Im jnnern Wohnt man wol*; *Die seelige Uber-formung*; *Jetzt mustu bluehen*; *Ein Narr sucht vielerley*; *Miß dir doch ja nichts zu*; *Der beste Freund und Feind*; *Von der Eitelkeit*; *Beschluß*, aus: A. S., Cherubinischer Wandersmann. Kritische Ausgabe. Hg. von Louise Gnädinger. Philipp Reclam jun. Verlag, Stuttgart 1984

INGEBORG BACHMANN
Die gestundete Zeit; *Nebelland*; *Erklär mir, Liebe*, aus: I. B., Werke in 4 Bänden. Band 1. Gedichte, Hörspiele, Libretti, Übersetzungen. Hg. von Christine Koschel, Inge von Weiden-

baum, Clemens Münster. R. Piper & Co. Verlag, München
1978

HUGO BALL

Karawane, aus: Gesammelte Gedichte. © 1963 by Verlag-AG
Die Arche, Zürich

JOHANNES ROBERT BECHER

Vorbereitung, aus: Menschheitsdämmerung. Ein Dokument
des Expressionismus. Hg. von Kurt Pinthus. Rowohlt Verlag,
Reinbek 1959. © Aufbau-Verlag Berlin und Weimar

GOTTFRIED BENN

Morgue I: Kleine Aster; *Morgue II: Schöne Jugend*; *Der Sän-
ger*; *Staatsbibliothek*; *Kann keine Trauer sein*, aus: G. B.,
Sämtliche Werke. Stuttgarter Ausgabe, Band I: Gedichte 1,
Klett-Cotta, Stuttgart 1986
Prolog, aus: G. B., Sämtliche Werke, Stuttgarter Ausgabe,
Band II: Gedichte 2, Klett-Cotta, Stuttgart 1986
Tag, der den Sommer endet; *Astern*; *Einsamer nie*; *Ein Wort*;
Statische Gedichte; *Chopin*, aus: G. B., Statische Gedichte.
© 1948 by Verlags-AG Die Arche, Zürich, Veränderte Neu-
ausgabe © 1983 by Arche Verlag AG, Raabe + Vitali, Zürich

WERNER BERGENGRUEN

Die letzte Epiphanie; *Die Lüge*, aus: W. B., Figur und Schat-
ten. © 1958 by Verlags-AG Die Arche, Zürich
Die heile Welt, aus: W. B., Die Heile Welt. © 1950 by Verlags-
AG Die Arche, Zürich

JOHANNES BOBROWSKI

Nordrussische Stadt; *Dorfmusik*, aus: J. B., Sarmatische Zeit/
Schattenland Ströme. © 1961/62 Deutsche Verlags-Anstalt
GmbH, Stuttgart

BERTOLT BRECHT

Erinnerung an die Marie A.; *Vom armen B. B.*; *Die Liebenden*; *Die Auswanderung der Dichter*; *Lob der Dialektik*; *Der
Pflaumenbaum*; *Fragen eines lesenden Arbeiters*; *Bei der Ge-*

burt eines Sohnes; *An die Nachgeborenen*; *Verjagt mit gutem Grund*; *Schlechte Zeit für Lyrik*; *Über Deutschland*; *Ballade vom Förster und der Gräfin*; *An die deutschen Soldaten im Osten*; *Zeitunglesen beim Theekochen*; *Die Maske des Bösen*; *Auf einen chinesischen Theewurzellöwen*; *Der Radwechsel*; *Die Lösung*, aus: B. B., Die Gedichte in einem Band. Suhrkamp Verlag, Frankfurt am Main 1981

CLEMENS BRENTANO
Der Spinnerin Nachtlied; *Zu Bacharach am Rheine*; *Hör, es klagt die Flöte*; *Wenn der lahme Weber träumt*; *Was reif in diesen Zeilen steht*, aus: Werke. Band 1. Hg. von Wolfgang Frühwald, Bernhard Gajek, Friedhelm Kemp. Carl Hanser Verlag, München 1968

ROLF DIETER BRINKMANN
Einen jener klassischen, aus: R. D. B., Westwärts 1 & 2. Gedichte. Copyright © 1975 by Rowohlt Taschenbuch Verlag GmbH, Reinbek

BARTHOLD HEINRICH BROCKES
Kirschblüte bei der Nacht, aus: B. H. B., Auszug der vornehmsten Gedichte aus dem Irdischen Vergnügen in Gott. Faksimiledruck nach der Ausgabe von 1738. Metzler'sche Verlagsbuchhandlung, Stuttgart 1965

GOTTFRIED AUGUST BÜRGER
Der Bauer, aus: G. A. B., Gedichte. Hg. von August Sauer. Deutsche Nationalliteratur, 78. Band. W. Spemann, Berlin, Stuttgart 1883

WILHELM BUSCH
Die Liebe war nicht geringe; *Es sitzt ein Vogel auf dem Leim*; *Bewaffneter Friede*, aus: W. B., Gedichte. Hg. von Friedrich Bohne. Diogenes Verlag AG, Zürich 1974

PAUL CELAN
Todesfuge; *Sprachgitter*; *Tübingen, Jänner*, aus: P. C., Gesammelte Werke in fünf Bänden. Hg. von Beda Allemann und Stefan Reichert. Suhrkamp Verlag, Frankfurt am Main 1986

MATTHIAS CLAUDIUS
    Abendlied; *Kriegslied*; *Der Mensch*, aus: M. C., Sämtliche
    Werke. Hg. von Jost Perfahl. Winkler Verlag, München 1968

DIETMAR VON EIST
    Slâfest du, friedel ziere? zitiert nach A 2

ANNETTE VON DROSTE-HÜLSHOFF
    Das Spiegelbild; *Am Turme*; *Im Grase*, aus: A. v. D.-H., Sämt-
    liche Werke. Hg. von Clemens Heselhaus. Carl Hanser Verlag,
    München 1959

GÜNTER EICH
    Inventur; *Wacht auf, denn eure Träume sind schlecht*, aus:
    G. E., Gesammelte Werke. Band 1: Die Gedichte. Die Maul-
    würfe. Hg. von Horst Ohde und Susanne Müller-Hanpft.
    Suhrkamp Verlag, Frankfurt am Main 1973

JOSEPH VON EICHENDORFF
    Abschied; *Lied*; *Frische Fahrt*; *Zwielicht*; *Frühlingsfahrt*;
    Heimweh; *Denkst du des Schlosses noch auf stiller Höh?*;
    Sehnsucht; *Wünschelrute*; *Mondnacht*; *Der Einsiedler*; *Der
    alte Garten*, aus: J. v. E., Werke. Bd. 1: Gedichte, Versepen.
    Hg. von Hartwig Schultz. Deutscher Klassiker Verlag, Frank-
    furt am Main 1987

HANS MAGNUS ENZENSBERGER
    Bildzeitung; *Ins Lesebuch für die Oberstufe*, aus: H. M. E.,
    Die Gedichte. Suhrkamp Verlag, Frankfurt am Main 1983

JOHANN JOACHIM EWALD
    Der Schäfer zu dem Bürger, zitiert nach A 2

PAUL FLEMING
    Gedancken über der Zeit; *An Sich*; *Herrn Pauli Flemingi der
    Med. Doct. Grabschrifft*, zitiert nach A 3 und A 5

THEODOR FONTANE
    Die Brück' am Tay; *Meine Gräber*; *Würd' es mir fehlen, würd'*

ich's vermissen?; *Herr von Ribbeck auf Ribbeck im Havel-land*, aus: T. F., Gedichte. 3 Bände. Hg. von Walter Keitel und Helmut Nürnberger. (Werke und Schriften Band 22-24). Carl Hanser Verlag, München 1978

FERDINAND FREILIGRATH
Von unten auf!, aus: F. F., Werke. Hg. von Paul Zaunert. Bibliographisches Institut, Leipzig/Wien o. J.

CHRISTIAN FÜRCHTEGOTT GELLERT
Die Biene und die Henne, zitiert nach A 1

STEFAN GEORGE
Komm in den totgesagten park und schau; *Es lacht in dem steigenden jahr dir*; *Gemahnt dich noch das schöne bildnis dessen*, aus: S. G., Das Jahr der Seele
Der Herr der Insel, aus: S. G., Das Buch der Hirten- und Preis-gedichte
Entrückung, aus: S. G., Maximin, in: Stefan George, Werke. Ausgabe in zwei Bänden, hrsg. von Robert Boehringer, Band 1, Klett-Cotta, 4. Aufl., Stuttgart 1984

PAUL GERHARDT
Abend-Lied; *An das Angesicht des HErrn JEsu*, zitiert nach A 5

JOHANN WOLFGANG VON GOETHE
Mit einem gemalten Band; *Heidenröslein*; *Willkommen und Abschied*; *Prometheus*; *Auf dem See*; *An den Mond*; *Der Fi-scher*; *Wandrers Nachtlied*; *Ein Gleiches*; *Mignon*; *Erlkönig*; *Anakreons Grab*; *Aus: Römische Elegien*; *Aus: Venezianische Epigramme*; *Der Zauberlehrling*; *Gefunden*; *Der Totentanz*; *In tausend Formen magst du dich verstecken*; *Im ernsten Bein-haus war's*; *Dämmrung senkte sich von oben*, aus: J. W. v. G., Werke. Hamburger Ausgabe in 14 Bänden. C. H. Beck'sche Verlagsbuchhandlung, München 1981

EUGEN GOMRINGER
3 variationen zu ›kein fehler im system‹; *schweigen schweigen*

schweigen, aus: E. G., worte sind schatten. die konstellationen 1951-1968. Rowohlt Verlag, Reinbek 1969. Mit freundlicher Genehmigung des Autors

GÜNTER GRASS
Hochwasser; *Kinderlied*, aus: G. G., Die Gedichte. © 1988 by Luchterhand Literaturverlag, Darmstadt

GEORG GREFLINGER
Hylas wil kein Weib nicht haben, zitiert nach A 3

ANDREAS GRYPHIUS
Menschliches Elende; *Es ist alles Eitel*; *Thraenen des Vaterlandes*; *Abend*, zitiert nach A 3 und A 5

JOHANN CHRISTIAN GÜNTHER
Trostaria; *Die Pest ergriff den Leib*; *Als er sich über den Eigensinn der heutigen Welt beklagte*; *An sein Vaterland*, aus: J. C. G., Gesammelte Gedichte. Hg. von Herbert Heckmann. Carl Hanser Verlag, München 1981

FRIEDRICH VON HAGEDORN
Die Küsse; *Anakreon*, aus: F. v. H., Gedichte. Hg. von Manfred Windfuhr. Philipp Reclam jun. Verlag, Stuttgart 1961

FRIEDRICH HEBBEL
Sommerbild; *Herbstbild*, aus: F. H., Werke in zwei Bänden. Hg. von Karl Pörnbacher. Carl Hanser Verlag, München 1978

HEINRICH HEINE
Die Grenadiere; *Belsatzar*; *Ich will meine Seele tauchen*; *Sie saßen und tranken am Teetisch*; *Ich weiß nicht was soll es bedeuten*; *Wir saßen am Fischerhause*; *Und als ich euch meine Schmerzen geklagt*; *Donna Clara*; *Das Fräulein stand am Meere*; *Anno 1839*; *Nachtgedanken*; *Die schlesischen Weber*; *Der Asra*; *Wie langsam kriechet sie dahin*; *Die Wanderratten*, aus: H. H., Sämtliche Schriften. Hg. von Klaus Briegleb. Carl Hanser Verlag, München 1968 ff.

HEINRICH VON MORUNGEN
Owê, sol aber mir iemer mê, zitiert nach A 2

GEORG HERWEGH
Bundeslied für den Allgemeinen deutschen Arbeiterverein,
aus: G. H. Gedichte und Prosa. Hg. von Peter Hasubek. Philipp Reclam jun. Verlag, Stuttgart 1975

HERMANN HESSE
Einer sentimentalen Dame; *Stufen*, aus: Gesammelte Werke.
12 Bände. Suhrkamp Verlag, Frankfurt am Main 1987. Und:
A 1

GEORG HEYM
Die Vorstadt; *Der Gott der Stadt*; *Deine Wimpern, die lan-
gen . . .*; *Der Krieg*; *Columbus*, aus: G. H., Das lyrische Werk.
Sämtliche Gedichte 1910-1912. Auf Grund der Gesamtaus-
gabe hg. von Karl Ludwig Schneider. Deutscher Taschenbuch
Verlag, München 1977

JAKOB VON HODDIS
Weltende, aus: J. v. H., Dichtungen und Briefe. Hg. von Re-
gina Nörtemann. Arche-Editionen des Expressionismus.
© 1987 by Arche Verlag AG, Raabe + Vitali, Zürich

FRIEDRICH HÖLDERLIN
Die Eichbäume; *Hyperions Schicksalslied*; *Sonnenuntergang*;
An die Parzen; *Heidelberg*; *Der Neckar*; *Brot und Wein*; *An-
denken*; *Hälfte des Lebens*, aus: F. H., Sämtliche Werke und
Briefe. 2 Bände. Hg. von Günter Mieth. Carl Hanser Verlag,
München 1970

LUDWIG CHRISTOPH HEINRICH HÖLTY
Das Landleben, aus: L. C. H. H., Der Göttinger Hain. Hg. von
Alfred Kelletat. Philipp Reclam jun. Verlag, Stuttgart 1967

AUGUST HEINRICH HOFFMANN VON FALLERSLEBEN
Das Lied der Deutschen; *Das Lied vom deutschen Philister*,
aus: A. H. H. v. F., Auswahl in drei Teilen. Hg. von Augusta

Weldler-Steinberg. Olms Verlag, Hildesheim/New York 1973. (Nachdruck der Ausgabe Berlin 1912)

HUGO VON HOFMANNSTHAL

Terzinen I. Über Vergänglichkeit; *Manche freilich . . .*; *Die beiden*; *Reiselied*, aus: H. v. H., Gesammelte Werke in zehn Einzelbänden. Band 1: Gedichte, Dramen 1891-1898. S. Fischer Verlag, Frankfurt am Main 1979

CHRISTIAN HOFMANN VON HOFMANNSWALDAU

Die Welt; *Sonnet. Vergaenglichkeit der Schoenheit*; *Auf die Bitterkeit der Liebe*, zitiert nach A 1, A 3 und A 5

ARNO HOLZ

Aus: Phantasus. Lachend in die Siegesallee; *Aus: Phantasus. Im Hause, wo die bunten Ampeln brennen*, aus: A. H., Phantasus. Erstfassung. Hg. von Gerhard Schulz. Philipp Reclam jun. Verlag, Stuttgart 1968

PETER HUCHEL

Chausseen, Chausseen. Chronik: Dezember 1942; *Caputher Heuweg*; *Der Garten des Theophrast*, aus: P. H., Gesammelte Werke in zwei Bänden. Hg. von Axel Vieregg. Band 1: Die Gedichte. Suhrkamp Verlag, Frankfurt am Main 1984

ULRICH VON HUTTEN

Ain new Lied, aus: Die deutsche Literatur. Ein Abriß in Text und Darstellung. Band 3: Renaissance, Humanismus, Reformation. Hg. von Josef Schmitt. Philipp Reclam jun. Verlag, Stuttgart 1976

ERNST JANDL

schtzngrmm; *wien: heldenplatz*; *lichtung*; *ottos mops*, aus: E. J., Gesammelte Werke in 3 Bänden. © 1985 by Luchterhand Literaturverlag, Frankfurt am Main

ERICH KÄSTNER

Kennst Du das Land, wo die Kanonen blühn?, aus: E. K., Herz auf Taille. © Atrium Verlag, Zürich 1985

Sachliche Romanze, aus: E. K., Lärm im Spiegel. © Atrium Verlag, Zürich 1985
Die Jugend hat das Wort, aus: Der tägliche Kram. © Atrium Verlag, Zürich 1948
Moral, aus: Kurz und bündig. © Atrium Verlag, Zürich 1950

MARIE LUISE KASCHNITZ
Hiroshima; Ostia antica; Genazzano; Aus: Requiem; (Abgesang). Fährfrau mit dem runden Hut; Aus: Ich lebte, aus: M. L. K., Gesammelte Werke in sieben Bänden. Hg. von Christian Büttrich und Norbert Miller. Band 5: Die Gedichte, Insel Verlag, Frankfurt am Main 1985

GOTTFRIED KELLER
Aus dem Leben I. Ich hab in kalten Wintertagen; Aus dem Leben II. Die Zeit geht nicht; Rot; Abendlied, aus: G. K., Sämtliche Werke in drei Bänden. Hg. von Clemens Heselhaus. Carl Hanser Verlag, München 1960

JUSTINUS KERNER
Der Wanderer in der Sägmühle; Der Zopf im Kopf, aus: J. K., Ausgewählte Werke. Hg. von Gunter Grimm. Philipp Reclam jun. Verlag, Stuttgart 1981

KLABUND (ALFRED HENSCHKE)
Deutsches Volkslied, aus: K., Der himmlische Vagant. Hg. von Marianne Kesting. © 1968, 1978 by Verlag Kiepenheuer & Witsch, Köln

FRIEDRICH GOTTLIEB KLOPSTOCK
Der Zürcher See; Die frühen Gräber, aus: F. G. K., Ausgewählte Werke. Hg. von Karl August Schleiden. Carl Hanser Verlag, München 1962

THEODOR KORNFELD
Eine Sand-Uhr, zitiert nach A 3

DER VON KÜRENBERG
Ich zôch mir einen valken, zitiert nach A 2

ELSE LASKER-SCHÜLER
  Weltende; *Ein alter Tibetteppich*; *Ein Liebeslied*, aus: E. L.-S.,
  Gesammelte Werke in drei Bänden. Band 1: Gedichte 1902-
  1943. Hg. von Friedhelm Kemp. Kösel-Verlag, München
  1984

WILHELM LEHMANN
  Auf sommerlichem Friedhof (1944), aus: W. L., Gesammelte
  Werke in acht Bänden. Band 1: Sämtliche Gedichte. Klett-
  Cotta, Stuttgart 1982

MAGNUS GOTTFRIED LICHTWER
  Der Mohr und der Weiße, zitiert nach A 1

OSKAR LOERKE
  Pansmusik; *Gebetsfrage*, aus: O. L., Die Gedichte. Hg. von
  Peter Suhrkamp. Neu durchgesehen von Reinhart Tgahrt,
  Suhrkamp Verlag, Frankfurt am Main 1984

ERNST WILHELM LOTZ
  Aufbruch der Jugend, aus: E. W. L., Wolkenüberflaggt. Kurt
  Wolff Verlag, Leipzig 1916

MARTIN LUTHER
  Der Psalm De profundis; *Der 46. Psalm*, aus: M. L., Die deut-
  schen und geistlichen Lieder (Ndh N.F., Bd. 20). Hg. von
  G. Hahn. Tübingen 1967

JOHANN CHRISTOPH MÄNNLING
  Mein Wanderer steh still allhier, zitiert nach A 3

CONRAD FERDINAND MEYER
  Schwarzschattende Kastanie; *Bemeßt den Schritt!*; *Der römische Brunnen*; *Zwei Segel*; *Stapfen*; *Auf dem Canal grande*,
  aus: C. F. M., Sämtliche Werke. Historisch-kritische Ausgabe.
  Hg. von Hans Zeller und Alfred Zäch. Benteli Verlag, Bern
  1963 ff.

EDUARD MÖRIKE

Der Feuerreiter; *An einem Wintermorgen, vor Sonnenaufgang*; *Septembermorgen*; *Um Mitternacht*; *Im Frühling*; *Er ists*; *Gesang Weylas*; *Verborgenheit*; *Abschied*; *Der Gärtner*; *Jägerlied*; *Auf eine Lampe*; *Denk es, o Seele!*, aus: E. M., Sämtliche Gedichte. Hg. von Heinz Schlaffer. Goldmann Verlag, München 1984

CHRISTIAN MORGENSTERN

Das große Lalulā; *Die Trichter*; *Fisches Nachtgesang*; *Das Nasobēm*; *Die unmögliche Tatsache*, aus: C. M., Alle Galgenlieder. Insel Verlag, Frankfurt am Main 1974. (it 6)

ERICH MÜHSAM

Der Revoluzzer, aus: E. M., Ausgewählte Werke. Band 1: Gedichte, Prosa, Stücke. Hg. von Christlieb Hirte, Verlag Volk und Welt, Berlin 1978

WILHELM MÜLLER

Der Lindenbaum, zitiert nach A 6

FRIEDRICH NIETZSCHE

Ecce Homo; *Der Freigeist. Abschied*; *Nach neuen Meeren*; *An der Brücke stand ich jüngst*, aus: F. N., Sämtliche Werke. Kritische Studienausgabe in 15 Bänden. Hg. von Giorgio Colli und Mazzino Montinari. Deutscher Taschenbuch Verlag/de Gruyter, München 1980

NOVALIS (FRIEDRICH VON HARDENBERG)

Der ist der Herr der Erde; *Aus: Hymnen an die Nacht*; *Wenn nicht mehr Zahlen und Figuren*, aus: N., Gedichte. Die Lehrlinge zu Sais. Hg. von Johannes Mahr. Philipp Reclam jun. Verlag, Stuttgart 1984. Und: A 6

MARTIN OPITZ

Liedt; *Ich empfinde fast ein Grawen*, zitiert nach A 3 und A 5

OSWALD VON WOLKENSTEIN

Der mai mit lieber zal; *Ain graserin, durch kulen taw*, aus:

O. v. W., Die Lieder. Hg. von Karl Kurt Klein. Musikanhang
von Walter Salmen. (Altdeutsche Textbibliothek 55). Nie-
meyer Verlag, Tübingen 1962

PFEFFEL
Junc man, ich wil dich lêren, zitiert nach A 2

HEINZ PIONTEK
Um 1800; An die Schüler Heisenbergs, .aus: H. P., Gesammelte Gedichte. Hoffmann und Campe Verlag, Hamburg
1975. Mit freundlicher Genehmigung des Autors

AUGUST VON PLATEN
*Das Grab im Busento; Tristan; Wer wußte je das Leben recht
zu fassen,* aus: A. v. P., Gedichte. Hg. von Carl Fischer. Lam-
bert Schneider Verlag, Heidelberg 1958

REINMAR VON ZWETER
Ein hŏuschricke wânde; Alle schuole sint gar ein wint, zitiert
nach A 2

RAINER MARIA RILKE
*Werkleute sind wir; Herbsttag; Der Panther; Römische Fon-
täne; Das Karussell; Liebes-Lied; Archaïscher Torso Apollos;
Aus: Duineser Elegien. Die dritte Elegie; Aus: Sonette an Orpheus (Zweiter Teil): XV. O Brunnen-Mund; Komm du, du
letzter, den ich anerkenne,* aus: R. M. R., Sämtliche Werke.
Hg. vom Rilke-Archiv in Verbindung mit Ruth Sieber-Rilke,
besorgt durch Ernst Zinn. 6 Bände. Insel Verlag, Frankfurt am
Main 1955

JOACHIM RINGELNATZ
*Abendgebet einer erkälteten Negerin; Überall; Ich habe dich
so lieb,* aus: J. R., und auf einmal steht es neben dir. Gesammelte Gedichte. Karl H. Henssel Verlag, Berlin 1950

FRIEDRICH RÜCKERT
Chidher, aus: F. R., Gedichte. Ausgewählt und eingeleitet von
Heinrich Henel. Athenäum Verlag, Königstein 1983

PETER RÜHMKORF
Auf eine Weise des Joseph Freiherrn von Eichendorff, aus:
P. R., Gesammelte Gedichte. Copyright © 1976 by Rowohlt
Verlag GmbH, Reinbek
Bleib erschütterbar und widersteh, aus: P. R., Haltbar bis
Ende 1990. Rowohlt Verlag, Reinbek 1979. Mit freundlicher
Genehmigung des Autors

HANS SACHS
Ein Tischzucht, aus: H. S., Gedichte. Hg. von P. Merker und
R. Buchwald, Leipzig 1920

FRIEDRICH VON SCHILLER
An die Freude; *Die Götter Griechenlands*; *Die Teilung der
Erde*; *Das verschleierte Bild zu Sais*; *Der Ring des Polykrates*;
Die Bürgschaft; *Nänie*, aus: F. v. S., Sämtliche Werke. Hg. von
Gerhard Fricke und Herbert G. Göpfert in Verbindung mit
H. Stubenrauch. Carl Hanser Verlag, München 1960

CHRISTIAN FRIEDRICH DANIEL SCHUBART
Die Fürstengruft, aus: C. F. D. S., Gedichte. Historisch-kritische Ausgabe. Hg. v. Gustav Hauff. Philipp Reclam jun. Verlag, Leipzig 1884.

KURT SCHWITTERS
An Anna Blume, aus: K. S., Das literarische Werk. Band 1-5.
Band 1: Lyrik. Hg. von Friedhelm Lach. © 1973 DuMont
Buchverlag, Köln

JOHANN GOTTFRIED SEUME
Der Wilde, aus: J. G. S., Sämtliche Werke, Leipzig 1839

ERNST STADLER
Fahrt über die Kölner Rheinbrücke bei Nacht; *Der Spruch*,
aus: E. S., Der Aufbruch und ausgewählte Gedichte. Auswahl
und Nachwort von Heinz Rölleke. Philipp Reclam jun. Verlag, Stuttgart 1967

THEODOR STORM
  Die Stadt; *Hyazinthen*; *Herbst*, aus: T. S., Sämtliche Werke.
  Band 1: Gedichte, Novellen 1848-1867. Hg. von Dieter Loh-
  meier. Deutscher Klassiker Verlag, Frankfurt am Main 1987

AUGUST STRAMM
  Untreu; *Patrouille*, aus: A. S., Das Werk. Hg. von René
  Radrizzani, Limes Verlag, Wiesbaden 1963

LUDWIG THOMA
  Im Louvre; *Ostelbischer Adel im Zirkus Busch*, aus: L. T.,
  Werke in sechs Bänden. R. Piper Verlag & Co.. München
  1968

GEORG TRAKL
  Verklärter Herbst; *De profundis*; *Ein Winterabend*; *Grodek*,
  aus: G. T., Das dichterische Werk. Auf Grund der historisch-
  kritischen Ausgabe von Walter Killy und Hans Szklenar.
  Deutscher Taschenbuch Verlag, München 1972

KURT TUCHOLSKY
  Monolog mit Chören; *Die Mäuler auf!*, aus: K. T., Gesam-
  melte Werke, Band III und II. © 1960 by Rowohlt Verlag
  GmbH, Reinbek

LUDWIG UHLAND
  Der gute Kamerad; *Einkehr*; *Frühlingsglaube*; *Des Sängers
  Fluch*, aus: L. U., Gedichte. Hg. von Hans-Rüdiger Schwab.
  Insel Verlag, Frankfurt am Main 1983. (it 928)

UNBEKANNTE VERFASSER
  Wessobrunner Gebet; *Petruslied*, aus: Horst Dieter Schlosser
  (Hg.), Althochdeutsche Literatur. Ausgewählte Texte mit
  Übertragungen und Anmerkungen. Fischer Taschenbuch Ver-
  lag, Frankfurt am Main 1970
  Dû bist mîn, zitiert nach A 2
  Das Canapee ist mein Vergnügen, zitiert nach A 1, Bd. 5

WALTHER VON DER VOGELWEIDE

Ich saz ûf eime steine; Ir sult sprechen willekomen; Herzeliebez frouwelîn; Under der linden; Owê war sint verswunden, aus: W. v. d. V., Gedichte. Mittelhochdeutscher Text und Übertragung. Ausgewählt, übersetzt und mit einem Kommentar versehen von Peter Wapnewski. Fischer Taschenbuch Verlag, Frankfurt am Main 1986

GEORG WEERTH

Die hundert Männer von Haswell; Das Hungerlied, aus: G. W., Werke in zwei Bänden. Aufbau-Verlag, Berlin und Weimar 1974

FRANZ WERFEL

An den Leser; Die Wortemacher des Krieges, aus: F. W., Das lyrische Werk. Hg. von Adolf D. Klarmann. © S. Fischer Verlag GmbH, Frankfurt am Main 1967

VERZEICHNIS DER ÜBERSCHRIFTEN UND GEDICHTANFÄNGE

AUTORENREGISTER

THEMATISCHES REGISTER
(chronologisch nach Geburtsdaten der Autoren geordnet)

AUFKLÄRUNG

BALLADE

FIGURENGEDICHTE, VISUELLE POESIE

LAUTGEDICHTE, SPRACHKLANG

TAGESLAUF

Morgen

Abend

Nacht

GANG DES JAHRES

GLANZ UND MISERE DEUTSCHLANDS

ITALIEN — SEHNSUCHT UND GEGENWELT

KRIEG UND GEWALT

TOD

SELBSTVERSTÄNDNIS DES DICHTERS

INHALTSVERZEICHNIS

suhrkamp taschenbücher
Eine Auswahl

suhrkamp taschenbücher
Eine Auswahl

265/2/11.93

suhrkamp taschenbücher
Eine Auswahl

suhrkamp taschenbücher
Eine Auswahl

suhrkamp taschenbücher
Eine Auswahl

suhrkamp taschenbücher
Eine Auswahl

265/6/11.93